KB033509

근현대 포항지역 경제사

05
융합문명연구원 포항학총서

근현대 포항지역 경제사

김진홍

도서출판 나루

머리말

　필자가 포항지역 경제의 역사적 흐름을 살펴보고 정리해야겠다 마음먹은 지는 제법 오래되었다. 처음 포항에 부임했던 것이 2009년 8월이었으니 강산이 변한다는 10년 세월을 훨씬 넘게 포항에서 사는 동안 궁금했던 점도 많이 생겨났다. 물론 그동안 포항지역 실물 경제의 움직임이나 금융, 재정, 사회 등 다양한 분야의 지표들이 나타내는 의문들 가운데 자료를 찾아 살펴보면서 처음에 느꼈던 의문점 중 일부를 해소하기도 하였다. 지금까지 포항은 물론 경주, 영덕, 울진, 울릉 등 경상북도 동해안을 대상으로 다양한 분야에 걸친 지역경제와 관련되는 조사연구를 수행하면서 수십이 넘는 연구보고서도 내었다. 포항에 대한 지식이 축적될수록 이 지역이 성장, 발전해오는 동안 있었을 법한 도시 발전을 위한 중장기 비전이나 지역경제 관련 산업정책들이 의외로 많지 않았다는 데 놀라기도 하였다. 물론 그러한 정책이나 미래에 대한 비전이 전혀 없었다고 단언하기는 어렵다. 문제는 민선 지방자치단체장의 시대이다 보니 언제나 그렇듯이 자치단체의 수장 개인의 성향에 따라 그 직전까지 추진되던 정책이 단절 또는 틀어지는 경우가 적지 않았다는 점이다. 그러다 보니 여타 지방 도시들과 마찬가지로 포항 지역경제도 현실로 직면하고 있는 다양한 약점과 장점들이 서로 융합 내지는 보완되지 못한 채 약점은 약점대로 남고, 장점은 그저 장점에 그치고 마는 결과로 종결되었던 것에 안타까움을 느낀 적이 적지 않았다.

필자가 그동안 포항지역 경제에 대해 고민해 왔던 화두는 대체로 다음과 같이 정리할 수 있다. 첫째, 그동안 만나본 시민, 기업인, 학자들은 한결같은 이야기를 하고 있었다. 포항이 예전에는 한적한 일개 어촌에 불과하였으나 포항종합제철(현 포스코)이 들어선 이후 발전하여 지금의 인구 50만 명이 넘는 대도시로 성장하게 되었다는 것이다. 여기에서 의문이 생겨났다. 포항이 그리 한적한 어촌이었다면 1949년 8월 15일 포항시로 승격할 수 있었던 데는 과연 어떠한 계기가 있었을까. 그리고 시로 승격할 정도로 이미 포항의 도시 규모가 성장한 상태였다면 그것을 이룬 성장동력은 과연 무엇인가라는 점이었다. 둘째, 포항이 인구 50만 명을 아우르는 지방의 대도시로 불리고 있으나 실제 포항종합제철이 들어설 당시 8만 명이 채 되지 않았던 포항시 인구가 철강산업의 유치에 따른 도시성장의 동력으로 인구가 확장된 것은 약 30만 명까지로 보아야 마땅하지 않을까. 왜냐하면 포항시는 30만 명 정도까지는 빠르게 증가하였다가 정체기를 맞이하였으나 인구가 50만 명으로 늘어난 것은 1995년 영일군과 도농복합도시로 통합되면서 인구 20만 명이 일시에 합쳐진 덕분이기 때문이다. 셋째, 다들 누구나 포항을 철강의 도시라고 부르지만 진정한 의미의 철강도시로 부르기에는 다소 손색이 있지 않나 하는 점이었다. 의외로 포항은 외국의 유명 철강도시가 공통적으로 지니고 있는 철강 소재에서 중간재, 중간재에서 최종재로 이어지는 다양한 철강 소재 기반의 철강 산업생태계, 구체적으로 말하자면 철강클러스터로는 형성, 발전하지 못하였기 때문이다. 과연 그 원인은 무엇 때문인가. 마지막으로 포항에는 말그대로 세계적인 수준을 자랑하는 대학들이 자리하고 있고, 막스플랑크 연구소가 동아시아의 여러도시 가운데 최적지로 선택하여 입지할 정도로 기초과학과 관련한 연구기관들이 다수 존재하고 있다. 그런데도 왜 포항지역에서는 미국의 실리콘밸리처럼 지역에 존재하는 대학 발 벤처창업이 활발하지 않을까. 또 지역 내 대학들과 지역에 소재하는 산업체, 기업체 등과의 협력사업이나 지역 자생적이고도 선순환을 이루는 산학연의 연계활동이 활발하지 않은지도 의문점이었다.

일반적으로 한 나라나 특정 지역이 지속 성장 발전해 나가기 위해서는 다양한 조건들을 갖추어야 한다. 그중에서도 가장 근본적인 조건이라면 역시 돈, 다시 말해 자본이 있어야 하며, 이 것이 있더라도 사업이 제대로 추진되려면 그와 연동되는 우수 인재, 즉 기술노동력이 받쳐주어야만 가능하다. 그리고 적정 단계에 도달하였을 때 일정 수준 이상으로 도시가 다시 한번 계단을 오르듯이 도약 발전해 나가려면 발전단계마다 필요한 연구개발과 기술 향상이 필요하다. 따라서 그 시대나 특정 산업, 기업에 합당한 기술혁신이 함께 뒤따라야만 하는 것이다. 그렇다면 포항이라는 경북 동해안에 자리한 이 도시는 과연 어떠한 계기와 경로를 거쳐 지금까지 성장해왔는지 그 역사의 흔적이 궁금해지지 않을 수 없다.

본서에서는 우리나라 경제가 밟아 온 근대 이후 지금까지의 역사적 조류에 포항지역도 이와 최대한 동기화되는 유사한 영향을 받았을 것으로 전제하고 있다. 다만 그러한 경제사적 흐름 속에서도 포항지역에만 해당하는 특정 사건이나 외부 충격요인이 존재하여 포항이라는 도시를 변화 발전시켜 온 경로도 분명 있을 것이다. 그래서 우리나라 경제 전반에 걸친 과거의 역사적 사건과 경제, 사회적 사건 등은 최대한 핵심적인 내용만 다루고 포항지역을 중심으로 과거를 더듬어 본 후 오늘을 이해함으로써 내일도 지속 가능한 포항을 설계하는 데 조금이라도 도움이 되었으면 하는 마음으로 집필하였다. 다만 본서에서는 일반적으로 한국 경제사에 관한 서적들이 채택하고 있는 대통령 임기별(예: 제○공화국 등) 또는 정권별로 당시 정부가 주장하였던 성격(예: 문민정부, 참여정부 등) 등에 기반한 시대 구분이 아니라 필자 나름대로 생각하고 있는 시대별 국가 경제의 운용체제에 따라 구분하여 다소 생소하게 느낄 수도 있다는 점에 대해서는 독자들에게 미리 양해를 구한다.

본서에서 아주 간략하나마 고대를 다루기는 하였으나 대체로 조선 후기 이후 일제강점기까지를 근대로, 6·25전쟁 이후 지금까지를 현대의 포항경제로 구성하였다. 포항지역의 경제사는 일반적인 역사서와 달리 포항에서 태어나 살아오고 있는 시민들이 지나간 세월을 회상할 수 있는 읽을거리가 될 수 있었으면 한다. 아울러 이 책의 부록으로는 필자가 입수 가능한 포항경제와 직간접적인 관련이 있거나 영향을 주었을 가능성이 크다고 여기는 정치, 경제, 사회적 주요 사건을 최대한 수집하여 근현대 포항지역 경제사 연표라는 이름으로 정리하여 수록해 두었다. 이후 지역의 인문학인 '포항학' 연구자들에게 유용한 자료가 되었으면 하는 마음으로 솔직히 말하자면 본문의 집필보다 더 많은 시간과 노력을 투입한 것이기도 하다. 이 책이 국내 최초로 지역 경제사를 다루었다는 점에서 다른 지역의 경제사를 다루려는 경제사학자들에게도 좋은 참고자료가 될 것이라 믿는다.

이 책은 오랫동안 필자가 염원해왔던 주제였으나 차일피일 미루던 차에 다행히 포스텍 융합문명연구원의 자금 지원을 받게 되어 결심하고 집필할 수 있었음을 밝혀둔다. 마침 필자 개인적으로는 지난해 말일 자로 정년을 맞이하게 된 터라 마치 퇴임 기념처럼 포항경제의 근현대 역사를 마무리할 수 있게 되어 그 어떤 조사연구 보고서를 완성하였을 때보다도 뿌듯한 느낌이 크다. 끝으로 지역 인문학에 관심을 가지고 '포항학 총서'를 기획하였던 포항공과대학교(포스텍)의 송호근 석좌교수와 다리 역할을 해주었던 노승욱 교수 그리고 총서발간을 주관한 박상준 융합문명연구원장과 소속 연구원들께도 이번 지면을 빌어 깊은 감사의 마음을 전한다.

2023년 2월
김진홍

목차

머리말

제1부
근대 포항경제사

제2부
현대 포항경제사

제3부
오늘과 내일의 포항경제

근현대 포항지역 경제사 연표

참고자료 및 문헌

1

근대 포항경제사

본서의 경제사적 접근방법

왕권보존형 봉건경제기(고대부터 조선후기)

　고대 - 고려왕조
　조선시대

제국기지형 식민경제기(대한제국-일제강점기)

　구한말 혼란기 포항
　일제 식민지 포항

본서의 경제사적 접근방법

  지금까지 경제사 관련 연구의 대부분은 자본주의 형성과정이
나 정치체제의 변화를 기반으로 일정시기 또는 시대로 구분하는
경우가 일반적이었다. 하지만, 실제 한 나라의 경제 운용체제가
어떠한 인물이 집권하거나 새로운 정당이 정권을 주도하게 되었
다고 해서 즉각 변화하는 것은 아니다. 게다가 국가 경제를 관통
하는 전반적인 경제 운영의 틀을 그저 연대별로 무작정 끊어 구
분하는 것도 옳은 방법은 아니다. 가령 새로이 출범한 정부가 자
유 시장경쟁 체제를 표방한다고 해서 신정부가 들어선 즉시 그
이전까지의 경제운용 체제나 방향이 순식간에 바뀌지는 않는다.
뜬금없이 전혀 새로운 산업에 예산이 집행되거나 기존에 없던
신산업이나 투자 부문이 갑자기 등장하지도 않는다. 그렇다고
하더라도 특정 정권이나 새로 출범한 정부가 내세우는 국가 경
제정책의 방향은 해당 국가 내 기업의 투자나 고용과 같은 경제
적 의사결정과 행동에 직간접적인 영향을 줄 수밖에 없다. 그래
서 경제사적 연구도 결국 시대별 특징을 지을 수 있는 특정 사건

등을 각자의 사학적인 관점으로 접근하여 역사의 전환점으로 삼아 기술할 수밖에 없다. 당연히 경제사에 관한 연구마다 그 형태와 주목하는 대상이 다를 수밖에 없다. 본서도 분명 그러한 한계에서 벗어나지는 못하였을 것이다. 다만 본서는 어디까지나 경제적인 역사에 최대한 집중하고 있는 만큼 기존의 다른 경제사와 마찬가지로 특정 시대나 사건에 대해 개인의 정치사상에 입각한 일종의 편향적 평가는 최대한 제외하고 중립적 시각을 가지고자 하였다. 이 책의 목적은 어디까지나 우리나라가 아닌 근현대의 경제사적 흐름을 최대한 포항지역에 초점을 맞추어 포착하려는데 목적을 두고 있기 때문이다.

그동안 국내의 경제사 연구는 국민경제 내지는 국가 경제를 대상으로 하는 한국 경제사가 대부분이었고 특정 지방이나 지역을 별도로 다루는 것에는 소홀하였다. 사실상 본서가 우리나라의 특정 지역을 대상으로 하는 경제사 연구로는 최초라는 점에서 필자의 집필 방향이나 방식에 있어서는 비교 대상이 없기에 다소 자유를 얻은 셈이다. 물론 이 책이 완성형은 아니다. 앞으로 이 책에서 미처 다루지 못한 중요한 역사적 사실이 추후 발굴되고 생생한 기억과 기록을 지닌 지역의 원로 실업인, 공무원, 학자 등으로부터 본서 내용의 오류를 입증할 중요한 근거 사료를 얻어 낼 수 있는 일종의 마중물에 해당하는 기초 연구서의 성격이라고 해도 무방하다. 부디 이 책을 기반으로 지역 곳곳에 잠자고 있는 많은 자료가 발굴되어 앞으로 더욱 완성도를 높인 포항지역의 경제사가 나올 수 있다면 본서의 역할은 그것만으로도 충분히 제 역할을 다한 것일 것이다.

근현대를 대상으로 하였기에 본서에서는 고대부터 조선왕조까지는 포항지역에만 한정하여 경제적 영향을 주었을 것으로 생각하는 특기할 만한 사건 외에는 달리 언급하지 않고 최대한 연표에만 수록하는 것으로 그쳤다. 이는 대체로 왕이 통치하는 국가경제체제 즉 '왕권보존형 봉건경제' 체제하에서는 선택적, 암묵적, 관용적으로 이해할 수밖에 없는 민간 내지는 백성의 경제 활동이란 거의 전국 공통의 흐름을 가질 것이기에 지역경제의 역사에서 한국 경제사의 내용을 새삼 다루지 않아도 된다고 여겼기 때문이다. 실제 다른 지역들도 마찬가지겠지만 그 이전 개성상인, 보부상 등 특정 민간의 상인 활동이 있기는 하였으나 지금의 포항시 행정구역과 일치하는 지역(이하 별도의 언급이 없는 한 '포항지역'이라고 한다)에서 민간부문까지 본격적으로 경제적 변화가 일어나는 것은 대한제국의 성립 전후 즉 구한말 일제의 선발대인 법조인, 군인, 상인, 금융인 등이 스며들면서부터다. 그 후 얼마 지나지 않아 일제가 한반도를 강점하는 시기부터 근대라는 이름으로 포항지역 경제의 역사적 변화를 더듬어 보았다.

1910년 8월 대한제국과 대일본제국 즉 한일 양국 정부 간 합병 조인이 이루어지자 한국통감부는 조선총독부로 이름을 바꾸고 본격 가동되었다. 1945년 8월 광복을 맞이하기까지 한반도의 모든 산야와 지하, 바다의 자원들과 주민들은 일본 제국의 철저한 식민정책에 입각한 자원 강탈, 일본 본토의 경제적 위기를 돌파하는 데 필요한 보급기지, 일제 주도의 침략전쟁에 필요한 병참 기지의 역할에 적합한 경제산업정책의 운용에 희생되었다. 이 당시의 한반도나 포항지역에서 운용되었던 국가 경제체제의 특징은 '제국 기지형 식민경제'로 정의할 수 있다. 광복 이후에는 비록 한반도가 독립되었다고는 하나 실질적인 정치 경제적 독립이라기보다는 일본을 대신하는 미국의 식민지나 다름없었다.[1] 한반도에 진주한 미군들이 38도선 이남 지역에 설치한 군정청의 통제하에서 서방식 시장경제를 도입하려 노력했던 당시 남한지역 경제 운용체제의 특징은 '군정통제형 시장경제'로 포착할 수 있다. 미군정에서 대한민국 정부로 정권이 이양된 직후 38선 이북에 자리를 잡은 조선민주주의인민공화국(이하 '북한')의 기습남침으로 6·25전쟁이 일어났다. 종전 이후 피해 복구를 거쳐 1960년대초 국가혁명위원회가 출범하였어도 우리나라 국가 경제정책 운용의 근본

---

[1] 우리나라의 미군정은 대한민국 정부 수립으로 해제되었으며, 일본의 연합군사령부의 군정체제는 6·25전쟁을 계기로 해제되었다.

틀 자체는 바뀌지 않았다. 상당 기간에 걸쳐 한미경제협정에 기반한 원조자금이 한국의 전후 복구와 산업경제 부흥에 큰 역할을 한 것은 사실이다. 하지만 독립 국가로서의 경제정책 수립과 운용을 위한 의사결정과정 자체는 대부분 미국의 원조 기관과 사전협의를 거치거나 자금 집행에 통제를 받아야만 하였다. 이에 따라 필자는 1970년대까지 이어진 경제운용의 특징을 '원조통제형 계획경제'로 명명하였다. 그 이후 1980년대에 신정권이 탄생하였을 당시 정부가 추진한 경제정책의 운용은 분명 자유 시장경제를 표방하였다. 하지만 실질적으로는 그동안의 양적 팽창과 성장에 치중하며 복잡해졌던 국가의 산업구조를 기업군과 산업군의 특징에 따라 새롭게 산업구조를 합리화한다는 관점에서 정부 주도로 반강제적으로 재편하는 구조조정의 성격이 더욱 컸다. 이 시기의 특징을 그래서 '산업정책형 통제경제'라고 이름을 붙여 보았다. 1990년대에 새로 들어선 정부는 그동안 국내 산업의 보호주의 색채에서 벗어나 선진국 진입의 꿈에 부풀어 대외개방을 전제로 하는 '세계화' '국제화'에 매달렸다. 기업 등 경제주체들은 그때까지의 정부의 '통제'에서 벗어나 '개방'과 '자유'로 각자가 발을 내딛는 '대외개방형 자유경제'의 시기였다. 당연히 오랫동안 온실 속 통제에 익숙했던 경제주체들은 가혹한 야생과 같은 국제무대에 제대로 적응하지 못하였다. 국제화, 세계화라는 이름의 개방 경쟁

체제로 강행한 정책은 혹독한 대가를 치러야만 하였다. 1990년 대말 국제통화기금의 철저한 통제와 개방압력으로 점철되었던 국내 경제주체들의 고난의 기간은 그리 길지 않았다. 하지만 그때의 충격이 남긴 상흔은 지금도 여전하다. 외세가 주도한 구조조정의 칼바람 속에서 국내 경제주체들이 생존에 허덕였던 그 시기는 한마디로 '구조조정형 시장경제'시대였다. 2000년대 이후부터는 정보통신기술(ICT)의 발달로 창의적이고 획기적인 연구개발 기반의 창조경제를 이끄는 선구자만이 시장을 먹이로 삼을 수 있는 그야말로 '무한경쟁형 창조경제' 시대다.

표 1. 근현대 포항 지역경제사의 시기 구분

외형적 시대 구분	대상 기간	경제 운용체제의 특징	국민경제의 키워드
고대 ~ 조선	고대 ~ 1885	왕권보존형 봉건경제	공물부역기반
대한제국 – 일제강점기	1885 ~ 1945	제국기지형 식민경제	조선총독부의 통제하에서 수탈기반의 조성, 군수병참기지
광복 후 혼란기 (미군정기, 6·25전쟁기)	1945 ~ 1954	군정통제형 시장경제	미군정 통제와 식민정책의 융합
대한민국	1948 ~ 1979	원조통제형 계획경제	한미경제협력과 철저한 계획경제
	1980 ~ 1990	산업정책형 통제경제	인위적 산업합리화와 재계개편
	1990년대	대외개방형 자유경제	무분별한 세계화, 국제표준수용
	IMF 외환위기	구조조정형 시장경제	비자율적 구조조정과 격차확대
	2000년대 이후	무한경쟁형 창조경제	효율성 추구기업 vs 창의혁신 기반기업, 부문 계층간 격차확대심화

자료 : 필자 자체작성

하지만 우리 경제가 선진국으로 분류된다고 해도 기업이나 산업의 뿌리 속 DNA에는 여전히 상대적 후진성을 기반으로 인건비나 재료비 감축, 생산이나 유통시스템의 효율성을 추구하는 '가격경쟁력'에 주목하는 의존성이 강하게 남아있다. 이러한 현상은 지역의 경제 부문도 마찬가지다. 지역의 경제주체인 지자체의 행정 부문, 지역의 중소기업, 전통시장을 포함하는 지역의 유통 부문 모두 비슷한 상황이다. 이하 본서에서는 앞서 간단하게 언급한 것처럼 대체로 〈표 1〉과 같이 시기를 구분하여 포항지역 근현대경제사를 다루고 있음을 밝혀 둔다.

왕권보존형 봉건경제기
(고대부터 조선후기)

고대 – 고려왕조

　역사적으로 시대를 구분할 때는 국가의 정치 제도를 기준으로 삼아 고대-중세봉건-근대로 구분하거나 인류가 주로 사용했던 도구의 변천사인 구석기-신석기-청동기시대로 분류하는 것이 보통이다. 하지만 어떠한 역사 시대라 할지라도 경제활동이 이루어지는 것은 의식주(衣食住)의 영역에서 벗어나지는 못한다. 그중에서도 역시 가장 우선시되는 것이라면 생존과 직결되는 '식(食)'과 관련한 경제활동이었을 것이다. 산에서 채취한 산나물이나 열매와 같은 임산물, 들이나 밭에서 자라거나 씨앗을 심어 수확하는 농산물, 강이나 바다에서 잡은 물고기나 채취한 해조류와 같은 수산물이야말로 어느 시대를 불문하고 인류의 소중한 생존 수단과 밀접한 관계를 지녔을 것이다. 특정 지역이나 부족, 개인에 따라 이처럼 '식'이 풍부한 자연환경 대신 '의(衣)'나 '주

(住)'에 유용한 동물의 가죽, 오두막을 짓는 목재 등이 상대적으로 풍부한 곳도 있었을 것이다. 이처럼 고대 한반도의 인류는 자신의 정착지 인근의 생태 지리적 환경에서 얻는 산출물이 지닌 비교우위를 기반으로 각자에 필요한 재화를 얻기 위한 거래행위 즉 경제활동을 하였을 것이다. 먹을거리를 생산하는 곳에 자리한 개인 또는 부족이 '의'나 '주'와 관련된 물품을 생산하는 지역의 개인이나 부족들과 적정 교환 비율로 물물교환하는 그것을 우리는 원시 경제의 형태로 이해할 수 있다.

점차 시대가 흐름에 따라 인류의 지능과 경험이 축적되면서 집단들은 부족이나 국가의 형태로 발전하게 되었을 것이다. 통치 권력을 쥐게 된 집단이나 개인은 궁극적으로는 자신들에게 부족한 자원을 약탈하기 위한 전쟁이라는 최후의 수단을 선택하고 피를 흘려가며 지배영역을 확장하기도 하였을 것이다. 당연히 자원이 풍부한 곳일수록 그 당시 공동체를 지배하던 정치 권력이 집중되기도 하였을 것이다. 그러면서 점차 체제를 갖춘 집단은 필요 물품을 생산하는 특정 지역이나 소집단을 별도로 관리하거나 반대로 자원을 소유한 특정 소집단이 정치 권력의 지배력을 쥐고 이를 대대로 계승 또는 강화하면서 결국 왕권을 확립하고 국가의 형태를 갖추며 정치, 경제, 사회, 문화 등 다양한 부문에서 발전해 나갔을 것이다.

역사적으로 한반도에서는 고조선, 삼한, 삼국시대 등 여러 국가형태를 거쳤다. 이 긴 세월 동안 전혀 이동하지 않는 '땅'이라는 '먹을거리'의 생산력을 쥐고 있는 특정 지역 호족들은 국가의 명칭이나 왕권을 주도하는 가문이 어디이건 그 당시 중앙정치의 권력까지 좌지우지하였을 것이고, 이러한 경향은 제법 오래 계속되었을 것이다. 옥토는 물론 풍부한 어족자원이 있는 곳, 많은 목재와 수운 등과 더불어 외적으로부터 침입을 쉽게 방어할 수 있는 전략적 요충지 등 지방의 호족이 목소리를 높일만한 곳은 적지 않다. 그와 같은 다양한 지역 특성 중에서도 군사적 경제적 여건을 함께 갖춘 곳일수록 지배자인 군주가 자리하는 도읍지가 되고 그 시대의 정치 경제 사회 문화의 중심지로 거듭났을 것이다.

그러한 시대에는 강력한 정치적 지배력이 작동하는 수직적이고 경직화된 계급사회가 형성될 수밖에 없다. 그러하기에 중앙권력을 위협하는 여지가 없도록 민간의 경제활동을 철저하게 통제하고 계획에 따라 집행하는 형태로 국가의 경제활동이 운영되었을 것이다. 다만 아무리 중앙집권적이고 강력한 통제체제라도 외세의 침략이나 내란, 반란과 같은 충격요인이 발생하면 순간적이나마 기존의 수직적이고 체계화되어 있던 권력자의 통제체제가 흔들리면서 수평적이고 산발적인 민간주도의 경제활동이 태어나기 마련이다. 이후 혼란이 수습되어 새로운 지배자들이 등장하게 되면 그들의 권력이나 세력을 공고히 하는 과정에서 중앙통제 경제체제로 회귀하려는 힘이 작동되기 쉽다. 하지만 혼란기에 나타난 자율적 민간경제활동 가운데 자신들의 지배력과 무관하다고 판단되는 부분이 있다면 수용하고 아닌 경우라면 철저하게 재발을 방지하는 제도적 장치를 마련하는 것이 보통이었다. 이러한 과정을 거치면서 그 시대적 상황에 따라 국가 단위의 경제통치 내지는 경제 운용방식도 변화와 발전을 거듭해 왔을 것이다.

절대 왕권이 확립된 이후 왕실에서는 백성들을 통제하기 위해 자신의 수족들을 지방관리로 파견하면서 그들에게 왕이 소유하고 있는 적정 규모의 영토를 분배하거나 경작권을 부여하였다. 그로부터 파생되는 경제력으로 지배력을 굳힘과 동시에 왕권의 확립, 정치의 안정, 친위군사력의 확보 등 다양한 효과를 거둔 것이다.

고대국가의 운영은 통일신라 시대를 전후하여 독서삼품과나 화랑제도 등을 활용한 관료제도가 정착되자, 왕의 소유인 국토를 모든 백성에게 분급하여 제한적이나마 자율적 토지경영이 가능한 체제인 정전제(丁田制)[2]라는 제도로 전환되었다. 왕조시대

---

2 정전제는 정년(20세)에 달한 청년부터 60세에 이르는 모든 백성에게 토지를 분배하여 각자가 농사를 짓는 대신 토지 소유자인 국가(=국왕)에 조용조(租庸調)의 의무를 부과했던 제도다. 이 제도는 서양의 중세시대 농노제와 비슷하나 민간이 영주 등의 개인 소유물이었던 것과는 달리 백성이라는 이름 자체가 알려 주듯이 백성들 간 신분상의 차이가 크지 않고 자율적인 토지경영 등이 가능하였다는 점에서 농노제와는 성격이 전혀 다르다.

에는 왕권이 중앙집권적인 관료체제를 구축 활용함으로써 안정될 수 있었다. 관료제도가 강화되자 군주가 외척의 힘을 배경으로 하는 관료의 협조가 필요할 때마다 왕의 지배력이 약해지는 경향이 나타나기도 하였다. 그러나 이러한 관료들의 권력 강화나 유지는 과거제라는 중앙집권적 관료 등용 제도를 통해서만 가능하였다. 때문에 세습적 독점권이나 중앙정부로부터 독립적인 지위 강화 등을 가능케 하는 토지의 분할 소유나 대토지의 소유제는 실현될 수 없었다. 사실 현대에도 이러한 경향은 크게 달라지지 않았다.[3]

영일만의 지정학적 가치[4]는 고대든 중세든 어떠한 시대라도 변하지 않았다. 그렇기에 한반도를 지배하였던 어떠한 정치형태와 권력체제 하에서도 포항지역은 언제나 예외 없이 중요한 곳

---

3 민주화나 시장경제 체제 전환과 무관하게 국가의 정치권력 구조가 중앙집권에서 탈피하여 지방분권을 지향한다는 현대 한국일지라도 연방제 국가가 아닌 한 진정한 지방분권은 이루어지지 않고 있다고 본다. 가장 중요한 지방분권의 핵심은 사실 예산권에 있기 때문이다. 어떠한 분권이라는 명목을 붙이더라도 예산권을 중앙정부가 쥐고 있는 한 사실상 지방분권이란 실현되기 힘들다. 만약 국가 예산에 대한 분배가 절로 각 지역 경제력이나 인구비례 등으로 이루어지고 자율적 집행까지 지방정부가 가능하다면 실제 지방분권이라 할 수 있겠지만 정작 그리되면 중앙 정치 권력인 대통령, 국회의원이라도 지방정부를 지배할 수 있는 분야란 기껏해야 국방과 외교를 제외하면 거의 사라질 수밖에 없기 때문이다.

4 현대의 포항지역은 우리나라가 추구하는 환동해경제권의 가장 핵심적인 해양 교두보로서 중국(동북 3성)과 러시아(극동연방관구), 일본(서안지역)을 아우르는 지리경제학적으로 매우 높은 가치를 지니고 있다.

으로 자리매김하였다.[5] 고대의 유적인 암각화, 호미반도의 수많은 고인돌 모두 그 흔적일 것이다. 고대부터 인식된 지정학적 위상이 있었기에 태양을 숭배하던 북방의 고구려, 발해 등의 후예가 남하하여 달을 숭배하였던 신라계와 투쟁 대신 평화공존을 선택하고 영일만 일대에 정착하게 된 것은 어쩌면 필연이었을런지도 모른다. 한반도에서 가장 먼저 신성한 태양을 맞이할 수 있을뿐더러 영일만 북쪽 흥해와 청하에는 옥토인 너른 들이, 장기에는 말을 키우고 산나물채취와 양질의 목재가 생산되는 산악지역이, 영일(연일)에는 북방의 고향 해역에서 명태, 청어 등 어족자원들이 사시사철 찾아오는 풍족한 어장이 있다. 북방계 부족들이 새로운 둥지로 삼기에는 최고의 적지였을 것이다. 이들이 남하하다가 이곳에 정착하기 위해 투쟁하고 화합하는 과정에서 연오랑세오녀의 전설도 탄생했을 것이다.

실제 흥해읍 학천리 고분군에서 출토된 청동기시대의 토기에는 의미심장한 선각 그림이 그려져 있다. 자세히 보면 두 마리 새가 깃털을 접은 상태로 마주하고 있다. 새의 다리는 세 개 즉,

---

5   고려 시대에 보경사가 세워진 전설도 그러한 일환이었을 것이며 고려 우왕 13년 (1387년)에 영일현 통양포(두모적포 : 현 포항시 두호동)에 수군만호진을 설치하여 만호(종4품)를 비롯하여 정규 수군과 병선을 배치하였던 것도 해양을 통한 왜구의 약탈이 극심해지는 등 외세침략에 국토수호를 위해 중요한 곳이라는 중앙의 정치군사적 인식이 있었기 때문일 것이다.

그림 1. 흥해 학천리 고분 출토 쌍일월삼족오문(雙日月三足烏文)토기

자료 : 학천리발굴보고서

삼족오(三足烏)다. 한반도에서 지금까지 발굴된 토기유물 가운데 이처럼 명확하게 삼족오를 상징하는 그림이 그려진 유물은 필자가 아는 한 이것이 유일하다. 포항지역 북쪽 흥해 고분군에서 발굴된 이 유물은 북방계 부족들이 남하하여 정착하였다는 하나의 증거일 수도 있다. 필자는 이 토기의 이름을 쌍일월삼족오문토기(雙日月三足烏文土器)라 명명하였다.

태양의 사신 삼족오의 강인한 부리는 날개를 편 여타 다른 벽화에서 보이듯 벌리고 있는 공격 자세가 아니라 날개를 접고 신라계 부족들과 나란히 마주하는 평화를 선택하였음을 선언하는

듯 다물고 있다. 게다가 좌우 삼족오 사이에는 같은 크기의 둥그란 원 두 개도 새겨져 있다. 하나는 신라계의 달을, 하나는 북방계의 태양을 상징하는 것일까. 이것이야말로 일월 신화의 탄생 당시 이야기를 담은 것일지도 모른다. 이 쌍일월삼족오문토기 한 점이야말로 고대 포항지역의 역사를 상징하는 지역의 보물일 것이다. 북방출신 지역민의 눈에는 북방해류를 타고 매년 영일만의 바다까지 내려오는 청어무리란 자기들의 고향이 보내주는 선물이자 고향에서도 즐겨 먹었던 익숙한 맛이었을 것이다. 매년 청어를 잡아 생활하던 옛 포항인의 입장에서 청어 떼를 늘 위협하는 상어들은 최대의 숙적이었을 것이다. 북방의 초원을 말로 달리던 전사들이 이제는 약간의 파도에도 흔들리는 일엽편주를 타고 바다를 누볐다. 바다 한가운데서 고향의 선물을 위협하는 상어들을 죽창 하나만 들고 목숨 건 사투로 물리치고 잡았으리라. 이는 당시 젊은 전사들의 인증시험이나 성인식이었을 지도 모른다. 당연히 그들이 잡은 상어는 전리품이다. 그 상어는 선조들에게 영일만 바다를 지켜낸 증거품이자 자랑거리이기에 제사상에 올리는 풍습도 만들어 내었을 것이다.

포항지역 일대는 진한 시대에는 소읍국인 근기국(勤耆國)에 속한 부락(部落)이었고, 157년(신라 아사달왕 4년)경에는 도기야(都祈野)로, 757년(신라 경덕왕 16년)에는 임정현 또는 오천(烏川)으로 불리던 지역이었다. 영일만 일대 지역이 역사에 공식적으로 영일(연일)이라 기록되기 시작한 것은 고려 때부터다. 도기야는 도지들(해돋이의 '돋이'를 '도기'로 표기하였다고 본다면)로서 해가 돋는 들을 뜻하는데 영일(迎日)과 같은 의미다. 그리고 연오, 세오, 오천에 들어가는 '오(烏)'는 태양을 나타내는 글자로 옛부터 해 속에는 세 발 까마귀가 있다고 생각해왔었다. 이 새는 태양신의 전령이자 대리인임과 동시에 태양을 향하는 도전 정신을 상징한다. 태양을 숭배하였던 고대 북방계가 남하하여 포항지역 일원에 자리를 잡게 되었더라도 그들의 정신 속에는 언제나 태양이 타오르고 있었을 것이다. 그들이 한반도에서 신성한 해를 가장 일찍 맞이하는 영일 지역에 자리를 잡은 것은 결코 우연이 아니었을 것이며 그러하기에 지명도 그리 붙였을 것이다.

일부 연구자들은 일제강점기 시절 영일 지역을 안으로 감싸고 있는 바다를 '영일만'이라 부르기 시작했다는 것을 곡해 내지는 확대해석하여 이 '영일'이 일본을 환영한다는 의미로 '상상'하기도 한다. 하지만 조선 시대에는 지도상에 바다 쪽으로 나간 '곶(串)'을 내륙으로 바다가 들어온 '만(灣)'에 우선하여 사용하였다. 일제강점기에 제작된 지도에 영일 '만'이라고 '만(灣)'의 글자가 붙은 것은 맞지만 '영일'이라는 지명 자체는 이미 고려 시대부터 있었다.

조선시대

왕조가 조선으로 바뀐 이후에도 영일만을 중심으로 북쪽 청하에서 흥해를 거쳐 연일과 장기지역에 이르기까지 고을과 촌락이 산재하였던 포항지역에서는 흥해, 연일 등지의 평야에서 산출되는 농산물과 영일만 연안의 수산물을 중심으로 비교적 평탄한 경제활동이 오랫동안 이어졌을 것이다.

인구조사 가운데 가장 오래된 기록인 경상도지리지(1425년)에 따르면 포항지역(흥해, 영일, 장기, 청하)에는 당시 호수 1천 278호, 인구수 1만 609명이 지역 곳곳에 흩어져 살고 있었다. 당시의 호수 분포는 흥해군 423호, 영일현 417호, 청하현 235호, 장기현 203호 순이었지만 인구수로는 흥해군 4천 36명, 영일현 3천 628명, 장기현 1천 736명, 청하현 1천 209명 순이었다. 4개 군현 중 흥해와 영일 지역이 장기, 청하지역보다 거의 2배 가까운 규모를 보인 것은 아무래도 농수산물이 풍부한 살기 좋은 지역이었기 때문이었을 것이다. 이후 포항지역 주민들의 경제생활에 직접적인 충격을 주는 사건이라면 1427년과 1518년에는 지진이, 1592년부터는 임진왜란이 있었고 1596년 정유재란 때는 지역 일대의 폭우로 인해 거의 모든 전답이 소실되는 천재지변이 있었다.

그러나 포항지역 주민들의 경제활동을 근본적으로 변화시키는 외부요인 내지는 경제적 충격은 따로 있었다. 공식 문헌상 최초로 '포항(浦項)'이라는 지명이 등장하는 사건을 계기로 포항지역의 경제생태계가 완전히 탈바꿈하게 되는 것이다. 조선왕조실록에 따르면 "영조 신해년(7년)인 1731년 관찰사 조현명이 고을 북쪽 20리에 포항창진(浦項倉鎭)을 개설하고 별장을 설치"하였다. 창진의 기능은 함경도 지방의 백성 구제를 위한 곡식을 보관하는 장소를 제공하는 것이었다. 영일만을 기반으로 하는 비교적 한가한 어촌마을이었던 포항지역에 '창진'이 설치된 것이다. 창고에는 흥해, 영해 등지에서 생산된 곡식들을 최대 10만 석까지 보관하였다가 기근이 심해져 구제가 필요해진 함북지방에 구휼, 진휼의 목적으로 당시 창진이 보유하였던 10여 척의 배로 곡식들을 운반하는 역할을 맡았다.

한적한 어촌의 어항에 상시 10여 척 이상의 배가 정박하며 대기하고 있으려면 당연히 조선과 선박 수리 시설을 갖추었을 것이다. 일개 창고가 아니라 '진(鎭)'의 이름이 붙어 있었기에 이곳에는 파견된 군졸들이 기거하고 이들을 후방 지원하기 위한 민가들도 적지 않게 필요하였을 것이다. 게다가 북부의 흥해나 남부의 연일, 장기 등지에서 생산된 곡식이나 특산물들을 창진까지 이동시키려면 거의 도보로만 다닐 수 있던 일부 임도들을 최소한 우마가 다닐 수 있도록 재정비하기도 했을 것이다. 이처럼 창진의 설치는 과거 포항지역에 없었던 주요 농수산물을 거래하기 위한 장시의 형성과 발전[6], 우마를 키우고 관리하기 위한 다양한 전문 직업과 물품의 생성, 창진 관리를 맡은 병사나 관리들을 위한 후방지원시설의 설치 등 다양한 경제 산업활동이 생겨났을 것이다. 당연히 이로 인해 포항지역은 동해안 중에서는 주목할만한 '먹고 살기 좋은 또는 먹고 살 기회가 있는 땅'으로 알려지면서 지역 인구가 증가하는 이른바 조선판 '창진 설치에 따른 경제효과'가 일어났을 것이다.

이와 같은 추론은 창진을 설치하고 20여 년이 지난 시점인 1750년(해동지도)의 인구수 통계에서도 잘 나타나고 있다. 1425년 호수 1천 278호, 인구수 1만 609명이었던 포항지역은 비록 300여 년이라는 긴 세월이 지나긴 하였으나 그동안의 천재지변과 전란 등 충격요인을 생각해보면 호수 1만 808호, 인구수 4만 418명(추정)[7]이라는 수치는 그동안 호수 기준으로는 거의 10

6   동국문헌비고 등에 따르면 조선 후기에 해당하는 1770년경 포항지역에는 청하 덕성리에 청하읍내시장에서 매월 5, 10일 장시를 열었고 이외에도 장기읍내시장(매월 1, 6일), 흥해읍내시장(매월 2, 7일), 송라시장(매월 3, 8일), 포항동 여천시장(매월 4, 9일), 포항동 포항시장(매월 1, 6일)이 개시하고 있었는데 유독 포항동에만 장시가 두 군데나 열렸던 것도 포항창진 주변에서 상거래가 활발해졌기 때문이 아닐까 싶다.

7   1750년(해동지도)의 조사결과에는 장기현의 경우 호수는 조사에 있으나 인구수는 나타나지 않고 있다. 이에 따라 당시의 흥해군 3,235호(11,886명), 영일현

배, 인구 기준으로는 3.8배 정도까지 팽창된 것이다. 이는 분명 창진의 설치 효과가 아니고서는 설명 자체가 불가하다. 과거보다 호수당 인구가 크게 줄어든 탓에 인구수의 증가 규모가 상대적으로 크지 않다고 여길 수도 있다. 하지만 아무리 세월이 흐르더라도 주변 경제 여건에 근본적인 변화가 없는 한 특정한 지역에서만 인구가 증가하거나 물류의 흐름이 변화하기란 쉽지 않다는 점에서 인구수 약 4배, 호수 약 10배에 이를 정도의 급격한 변화는 포항창진의 개설이 가장 큰 영향을 주었을 것이라 해석해도 크게 무리는 없을 것이다. 이는 1425년 당시 흥해군 인구가 4천 36명, 영일현 인구가 3천 628명이었던 데 반해 1750년에는 영일현이 1만 6천 246명으로 흥해군 1만 1천 886명을 역전하는 현상을 보인 것으로도 짐작할 수 있다. 당시 경제활동 대부분이 농림수산물 기반이었던 점을 고려한다면 영일현 인구수의 증가요인으로 '포항창진'의 설치에 따른 효과를 제외하고는 달리 설명할 길이 없기 때문이다.

　1784년(정조 8년)에 포항창진이 폐지되고 포항창(浦項倉)으로 격이 낮아지긴 하였으나 그동안 이미 형성된 포항지역을 중심으로 하는 동해안지역의 경제활동과 그에 따른 물류의 흐름이 쉽

3,902호(16,246명), 청하현 1,779호(5,286명)을 합한 평균 호수당 인구수를 이 시점의 장기현 호수 1,892호에 곱하여 인구수를 추정하였다.

사리 끊어지지는 않았을 것이다. 실제 19세기 전후의 조선 최대의 백과사전이라고 할 수 있는 서유구의 임원경제지 예규지(倪圭志)[8]에 기록되어 있는 포항지역 주요 장시의 거래 품목들도 〈표2〉와 같이 흥해지역의 일부 공산품 계열의 품목 일부를 제외하면 대부분 곡식류와 수산물이기는 하나 매우 다양한 품목이 장시에서 활발하게 거래되었음을 알 수 있다.

표 2. 조선 시대 후기 포항지역 주요 장시 거래 품목(1800년대 전반)

대표 장시	주요 거래 품목
흥해읍내장	쌀, 콩, 맥류, 대구, 도미, 문어, 방어, 넙치, 청어, 전복, 해삼, 미역, 김, 소금, 곶감, 잣, 유기, 자기, 농기, 자리, 방풍, 담배, 소
청하읍내장	쌀, 콩, 매류, 면포, 면화, 황저, 명주, 대구, 청어, 넙치, 문어, 상어, 공어, 해삼, 미역, 김, 전복, 방어, 소금, 도라지, 대추, 밤, 죽물, 소
장기 하성북장	쌀, 콩, 맥류, 면포, 삼베, 대구, 넙치, 청어, 말린전복, 미역, 홍합, 해삼, 소
영일읍내장	쌀, 콩, 맥류, 면화, 면포, 삼베, 생선, 소금, 소

자료: 임원경제지 예규지2(임원경제연구소, 풍석문화재단, 2019)

〈표 3〉으로 알 수 있듯이 포항창으로 격하되고 5년이 지난 1789년의 호구총수를 보더라도 포항지역의 호수는 1만 1천 374호(흥해 3천 520호, 영일 4천 15호, 장기 2천 174호, 청하 1천 665호), 인구수는 4만 5천 901명(흥해 1만 2천 900명, 영일 1만

---

8   임원경제연구소, '임원경제지 예규지2', 풍석문화재단, 2019

8천 544명, 장기 8천 138명, 청하 6천 319명)으로 늘어난 것을 확인할 수 있고 그 직전 30년 전인 1759년보다 정확하게 포항지역 호수는 4.2%, 인구수는 6.7%가 증가하였다. 호수보다 인구수 증가 폭이 큰 것은 타지에서 포항지역으로 인구이동을 촉진시킨 효과라기 보다는 그동안의 정치 경제적 안정효과가 더 컸기 때문이 아닐까 한다. 세부 지역별 변화는 흥해(호수 -1.0%, 인구수 -0.7%), 영일(호수 2.5%, 인구수 7.1%), 장기(호수 15.0%, 인구수 22.0%), 청하(호수 7.3%, 인구수 4.4%)로 흥해지역이 다소 줄어든 것으로 나타나고 있다.

그런데 무엇보다도 장기지역의 호수와 인구수가 급증한 것이 돋보인다. 장기지역의 1425년에서 1750년 사이의 인구증가율은 포항지역 전체 평균보다는 낮았으나 1750~1759년 동안에는 호수가 0.1% 줄었음에도 인구수는 66.8%나 늘었다. 다시 30년 뒤에는 직전 조사보다 호수는 포항지역 평균(4.2% 증가)의 3배 이상인 15.0%가 늘어났고, 인구수는 포항지역 평균(6.7% 증가)을 훨씬 넘는 22.0%의 증가율을 기록하고 있다. 이러한 현상은 1789~1832년간(호구총수, 경상도읍지), 1832~1871년간(경상도읍지, 영남읍지)에서도 확인할 수 있듯이 무려 100년동안 유사한 현상이 지속되고 있다. 이는 포항창의 위상이 창진 시절보다 낮아져 일반적인 곡식의 보관, 수송 등을 위한 실질적인 기능과 역할이 다소 위축되면서 흥해, 영일 지역에 영향을 주었을 것이다. 그러하기에 장기지역에 호수와 인구가 늘어난 것은 당시 포항지역 전체에 적용되는 일반적인 경제 여건과는 다른 특이요인이 작용하였을 가능성이 크다는 것을 시사하고 있다.

필자는 아마도 이러한 현상은 많은 유배객이 장기현으로 집중되었던 것과 높은 상관관계가 있지 않을까 생각한다. 언제든

표 3. 조선시대 현 포항지역의 호수 및 인구수 변화

구분	호수(호)					인구수(명)				
	흥해	영일	장기	청하	포항계	흥해	영일	장기	청하	포항계
1425년	423	417	203	235	1,278	4,036	3,628	1,736	1,209	10,609
1750년 (변화율%)	3,235 664.8	3,902 835.7	1,892 832.0	1,779 657.0	10,808 745.7	11,886 194.5	16,246 347.8	4,000 130.4	5,286 337.2	37,418 252.7
1759년 (변화율%)	3,555 9.9	3,916 0.4	1,890 △0.1	1,552 △12.8	10,913 1.0	12,988 9.3	17,312 6.6	6,673 66.8	6,051 14.5	43,024 15.0
1789년 (변화율%)	3,520 △1.0	4,015 2.5	2,174 15.0	1,665 7.3	11,374 4.2	12,900 △0.7	18,544 7.1	8,138 22.0	6,319 4.4	45,901 6.7
1832년 (변화율%)	3,555 1.0	3,989 △0.6	2,239 3.0	1,712 2.8	11,495 1.1	12,988 0.7	18,558 0.1	8,531 4.8	6,673 5.6	46,750 1.8
1871년 (변화율%)	3,390 △4.6	3,989 0.0	2,292 2.4	1,745 1.9	11,416 △0.7	11,357 △12.6	18,558 0.0	9,560 12.1	6,907 3.5	46,382 △0.8

주 : 1) 1750년 장기 인구는 당시 여타 군현의 평균 호수당 인구수로 필자가 추정한 수치
   2) 1832년과 1871년의 영일현 호수, 인구수는 동일한 것에 비추어 볼 때 직접 조사하지 않고 과거 수치를
      사용하였을 것으로 추정되는데 이는 그만큼 영일현의 인구나 호수변화가 특이할 정도의 사회경제적
      충격요인이 없었다고도 해석할 수 있음
   3) 호수 및 인구수의 변화율은 직전조사 대비 변화율(%)임(△은 마이너스)
자료 : 1425년 경상도지리지, 1750년 해동지도 1759년 여지도서기 묘식년 1789년 호구총수 1832년
      경상도읍지, 1871년 영남읍지

유배에서 벗어나 현직으로 복귀할 가능성이 큰 유배객에게 인사차 방문하는 고관과 사대부, 아예 유배지 인근에서 숙식하며 학식과 덕망이 높은 유배객에게 배움을 청하려는 젊은 유생들도 있었을 것이다. 자연스럽게 이들을 대상으로 하는 민박[9], 주점, 특산물 판매점 등 새로운 일자리나 경제활동의 기회가 발생하는 일종의 유배경제효과가 작동하였을 가능성이 크다. 조선 중후기로 갈수록 장기고을로 유배되는 유배객의 수는 증가하였다. 〈그림 2〉에서 나타나듯이 실제 장기지역의 인구증가와 연계되던 영조(재위 1724~1776년), 정조(재위 1776~1800년), 순조(재위 1800~1834년)에 이르는 세 임금의 재위기간과 거의 동기화되고 있다. 이 100년간 장기고을로 유배조치가 이루어진 숫자만 하더라도 무려 134명에 이른다.

　조선 말 한반도를 둘러싼 청국, 노국, 일본과 같은 주변 열강들의 침략야욕으로 불거진 국제정세의 변화에 따른 사건들은 동해안에 있는 조용했던 포항지역까지 끌어 들이기 시작하였다. 1853년에는 러시아 함대 팔라다호가 영일만까지 남하하면서 동해안 해역을 측량하며 조선 왕실의 심기를 불편하게 만들었

9　실제 일제강점기 조선총독부 중추원의 조사 자료(1918년)에 따르면 지금의 포항지역 일원에는 매달 일정한 집세를 지불하고 가옥을 빌려 사는 관습이 있다고 보고하고 있다. 이 지역의 유동 인구가 적지 않아 이와 같은 풍습이 자연적으로 생겨났을 것이다.

그림 2. 조선시대 임금별 장기지역 유배조치자 추이

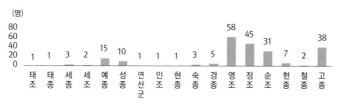

자료 : 사학자 이상준 선생 제공

다. 결국 조정에서는 1870년(고종 7년) 포항에 군사기지인 포항진(浦項鎭)을 설치하였다. 1872년 제작된 포항진 지도에는 지금도 포항시내 지명으로 남아있는 죽도, 해도와 같은 당시 섬 지역의 명칭과 함께 지금의 두호동과 포항항 주변 지역으로 민가들이 형성된 것도 확인할 수 있다. 한적한 어촌마을이었던 포항동(浦項洞)에도 새로운 풍운이 일기 시작한 것이다.

제국기지형 식민경제기
(대한제국-일제강점기)

구한말 혼란기의 포항

서구 열강들의 전방위적인 압박과 공세에 우왕좌왕하던 조선은 결국 1876년 강화도조약(조일수호조규)으로 부산항을 개항하며 쇄국의 빗장을 풀게 되었다.

바로 2년 뒤인 1878년 6월에는 일본 제일국립은행(第一國立銀行)의 부산포지점 개설을 필두로 조선 전국의 경제활동 전반에 걸친 보호막도 제거되어 버렸다. 일본산 수입품들이 일본 상인들과 조선 조정에 영향력을 발휘하기 시작한 일본인 권력자의 압력 등을 통해 조선 전국으로 무차별적으로 쏟아져 들어오기 시작하였다.

이러한 여파로 당시 조선 왕실의 관요(官窯)로 왕실과 양반 가문에 도자기를 공급해왔던 경기도 광주의 사옹원 분원도 화려한 일본 규슈(九州)의 아리타도자기(有田燒)[10]가 저가로 조선 전국에 유통되자 경영난에 빠져 1883년 민영화되기에 이르렀다. 이 시기를 전후하여 포항지역에서도 흥해, 영일, 장기지역 곳곳에 명맥을 이어오던 조선백자(순백자, 청화백자 등)[11], 옹기, 기와 등 전통 가마들의 불도 서서히 꺼지기 시작하였을 것이다. 일본처럼 에도막부 시대에 성장한 상인 가문들이 상거래 행위로 축적한 자본을 바탕으로 재벌로 진화하고 그들이 메이지유신을 주도하며 제국 자본주의로, 근대화로 이행했던 경로를 조선은 제대로 밟지 못하였다. 전근대 왕조였던 조선이 일본제국의 손으로 선별적이고 강제적으로 근대화됨으로써 조선 경제가 관 주도에서 민간주도로 이행되는 과정에서 자연스럽게 이루어졌을 조선 민족자본의 축적 기회가 원천적으로 차단되고 그 과실을 일본제국이 앞세운 식민자본이 고스란히 먹어치운 셈이다.

19세기 말 조선을 강타한 급격한 국제정세의 변화는 1894년

---

10 임진왜란 당시 일본으로 끌려간 조선인 도공들이 일본 각지로 분배되어 탄생하게 된 임진 6요(아리타도자〈有田燒〉, 사츠마도자〈薩摩燒〉, 하기도자〈萩燒〉, 가라츠도자〈唐津燒〉, 다카토리도자〈高取燒〉, 아가노도자〈上野燒〉)의 하나로 일본 최초로 청화백자를 생산하고, 또 최초로 유럽으로 수출된 도자기이기도 하다.

11 2019년부터 필자를 포함한 포항지역학연구회의 2차에 걸친 지역 도요지 지표탐사 결과 포항지역에는 조선 시대의 분청사기, 철화백자, 순백자, 청화백자 등을 제작하던 가마터가 있었음이 확인되었다. 서유구의 임원경제지 예규지에 실린 흥해 읍내장에서 거래되던 주요 품목에는 백자를 뜻하는 자기도 포함되어 있어 이 사실을 뒷받침하고 있다.

7월부터 1896년 2월까지 세차례에 걸친 '위로부터의 혁명'을 시도하였던 이른바 갑오개혁 운동과 '아래로부터의 혁명'을 꿈꾸던 동학(東學; 천도교)에 의한 갑오농민전쟁을 일으키기도 하였다. 하지만 이러한 혁명적 시도조차 외국의 군대를 끌어들여 진압하려던 조선 조정이 친일 내각을 구성하면서 결국 500년 역사의 조선왕조는 종언을 맞이하게 되었다.

포항지역도 당시의 이러한 급박한 정세변화에서 벗어날 수 없었다. 1894년경 일본인 상인이 영일만 일대의 풍부한 물산을 목격하고 영주할 계획을 세웠다가 교통 불편과 여러 사정이 맞지 않아 포기한 적도 있는 등 포항지역도 이 당시 한반도의 정세변화에 거의 실시간으로 연동되고 있었던 셈이다.[12] 1895년에는 일시 영일군이 동래부 관하로 편입되기도 하였으나 1896년 8월 4일 23부제를 폐지하고 13도제로 바뀌면서 흥해, 연일, 장기, 청하 4개 군은 다시 경상북도 관하로 복귀하였다.[13] 현재 포항시 행정구역에 해당하는 이 4개 지역이 경상북도 관내로 복귀하면서부터 과거 포항창진과 포항진의 거점이었던 포항동(浦項洞)을 중심으로 하는 이른바 '포항항 경제권'도 새로운 전기를 맞이하

---

12 조선민보사, '경북산업지'(1920)의 제9장 포항편을 참조
13 갑오경장 이후 1895년 1차 1896년 2차의 두차례 지방제도 개혁으로 포항지역의 4개 군이 경상북도에 편입된 후 2차 개혁 때 영일군은 연일군으로 개칭되었다.

게 되었다.

　조선이 대한제국을 선포하였던 1897년에는 이미 개항한 지도 20년이 넘은 시점이었기에 외국계 자본들도 많이 진출한 상태였다. 당시 제물포항을 거점으로 하였던 독일계 상사인 세창양행은 제물포항에서 출항하여 군산, 목포, 마산, 부산에 들렀다가 다시 울산, 포항을 거쳐 원산에 이르는 일종의 연안 카페리성격의 '화륜선(火輪船)' 즉, 기선을 운항하였다. 세창양행은 보유 기선(현익호, 창룡호)에 여객과 화물을 싣고 교차로 운항하였는데 이 화륜선이 항로를 따라 기착하는 항구 중에는 포항항도 포함되어 있었다. 이 노선은 1897년 4월 2일부터 1899년 3월 6일까지 총 17차례나 운행되었다. 이는 그만큼 이 시기에 전국적인 여객과 화물 등 물류의 흐름이 활발해지고 있었음을 시사한다. 이즈음(1899년) 포항의 4개 지역에 대한 종합 정보지라고 할 수 있는 한자로 된 연일군, 흥해군, 장기군, 청하현의 읍지(邑誌)가 간행되기도 하였다.

　1901년 가을경이 되자 부산항을 통해 조선으로 건너와 부산 영사가 발행한 상거래증명서를 소지한 일본인 상인들이 포항지역 엄밀하게 말하자면 포항동 일대에 발을 디뎠다. 당시 그들의 눈에 비친 연일군 북면 포항동에 해당하는 어촌(지금의 남빈, 여천, 학산 지역)은 불과 120~130호 정도만 형성되어 있는 작은 어촌마을이었다. 당시에도 포항지역은 산간 지역까지 마을이 흩어져 있었고, 곡창지대인 흥해지역이나 인구가 급증하였던 장기지역의 경우에는 부산에서 경주를 거쳐 포항으로 진입하는 교통 경로를 이용하였던 일본인 상인들이 접근하기에는 힘든 험지였기에 그들은 포항동 일원이 영일만의 자원을 이용하는 주민의 전부라고 착각하였을 것이다. 이후 세월이 지나 포항에 뿌리를 내린 그들이 토론회 등에서 언급한 당시의 거래물자는 쌀 5~6만 석, 콩 3~4만 석 정도였고 쌀 1석은 4~5원 정도였다고 한다. 그로부터 170년 전 포항창진이 개설될 당시 포항창의 최대 수용 능력이 곡식 10만 석이었고 총인구수가 이후 변하였다고 하더라도 포항지역(4개군) 인구가 4만 명 수준을 늘 넘었던 것에 비추어 볼 때 일본인들은 당시 포항지역으로 진입하는 경로를 통해서만 단편적으로 알 수 있었던 일부 어촌만을 포항지역의 전부라 오해하였을 가능성이 크다. 어쩌면 그 오해가 일본인들의 유입을 가속시켰을 수도 있다.

대한제국 시절 조사된 인구통계자료는 보지 못했으나 한국통감부가 설치된 후 고문으로 초빙되었던 일본인 경시 마루야마(丸山)가 1906년 10월 조사한 자료(한국통감부 제1차 통계연보, 1907년 11월 간행) 가운데 한국인 호수가 수록된 통계표의 주석에 따르면 한국 정부가 조사한 수치보다 호수는 93만 7천 964

호가, 인구수는 384만 5천 2명이 많은 것으로 나타나고 있다.[14] 이는 일제가 숫자를 일부러 뻥튀기하였을 가능성보다는 당시 한국 정부가 통계를 조사할 시점에는 국정이 혼란했던 시기여서 지방관리들이 제대로 조사하지 않았을 가능성도 있다고 본다. 이 통계에서는 1906~1907년경 영일만(迎日灣)[15] 경제권인 연일군, 장기군, 흥해군, 청하군 4개 지역 즉 현 포항시 행정구역과 일치하는 면적에 소재하는 총 호수는 1만 7천 213호(연일군 4천 376호, 장기군 6천 492호, 흥해군 3천 894호, 청하군 2천 451호), 인구수는 총 6만 1천 630명(연일군 1만 6천 931명, 장기군 2만 6천 199명, 흥해군 1만 68명, 청하군 8천 432명)이었다.[16] 직전 인구통계인 영남읍지(1871년)의 호수, 인구수와 비교하면 36년이 지난 포항지역의 호수는 50.8%, 인구수는 32.9%가 늘어난 것이다. 이는

14 1908년 12월에 간행된 한국통감부 제2차 통계연보에서도 그 수치는 바뀌지 않고 있다.

15 우리나라는 과거 지도를 작성할 때 바다가 육지로 쑥 들어온 형태의 만(灣)보다는 바다로 나가 있는 땅인 곶(串)이나 갑(岬)이라는 명칭을 더 선호하였다. 해를 맞이하는 지역, 해가 뜨는 지역을 뜻하는 영일이나 돌이(도기)라는 지명은 이미 삼국 신라시대 초기부터 등장하기 때문에 내륙으로 들어온 것을 뜻하는 만(灣)이라는 용어를 영일지방에 붙였을 뿐이라는 점에서 영일만은 예전부터 존재한 셈이다. 일 제강점기 이전에도 구룡반도, 장기갑, 대동배곶 등 영일만과 대칭되는 지명이 있 었으므로 곶이 있으면 반드시 만이라는 존재가 있는 만큼 일본인이 '영일만'이라 는 이름을 붙였다는 '설'은 낭설이라 하겠다.

16 당시 경상북도의 총 호수는 27만 4천 338호 인구수는 106만 2천 991명이었고 조 선 전국은 호수 233만 3천 87호, 인구수는 978만 1천 671명이었다.

분명 포항지역에서도 개항과 더불어 일본인 상인[17]들의 출입이 빈번해지면서 지역의 물동량이 늘어나는 등 점차 새로운 경제활동의 흐름이 활발해지기 시작하고 있었음을 이야기한다.

1902년 6월 시점에는 부산 이사청의 허가를 받아 울릉도 재류 일본인들이 자치공동체를 결성할 정도로 일본 상인들은 경북 동해안지역에 일찍부터 주목하고 있었다. 대한제국 성립 전후의 이 시기 한반도 전역의 경제 상황은 오사카지역 등 일본인 상인들이 일본에서 주조한 위조 백동화[18]를 대량 반입하여 대한제국의 화폐 금융시장을 교란하고 이를 통해 막대한 부당이익을 축적하면서 극심한 혼란 상태에 빠져 있었다. 1905년 5월 경부선 철도가 개통된 직후인 6월 영일지역에는 포항우편국의 전신인 임시우체소가 설치되었으며, 한국통감부는 같은 해 12월 영일-

---

17 1876년(메이지 9년) 강화도조약으로 불리는 「한일수교조약」에 의한 반강제적 개항이 이루어졌다. 1908년 3월 동양척식주식회사법(東洋拓殖株式會社法)이 성립되어 일본에서 당시 대한제국으로 농업이민자와 함께 상업종사자들도 적극적으로 송출되었다. 사실상의 사전 '식민(植民)'이었던 셈이다.

18 이 당시 백동화는 근대 화폐였고 당시 조선에서 통용되던 상평통보의 위조기술로는 조선정부조차 밀조가 불가능하였다. 그러나 당시 전환국의 주조기술이 일본에서 온 것이어서 당시 일본에서 밀조된 백동화와 제조 기계까지 조선으로 들어왔는데 밀수된 기계만 150여대에 이르렀고 수입된 백동화의 물량도 예측 불가였다. 1883년부터 1904년까지 21년간 주조한 화폐총량은 일부 연구에 따르면 18,960,658원 87전이고 그중 백동화는 16,743,522원 65전으로 당시 주조총액의 88%가 백동화로 추정되고 있다. 이와 같은 유통화폐량에는 일본에서의 밀수, 밀조 등에 힘입은 바 큰데 1902년 일본에서 '한국의 백동화 위변조범 처벌령'까지 제정되기도 하였다. 당시 오사카 상인들도 위조백동화를 인천항으로 대량밀수하여 부를 축적하기도 하였다.

경주-대구로 이어지는 도로와 하천에 대한 실측 조사를 실시하였다. 그러는 동안 을사늑약(제2차 한일협약)이 11월 17일 체결되었다. 경제활동의 근간인 통용 화폐의 지위도 대한제국 정부가 공인한 일본의 제일은행권이 차지하고 말았다. 경제적으로 이미 한반도에서는 식민화가 진행되고 있었던 것이다.

1906년 2월 1일 한국통감부가 설치된 직후 3월 1일 고종황제로부터 밀명을 받은 정환직은 아들 정용기를 영천으로 파견하여 의병을 모집하였다. 영천, 영일 일대 각 고을의 포수와 민병들로 산남의진이 조직된 후 1910년 한일합방까지 포항지역 일원에서는 일본군 수비대와 의병들 간에 수많은 전투가 있었다. 이 혼란의 와중에도 1907년 10월경 포항지역에 거주하는 일본인은 모두 36명까지 증가하였다. 당시 상거래에 사용되는 화폐는 관전이라 불리던 엽전이었다. 그즈음 포항의 장시에서 주로 거래되던 공산품으로는 마포, 토관, 기와, 돗자리, 관물, 토시, 담뱃대, 놋쇠기구 등이 있었고, 일본인 상인들은 주로 나막신과 청주, 왜간장 등을 거래하였다고 한다.[19]

점차 일본인 상인들의 포항진출이 활발해지자 1907년 6월 19일에는 포항 거주 일본인 모임인 일본인회가 설립되었다. 그

---

19 상세는 김진홍(일제의 특별한 식민지 포항, 글항아리, 2020)을 참조 바란다.

해 9월 9일에는 현 도쿄수산대학(東京水産大學) 전신인 수산강습소의 실습선 카이요마루(快應丸)가 태풍과 함께 대보면 인근 해상의 암초인 교석초(橋石礁: 다릿돌)를 만나 좌초되어 사망자 4명과 부상자 다수가 발생하는 사건이 발생하였다. 이를 현지 주민이 구조하여 치료하였으나 9월 12일 일본군 순양함이 부산을 거쳐 귀환시키고 대보면에는 목조기념비가 건립[20]되기도 하였다. 당시 일본 정부는 이 사건을 빌미로 한국 정부에 기존에 계획하였던 일정보다 서둘러 등대를 세우라는 압력을 넣어 결국 1908년 당시 조선 최대의 근대식 등대로 높이 26.4미터로 세워진 국내 최고(最高)의 호미곶등대(2022년 세계등대유산으로 선정)가 대한제국 황실예산으로 세워졌다. 포항지역에도 점차 역사의 흐름에 따른 여러 사건이 곳곳에서 변화를 일으키기 시작한 것이다.

일제의 식민지 포항

일제는 식민지지배에 들어가기 이전부터 대한제국의 경찰, 금융, 화폐, 지방행정 등 국가 운영의 기반이 되는 경제사회제도

---

20 조난직후 목제기념비가 세워져 있다가 이후 노후화됨에 따라 당시의 조난자가 발기하여 1926년 11월 28일 화강암으로 만든 기념비를 다시 세웠다.

전반에 걸쳐 치밀하게 일본 본토의 제도와 이질감이 생기지 않도록 사전 정비작업을 수행하였다. 19세기 말엽부터 청, 일, 영, 미, 러 등 서구열강들 사이 주도권 쟁탈전의 최전선이었던 한반도로 밀려 들어오는 신문물과 근대화의 물결은 오랜 절대 왕권 체제에 익숙해 있던 권력 계층부터 일반 백성에 이르기까지 큰 변혁을 일으켰다. 한반도에 대한 영향력을 쟁취하기 위한 열강들의 세력 다툼 과정에서 자연스럽게 서구 문물을 접하면서 변화를 모색하려던 조선 조정은 대한제국으로 국호를 선포하며 서구열강의 근대화를 뒤따를 생각이었으나 이미 이때는 시기적으로 늦은 상태였다. 그러는 동안 일본에서 초빙한 고문들이 한반도 전역에 걸친 다양한 제도적 장치들을 일본의 식민 지배에 적합하도록 사전 정지작업을 해놓은 상황이었기에 결국 대한제국은 불과 13년 만에 막을 내리고 말았다.

일제가 근대화라는 이름으로 내세웠던 여러 정책은 한반도 내에서 살아가던 인민들을 자국민처럼 경제, 사회, 문화 등 전 분야에 걸쳐 자연스럽게 근대화가 진행되도록 선린 호혜적인 선심에서 비롯된 것이 전혀 아니었다. 모든 분야에 걸쳐 일본의 식민자본이 어찌하면 효율적으로 한반도에 이식될 수 있을지, 그로부터 파생되는 이득은 어떤 방법이어야 간편하게 본토로 회수할 수 있을지, 그리고 한반도로 건너오는 일본 자본가들이 어떻게

하면 조선의 민족자본에 방해받지 않고 원활하게 사업의 성장세를 유지할 수 있게 할 것인지에 주목하였다. 그러한 전략적인 접근과 치밀한 정책 수단이 뒷받침되었기에 일제 식민자본의 이식과 조선 국내 자원의 수탈이 원활하게 이루어질 수 있었다.

조선왕조 505년, 대한제국 13년이 종지부를 찍으면서 한반도에 오랜 세월 존립해왔던 봉건적 왕권 국가의 체제도 종언을 맞이하였다. 일제는 금융경제 부문에서는 근대적 화폐제도와 금융제도를 도입하는 한편 실물 경제의 원활한 움직임을 위해 철도, 항만 등 사회간접자본을 확충하는 등 일본이 메이지유신 이후 추진했던 근대화과정을 적용하면서도 각 제도들은 일본의 입맛에 맞는 변형된 형태로 이식하기 시작하였다.

일제는 토지조사사업을 추진하여 토지 국유제도에 기초하고 있던 조선의 봉건 경제의 기반을 무너뜨려 토지에 대한 근대적 소유개념을 정착시켰다. 이에 따라 외형적이나마 식민지적 근대화와 자본주의 체제 형식의 경제체제는 갖추게 되었다. 조선총독부는 일본 정부의 전략대로 일반적인 근대화 정책 대신 효율적인 식민지정책에 편의적인 근대화 작업을 우선시하였다. 그러한 조선총독부의 통제 경제하에서 식민지 종속형 상품경제 체제가 구축되었다. 통상적인 서구 열강의 식민지에 대한 종속형 경제체제는 그들의 국내 생산에 필요한 원료 조달 기지 또는 국내 생산물의 국외 판매시장 확대라는 기능이 강하였던 반면 일제는 대륙진출을 위한 전초기지, 전쟁 수행을 위한 병참기지, 본토에 부족한 식량 등 자원 조달을 위한 수탈기지 등 다양한 기능과 역할을 고려한 경제체제를 한반도에 구축하였다. 이와 같은 다양한 목적을 수행하기 위해서는 도로, 항만, 철도, 전신, 전화 등의 시설은 물론 철광석과 석탄 등 지하자원 채굴 시설의 건설이 최우선 과제였다. 구체적으로 일제는 한반도의 근대 공업발달을 억제하되 공업원료의 공급처로 활용하기 위해 조선회사령을 공표하고, 식량의 효율적 확보를 위해 토지조사령에 기초한 토지조사사업을 수행하였다. 또 1920년 4월 1일에는 제1차 세계대전이 종료되면서 전쟁특수가 사라져 일본 본토의 공업 가동률이 급락하는 등 불황에 빠지자 이 위기를 극복하기 위해 일본 국내 유휴자본의 조선 진출을 원활하게 할 목적으로 조선회사령 조차 폐지하였다. 1931년 만주 침략 이후로는 전쟁 수행을 위한 식량 공출제, 노동력 강제 동원령과 징병제까지 감행하였다. 심지어는 그동안의 조선 민족 차별이 전쟁 수행에 걸림돌이 된다고 판단하고 조선어 사용금지, 창씨개명 등 세계에 유례가 없는 야만적 만행까지 자행하였다.

포항이 자신의 이름을 기초 행정단위로 역사에 등장시키게 되는 것은 1914년 행정구역 통폐합으로 연일군 북면과 동상면 일

그림 3. 포항지(1935년) 표지

자료 : 국립중앙도서관 소장

부가 합쳐져 포항면(浦項面)으로 승격하면서부터다.[21] 이는 무엇보다도 인구 특히 일본인 인구가 가파르게 증가하였기 때문이다. 구한말 당시 포항이라는 이름의 본거지였던 포항동(浦項洞)만을 다룬 공식 통계는 없다. 하지만 1935년 조선민보사 포항지국이 발간한 '포항지(浦項誌)'에 따르면 1901년 포항동 지역을 방문하였던 일본인들은 남빈, 여천, 학산 일대의 어촌에 있던 조선인 호수가 120~130호 정도였다고 회상하고 있다. 1906년 10월 시점에 한국통감부가 조사한 포항동이 속한 연일지역의 호당 평균 인구 3.86명을 적용하면 약 463~502명 규모인데 당시 연일군 인구 1만 6천 913명과 비교하면 약 3%정도에 불과하므로 연일지역에서도 작은 마을이었을 것임은 분명하다. 일본인들은 왜 이 한적한 어촌에 주목하였을까? 무진장한 어족자원의

21 1914년 4월 1일 포항면이 승격할 당시 군면병합으로 연일군과 흥해군(북안면 제외), 청하군(죽남면 일부 제외), 장기군(내남면, 양남면 제외)을 연일군으로 편성하여 영일군은 17면(장기, 봉산, 창주, 동해, 오천, 대송, 연일, 포항, 흥해, 달전, 곡강, 신광, 기계, 청하, 송라, 죽남, 죽북)으로 편제되었다.

보고인 영일만의 바다를 보았기 때문이었다. 당시 영일만 연안에 흩어져 있던 어촌마을의 주민들은 해변 지형을 이용한 그물을 바다에 펼쳐두었다가 고기가 그물 안으로 들어오면 그저 끌어내어 잡는 정치망어업이 대부분이었다. 영일만 해역은 천혜의 어초가 촘촘하게 자리하고 있는데다 적정 수온을 가져 북해해역에서 회유해오는 청어의 고향(산란지)이었기에 당시 마을주민들은 큰 욕심 부리지 않아도 자급자족하기에 충분했었을 것이다.

당시 일본 본토에서는 어족자원이 고갈되어 어민들이 어려움을 겪고 있었던 터라 마침 일제의 영향력이 한반도까지 확대되자 그들은 한마디로 일확천금을 노리는 "조선 드림"을 꿈꾸며 포항동의 수산자원을 선점하기 위한 진출을 서두르게 된 것이다. 게다가 이해관계자가 될 선주민인 조선인 마을의 호수도 많지 않은 것으로 보이자 그들은 절호의 기회라 여겼을 것이다. 1910년 시점에 조선 전국에 재류하는 일본인 수는 3천 290명이었는데 그중 12.1%에 해당하는 401명이나 포항에 있었으니 이는 엄청난 숫자였다. 포항산 수산물을 근대 어선과 어구로 무장한 일본 어부들이 포획하여 대구, 부산 등지는 물론 일본 본토까지 팔려나가 막대한 치부를 하였다는 소문이 순식간에 퍼져나갔다. 돈벌이의 기회를 포착한 수산업자, 잡화상, 주류업자는 물론 게이샤와 술집 작부들까지 요정과 여관, 요리점 등으로 모여들며 상권이 형성되자 포항동을 중심으로 하는 인구는 불과 2년 만에 3천 114명(일본인 748명 포함)으로 늘어났다. 포항동의 인구가 급증하고 일본인 거주자 비중까지 높아지자 조선총독부는 1914년 포항동을 포항면으로 승격시키고 아예 면장을 일본인으로 임명하도록 강제하는 지정면(指定面)으로 결정하였다. 이후 포항면은 3년 뒤인 1917년에 포항면 일부가 형산면으로 분리되기도 하였으나 인구는 면승격 6년 만에 다시 2배로 늘어나 1920년에는 6천 994명(이중 일본인 1천 566명, 중국인 14명)을 기록하였다.

일제강점기에 들어선 이후 포항지역 경제활동이 과거보다 왕성해진 것은 분명하나 신규 개간되는 양질의 옥토 대부분은 일본인들의 손으로 들어갔다.[22] 조선총독부가 집행하는 예산도 일본인들이 추진하는 사업을 중심으로 집행되었다. 이에 따라 옛날 방식으로 농사를 짓다가 가뭄과 한파 등으로 농사가 흉년이 든 조선인 농민들은 유리걸식할 수밖에 없었다. 1935년 가을에는 포항에서 수산 박람회를 개최할 정도로 도시가 성장을 이루었으나 이 시기를 전후한 흉년으로 포항지역에 거주하던 조선인들은 포항역에

---

22 1932년 4월 27일자 동아일보는 〈토지소유별로 본 중심세력의 이동, 모다 외래자본의 장중에 들어가, 포항의 기형적 발전〉이라는 제하의 기사에서 "경북 포항읍은 수년래 비약적 발전을 하고 있는 신흥도시이다. 그러나 모든 것이 조선인의 손을 떠나 외래자본의 장중에 들어가고 말았으니(생략)"라고 보도하고 있다.

서 열차를 타고 먼 만주지방까지 떠나며 고향 땅을 뒤로 할 수밖에 없는 곤경에 처한 자가 적지 않았다.[23] 실제 1934년 포항읍의 조선인 인구는 1만 3천 144명이었으나 1935년에는 1만 111명으로 무려 3천 33명이나 줄어든 것도 이 때문이다.[24]

수산 분야라고 해서 예외는 아니었다. 일제강점기에 포항이 급성장한 것은 영일만 연근해의 풍족한 어족자원 때문이었다. 하지만 당시 포항 거주 어느 일본인은 '조선의 어업왕'이라 불렸을 정도로 포항지역 수산업의 주도권은 일본 자본가들이 장악하고 있었다. 〈표 4〉에서 볼 수 있듯이 1917년 경성상업회의소가 발간한 '조선경제연감'의 연해어업 상황에서도 과거 방식의 소형, 구식어선을 지닌 조선인 수산업자와 대형, 신식어선을 지닌 일본인 수산업자 간에는 생산성에서 큰 차이가 나고 있음을 확인할 수 있다. 물론 시간이 지날수록 어선당 생산성에서는 조선인들도 근대식 어선을 도입하면서 격차(배율)가 1908년 3.5배

---

23 1935년 『동아일보』(3월 21일)의 기사에서는 "반농반어의 지대로 경북의 보고로 일컬어지고 있으나 수년간 농흉에 더하여 어흉이 가속도로 격증하여, 빈농어민들은 초근목피를 캐어 먹더라도 연명만 할 수 있으면 정든 고향을 떠나지 않으려 하나, 각각으로 닥쳐오는 기근으로 마침내 마지막의 나라 만주국으로 유리의 길을 떠나게 하고야 만다고 한다. 포항역 통계에 의하면 지난 2월 23일부터 3월 18일까지 1개월이 못 되는 동안 만주로 떠난 유리민이 단체 173명, 개인 322명, 합계 475명이라는 놀라운 기록을 나타냈다는데, 인근의 역에서 떠난 사람들까지 합하면 500명이 훨씬 넘으리라 한다."고 보도하고 있다.

24 田中正之助.加納安正,「浦項誌」, 朝鮮民報社, 1935年

에서 1915년에는 2.8배까지 좁혀지지만, 어부 1인당 생산성은 오히려 1908년 4.5배에서 1915년 9.0배까지 크게 확대되고 있다. 이는 일본인 수산업자와 달리 조선인 어부들의 어업기술은 여전히 전근대 어법에 오랫동안 계속[25] 의존하고 있었음을 이야기한다.

비교적 순탄하게 성장하던 포항면의 역사가 새로운 전기를 맞이한 것은 1923년 4월 12일에 닥쳐온 공전절후의 폭풍우 때문이었다. 당시 고등어가 풍어여서 포항면 어민은 물론 경남, 일본 시코쿠 등지에서 출어했던 어선들도 많아 포항 동빈내항으로 긴급 피난을 하였지만 제대로 된 항만시설이나 형산강의 제방이 없었기에 대참사가 일어났다. 당시 포항경찰서의 공식집계만으로도 조난 선박 95척, 사망자 311명, 중경상자와 행방불명자 378명이었다. 전체 인명피해 689명이라는 숫자는 1920년 당시 포항면의 인구 9.8%에 이를 정도로 엄청난 수치였다. 그때서야 조선총독부, 경상북도 등 당국에서도 예전부터 포항주민들이 필요성을 호소해왔던 포항항의 항만 축조와 형산강 개수공사의 시급성을 깨닫게 되어 이후 순차적으로 주요 시설들을 갖추게 되었다. 결국 포항이 이후의 새로운 성장과 발전을 이루는데 필요

---

25 일본인과 조선인의 어법 변화와 차이에 대한 상세는 "일제의 특별한 식민지 포항 (김진홍, 글항아리, 2020)"의 pp258-266을 참조바란다.

한 주요 시설의 확충은 이와 같은 폭풍우로 인한 희생의 댓가로 이루어진 셈이다.

표 4. 조선연해 어업상황표

구분	일본인			조선인			일본인 생산성(A)		조선인 생산성(B)		배율 (A/B)	
	어선수	인원수	어획고	어선수	인원수	어획고	어선당	1인당	어선당	1인당	어선당	1인당
연도	(a)	(b)	(c)	(d)	(e)	(f)	c/a	c/b	f/d	f/e		
1908	3,899	16,644	3,418,850	12,411	68,520	3,139,100	877	205	253	46	3.5	4.5
1909	3,755	15,749	3,076,800	12,567	75,063	3,690,300	819	195	294	49	2.8	4.0
1910	3,960	16,500	3,942,650	12,749	76,900	3,929,260	996	239	308	51	3.2	4.7
1911	5,029	20,723	5,132,862	10,833	118,920	4,320,883	1021	248	399	36	2.6	6.8
1912	5,653	22,488	7,073,029	10,502	160,809	5,989,375	1251	315	570	37	2.2	8.4
1913	6,011	25,540	5,934,654	13,351	187,173	6,187,538	987	232	463	33	2.1	7.0
1914	6,200	27,948	6,449,226	15,152	224,002	5,615,459	1040	231	371	25	2.8	9.2
1915	6,375	29,063	6,869,272	16,371	241,627	6,365,669	1078	236	389	26	2.8	9.0

주 : 일본인과 조선인 생산성과 배율은 어업상황표의 수치에 오류가 있어 저자가 별도로 계산 작성
자료 : 조선경제연감(1917년, 경성상업회의소) pp392~393 〈표6〉조선연해어업상황표에서 일부 발췌

1926년 포항 호안(護岸) 수축, 1928년 포항항 도수제 축조, 1930년 형산강 북하구 준설, 1931년 형산강 개수 등이 순차 이

루어졌다. 공전절후의 대참사가 포항이 동해안을 대표하는 항구 도시로 발전하는 전환점이 된 것이다. 포항면은 1931년 포항읍 (浦項邑)으로 승격[26]하였고 읍민들도 연이은 수리 시설의 확충으로 홍수 위험에서 벗어났을 뿐만 아니라 당시 확보한 수혜지역만 하더라도 597만 3천 평에 달했다. 포항읍의 인구는 1934년 1만 5천 775명(이중 일본인 2천 631명)으로 늘어나고 1942년에는 포항항이 2급항으로 지정되는 등 발전을 거듭하다 광복 이후 포항읍은 1949년 8월 14일 포항부(浦項府)로 승격하였다가 다음 날인 15일에는 포항시(浦項市)로 명칭이 바뀌게 된다.

한편 포항지역의 수산 분야가 약진에 약진을 거듭하는 동안 지역 내 상업 유통 분야를 책임지고 있던 주요 장시(場市)들도 일제강점기에 확충되기 시작한 교통물류망의 변화에 따라 흥망성쇠의 기운도 바뀌게 되었다. 〈표 5〉에서 보듯이 1928년과 1935년에 나타난 포항지역 주요 장시의 연간 거래 규모를 비교해보면 더욱 확연하게 나타난다.

---

26 1931년 4월 1일 승격할 때 포항읍의 지명은 모두 일본식 지명으로 바뀌었다. 포항 동의 경우에는 본정, 초음정, 영정, 명치정, 소화정, 남빈정, 동빈정 1-2정목, 신흥 정, 욱정, 중정으로, 학상동의 일부는 천구정으로 명명되었다. 이후 1946년에 일 본식 지명은 폐지되고 본정-상원정, 명치정-덕수동, 초음정-대흥동, 욱정-여천동, 소화정-대신동, 신흥정-신흥동, 영정-덕산동, 동빈정-동빈 1-2가, 남빈정-남빈 동, 천구정-항구동, 중정-중앙동으로 각각 바뀌었다.

그림 4. 시대별 포항지역 호수 및 인구수 변화

주: 1) 단 1949년 인구통계는 포항시 인구를 7만명으로 추정(영일군 225, 943명에 합산 추계)
    2) 포항지역은 장기, 영일.연일(포항 포함), 흥해, 청하의 합산
자료: 1759년은 여지도서기 묘식년, 1789년은 호구총수, 1832년은 경상도읍지, 1871년은 영남읍지,
    1906년은 한국통감부 제1차통계연보, 1911년~1942년은 조선총독부통계연보, 광복후는
    통계청 과거통계자료

표 5. 포항지역 주요 장시의 거래규모 변화

	1928년(경북통계연보, A)			1935년(경북대감, B)			증감률(B/A*100)		
	부조	여천	포항	부조	여천	포항	부조	여천	포항
개시회수	60	68	66	33	69	66	−45.0	1.5	0.0
농산물	6,651	9,680	14,020	1,500	89,260	89,152	−77.4	822.1	535.9
수산물	15,843	10,760	11,180	3,960	95,940	94,500	−75.0	791.6	745.3
직물	2,203	9,800	9,420	990	9,840	9,750	−55.1	0.4	3.5
축류	118,827	1,280	1,120	29,120	8,565	8,240	−75.5	569.1	635.7
기타 잡품	5,381	12,920	10,308	2,640	51,450	50,400	−50.9	298.2	388.9
계	148,905	44,440	46,048	38,210	255,055	252,042	−74.3	473.9	447.3

원자료: 경상북도통계연보, 경북대감(1936년)
자료: 포항의 전통과 역사(포항시, 1990) p117에서 재인용

구한말만 하더라도 압도적인 거래규모를 자랑하였던 부조 시장의 기능이 현저하게 약화된 반면 포항항을 중심으로 하는 여천장과 포항장은 비약적인 성장세를 나타내고 있다. 이는 그동안 조선 시대 내내 지역 경제의 핵심 생산물인 농수축산물을 중심으로 거래가 이루어졌던 장시의 물동량이 포항항을 중심으로 철도운송 등을 통해 대구, 부산, 경성 등지로 확대되면서 포항지역 내 상품유통의 거래시장에 구조적인 변화가 일어났기 때문임을 알려주고 있다.

그림 5. 포항 전통시장(장시)별 연간 거래액(1933~34년경) 시장점유율 비교

자료: 쓰지 스테조, 경북대감, 1936

실제 1933년, 1934년경의 포항지역 내 장시별 연간 거래액 점유율(〈그림 5〉 참조)을 살펴보면 포항지역 주요 장시의 거래물량 달리 말하자면 지역 상업물류 관련 경제력의 60~70%를 여천, 포항, 흥해, 연일 장시가 차지하고 있는 것으로도 이 같은 변

화를 충분히 짐작할 수 있다.

조선 후기 근대적 민간자본이 축적될 조짐을 보였던 발아기에 일제가 시행했던 조선회사령은 다양한 관점에서 판단해 보면 조선인 자본의 축적 기회를 원천적으로 차단하는 조치였다.[27] 일제 병합 당시 전 인구의 90%를 차지하고 있던 농업인구가 일제강점기가 끝난 광복 직후에도 80% 정도를 차지하고 있었을 정도로 강점기 동안 한반도 내의 산업화가 진전되지 못한 근본적인 원인이 바로 여기에 있었다. 결국 한반도 내 그나마 존재했던 각종 공업시설의 운영 주체와 기술자 그리고 소유 지분조차 일본인 중심이었기에 광복 후 남겨진 산업시설은 즉각 가동될 수 없었다.

포항지역에서도 일제강점기 전 기간에 걸쳐 조선인이 설립한 기업과 일본인이 설립한 기업의 누적 자본금 변화를 살펴보면 이러한 경향이 확연하게 나타난다. 〈그림 6〉에서 볼 수 있듯이 1931년 시점만 하더라도 포항지역 내 기업의 자본총액 가운데 일본인 자본의 비중은 72.7%였으나 10년이 지난 1941년 시

---

27 1920년 일본은 쌀 부족 대책을 한반도에서 해결하기 위해 조선총독부가 '산미 증산계획'을 전 국토에 걸쳐 강력하게 추진하였다. 또한, 공업자본 소유비율에서 1940년 당시 공칭자본금 총액 17억 원가운데 일본인 소유비율은 94%에 달하였다. 기술자에 관한 통계로는 1944년 당시 8천 476명 가운데 조선인 기술자는 1천 632명에 불과하였고 그나마 이들은 대부분 공장지대가 있는 북한지역에 있었다.

점에는 83.6%까지 시간이 갈수록 더욱 격차가 확대되고 있음을 확인할 수 있다.

그림 6. 일제강점기 포항지역 일본계와 조선계 기업의 자본금 규모 변화

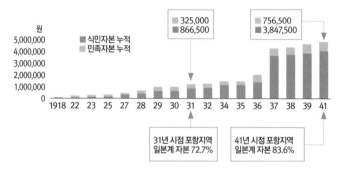

자료: 동아경제시보사, 조선은행회사조합요록, 각년판

특히 일제강점기 말기라 할 수 있는 1939년 기준 조선은행회사조합요록에 나타난 포항지역 주요 기업의 업종별 구성을 살펴보면 조선인 자본이 소유한 기업은 운수창고업, 상업 일부를 제외하면 대부분 양조업뿐이었다. 반면 일본인 자본은 상업, 수산, 운수 창고, 인쇄, 제조, 정미 등 다양한 부분에 진출하고 있고 무엇보다도 수산과 제조, 상업에서 기술력이 필요한 핵심 산업 분

야를 독차지하고 있다.

상업, 제조, 수산이야말로 영일만의 수산자원을 기반으로 하는 포항지역의 성장동력이었다. 광복 직후 이들 기반 산업에서 고용 창출이 가능한 기술기반 산업 대부분은 정지된 상태였다. 게다가 여타 사회간접자본이라고 할 수 있는 시설 등이 6·25전쟁 동안 모두 파괴된 것도 포항지역 경제가 전쟁 직후 빠른 회복세를 보이지 못한 요인의 하나였다. 한마디로 포항은 도시의 유형고정자산 내지는 일제가 남긴 잔재가 모두 백지화된 상태에서 새롭게 쌓은 것이다. 적어도 대한민국 정부 수립 이후 포항지역 경제의 성장은 일제강점기 시절 인구가 증가하였던 것을 제외하면 일제가 남긴 산업이나 기반시설의 혜택이 없이 순수하게 당시 포항주민들의 힘과 땀, 노력으로 이루어낸 성과라고 평가할 수 있는 것이다.

게다가 포항지역의 경우에는 수많은 대형 선진어선들을 일본인 자본가들이 소유하고 있었던 관계로 광복 직후 포항 거주 일본인들은 자신이 소유하고 있던 물자들을 제한 없이 모두 자신들의 어선에 실어 통째로 밀항하여 일본으로 가져갔다. 특히 포항지역에 남아있던 자본 다시 말해 현금예금의 자본들은 가장 손쉽게 각종 금융조합, 은행 등을 소유한 일본인들이 샅샅이 끄집어 내어 대부분 일본으로 철수할 때 가져갔을 것이다. 수산업의 왕성한 발달을 이끌던 대형어선들도 이와 같은 일본인들의 본토 귀환때 동시에 모두 사라진 상태였기에 광복 직후 포항지역에는 몇몇 건물들을 제외하면 거의 빈껍데기만 남은 상태였던 셈이다.

2

현대 포항경제사

군정통제형 시장경제기
(광복이후 미군정과 6·25전쟁)

1945년 8월 15일 일제 패망과 함께 광복을 맞이한 한반도였지만 38도선을 경계로 남과 북을 미군과 소련군이 분할 통치하는 사태를 맞이하며 우리나라는 많은 어려움을 겪었다. 남측에서 북한의 지령을 받으며 암약하는 사회주의자들이 일으키는 좌우익의 갈등은 그칠 줄 몰랐다. 게다가 일제강점기 말기 한반도내 자원들이 전쟁물자로 무차별 징발되어 고갈 상태였기에 정치, 사회의 혼란에 더하여 경제적 어려움은 극도에 달하였다. 특히 핵심 지배계층과 고급 기술인력이 모두 일본인이었던 관계로 일본인들이 중요 문서와 산업시설을 고의로 훼손하고 귀환한 사례도 많았기에 광복 직후 산업시설의 즉각적인 정상 가동은 불가능하였다. 더구나 당시 경제 기반이라고는 소비시장과 일본군 군수품 생산기지 정도밖에 없었고 그마저도 주로 북한지역에 있었다. 남한지역에는 공업시설이라 할만한 곳이 그리 많지 않았기에 생산능력을 증가시켜 고용을 창출하여 경제적 자립기반을 확보하는 것에는 한계가 있을 수밖에 없었다.[28] 포항지역에서도 광복 이후 유통을 포함한 상업 분야는 이와 같은 전국적인 현상에 큰 영향을 받았다.

일제강점기 시절 포항지역이 괄목할 만한 성장을 보였다고는 하나 지역경제의 중심인 수산업과 그에 따라 경기가 좌우되는 상업, 유흥음식점, 숙박업이 대부분이었고 고용 창출이 가능한 제조공업 관련 시설은 거의 없었다. 일본인이 경영하였던 공장 대부분이 조업을 중단한 상태였고 한국인이 소유한 공장에서도 일본산 원료 부족 등으로 정상적인 생산이 이루어지지는 못하였다. 더구나 포항의 생산제조시설 대부분은 다른 지역과 달리 가동한 기간이 모두 짧았던 곳뿐이었던 점도 이후 정상화에 시일이 소요된 원인의 하나였다. 용흥동 도축장에서 도축된 소와 돼지의 육류를 가공하는 염장통조림 제조공장은 1939년 6월에 건설되었고, 제사공장은 1939년 5월, 조면 공장은 1939년 9월에 건설하기 시작한 곳이었다. 그로부터 2년 뒤인 1941년부터는 진주만 기습으로 제2차 세계대전이 격화되었기 때문에 사실상

28 일제 강점기에는 한반도가 '북공남농(北工南農)'이라 불릴 정도로 지금의 북한지역에 비교적 많은 공업지대가 배치되어 중화학공업설비 대부분이 북한지역에 편중되어 있었다. 이는 일본이 만주를 거쳐 중국 본토로 진출하기 위한 전초기지로서의 지정학적 전략과 원자재 생산지라는 점을 함께 고려한 배치였다. 반면 남한에는 대체로 농업이 중심이었고 일부 서울과 대구 등에 시전(시장)이 형성되고 경북의 잠업 등과 연계되는 섬유 관련 공장들이 대구 등지에 있었을 뿐이다.

포항에서 조선인 기술자가 착실하게 양성될만한 시간적 여유 자체가 없었던 것이다. 송도(당시 向島)에도 정어리기름(鰮肥) 제조 시설이 1930년대 초반부터 가동되고 있었으나 포항의 시설 대부분이 군수용품 납품시설이었기에 조선인 노무자들이 쉽게 드나들거나 기술을 습득할 여지가 기의 없던 곳이기도 하였다.

특히 무엇보다도 광복 당시 국내 수산업계의 손발이었던 어선은 1943년 현재 조선에 5만 1천 143척이 있었으나 광복 직후인 1946년에는 4만 8천 837척으로 조선 전국의 어선수가 급감하였다. 이 약 2천 300여 척의 차이는 광복 직후 일본인들의 본국 철수 내지는 본국 송환과정에서 대형 어선, 근대식 어선 등이 일본으로 함께 건너갔기 때문으로 추정된다. 실제 귀환하는 일본인들은 미군정청의 조치로 가족별 소지 물품이 철저하게 제한되자 포항항에 정박해있던 자신들 소유의 100여 척의 어선을 타고 밀항하기도 하였다.[29] 이러한 전후 사정을 고려해보면 당시 포항의 금융계, 경제계, 수산업계 등을 지배하고 있던 일본인 자산가들도 포항에 있던 화폐나 물자 등을 다른 지역보다는 손쉽게 최대한 회수하여 일본으로 가져갔을 것이다. 그렇기에 결국

---

29 庄野正則, "大邱府よりの引揚げ"(苦勞體驗手記 海外引揚者が話續ける苦勞, 2010년 2월)의 내용 중에 "100척의 밀항선을 수배하여 동해에 면하고 있는 포항(浦項)에서 일본인의 희망자를 탈출시켰다"라는 내용이 나온다.

광복 직후 포항의 수산업계는 실로 빈껍데기만 남았을 정도로 상당한 타격을 입었다.

일제의 식민경제정책은 1945년 8월 15일 일본의 패망으로 단절되었다. 하지만 실상은 국가 운영의 주체가 조선총독부에서 미국의 군정청으로 바뀌고 한반도에 대한 통제권 내지는 통치권이 이관된 것에 불과하였다. 미군의 남한지역에 대한 공식적인 군정은 군정청 설치부터 개시되었다. 1945년 9월부터 1948년 8월 15일 대한민국 정부 수립까지 재조선미육군사령부라는 이름의 군정청이 38도선 이남 지역을 통치한 것이다. 일본 정부가 1945년 8월 15일 무조건 항복 의사를 표명한 지 20일이 지난 9월 9일 미군이 서울로 입성하였다. 점령군인 미군은 이달 14일 조선총독부 소속의 일본인 관리들을 행정 고문으로 임명하였다. 물론 이때부터는 일제의 수탈과 전시 병참 지원 중심의 국가 경제 운용방식에서 탈피한 상황이었으나 일본 본토 중심으로 운영되었던 한반도의 경제 운영정책이었기에 미국이 자유시장 경제체제를 도입 내지 이식시키는 데는 시간이 소요될 수밖에 없었다. 더구나 당시 남한지역 내 모든 상공업 활동에 필요한 핵심 기술자와 경영자 대부분이 일본인이었고 무엇보다도 일제가 군수 병참기지인 중공업과 전력공급원의 90%를 북한지역에 배치하고 있었던 것이 남한지역 경제정상화에 가장 큰 걸림돌로 작용하였다. 이러한 복합적인 요인으로 인해 광복 이후 남한지역 경제는 1947년 시점 무역액이 1937~38년 무역 규모의 약 40% 수준에 머무를 정도로 총체적인 난국에 빠져 있었다.

미군은 남한지역을 점령하고 군정을 실시하면서 먼저 남한지역의 정치, 경제, 사회적 혼란을 수습하는데 총력을 기울였다. 우선 일본인들이 철수하며 가동정지상태에 있던 공장 가운데 조선인 기술자들이 가동 가능한 일부 공장들부터 재가동시켰다. 그중에서도 군정청은 한국인이 소유한 공장, 한국인 기술인력을 보유한 공장부터 최우선 정상화시키고자 노력하였다. 그동안 일본산 원료를 사용하고 있던 곳은 미국산 원료로 대체, 확보하여 최소한의 고용 창출을 통한 경제순환을 유도하였다.

포항지역에서도 1945년 11월에는 전국적인 연료난 해결을 위한 긴급대책으로 삼척, 화순 등지와 마찬가지로 탄광의 채굴량 증산에 힘썼다. 하지만 일제강점기 시절부터 양질의 석탄을 생산하는 광산으로 유명하였던 영일 지역 소재 탄광 역시 광복 직후 일본인들이 중요 설비를 모두 파괴하고 귀환하는 바람에 1946년 1월에야 정지되었던 설비들을 최우선 응급복구하여 석탄채굴작업을 개시하게 되었다. 그러는 가운데 경북도 후생과에서는 일본에서 기아와 추위에 떨고 있는 동포들을 귀환시키기 위한 수송대책을 기획하고 11월말 3척의 수송선을 우선 수배하여 포항항에서 시모노세키로 출항시키기도 하였다.

미 군정기의 국가 경제 운용정책은 한국민의 기초생활 수준 유지를 최우선하되, 원칙적으로 남한에서 필요로 하는 생산품을 남한에서 생산, 공급하고 생필품은 시장을 이용하는 거래가 정착되도록 유도하였다. 쌀의 경우 처음에는 자유롭게 시장에서 거래하도록 허용하였으나 절대적인 공급량 부족과 대규모 초과수요로 인한 가격폭등과 매점매석 등 쌀 부족 사태가 심각해지자 자유 시장거래 원칙을 중단하고 한동안 배급제를 시행하기도 하였다. 이후 미국에서 남아도는 잉여 농산물을 들여와 국민들의 기초생활 수준 유지에 힘을 쏟았다. 대외 수출입 무역은 미군정이 독점하는 관영 무역이 주류였으며, 1947년 1월 3일 미군정법령 제39호 '대외무역규칙'이 공표[30]된 이후 민간무역이 재개되었으나 모든 민간무역 활동은 미군정 당국의 허가를 받는 완전한 통제하에 놓여있었다.

미군정의 경제정책이 민생안정에 우선한다는 방침 속에서 시행되기는 하였으나 국가 경제의 전 부문에 걸친 생산 부족에 따른 물자난과 통화량 급증이라는 근본적인 문제는 여전하여 물가 폭등과 유통 질서의 파괴로 주민들은 극도로 불안한 사회경

---

30 이후 이 규칙은 상공부 규칙 제1호(1947년 8월 25일 공포)로 치환되었다.

제적 혼란 상태를 경험하고 있었다. 포항지역에서도 1949년 1월 11일에는 수도 요금이 1개월당 40원에서 약 7배 반인 300원까지 인상되기도 하였다. 그만큼 당시의 물가 폭등은 심각한 문제였다. 특히 포항지역의 광복 직후 경제에 숨통 역할을 하고 있던 이북 지역으로의 항행이 1946년 7월 금지되면서 포항의 무역 통로는 완전히 막혀버리고 말았다. 엎친 데 덮친 격으로 일제강점기부터 운용되고 있던 포항항의 국제무역항 자격지정 신청도 8월 발표에서 결국에는 제외되어 당시 영일군민이 중앙청에 포항항을 지정하라는 진정을 내고 영남일보 등 경북지역 언론도 호소 기사를 내는 등 지역 경제계를 비롯한 각계의 충격은 매우 컸다.

다행히 일시 1947년 5월 23일 군정청에서 38선 이북 지역과 물물교환의 길을 열어 남한에서는 면포, 이북 지역에서는 비료의 중계무역을 허용하면서 포항과 부산에 무역 중개지점을 설치하기로 방침을 세우기도 하였다.(〈그림 7〉 참조) 이에 따라 선박 운영 사업자와 포항항을 중심으로 하는 관련 유흥, 상업 등의 업종에서도 일시 회복세를 보이기도 하였으나 그것도 오래 이어지지는 못하였다. 이북 지역과 항로가 열렸던 1947년 5월 시점에는 포항항을 통해 북한에서 넘어오는 이주민도 일 평균 20~30명 정도에 달해 경북도가 이들에 대한 보건위생과 구호

대책을 마련하느라 분주하기도 하였다. 1947년 12월이 되자 황폐해진 경북 유일의 조선 시설인 송도의 조선소를 정상화하기 위해 중앙청에 예산 2백만 원을 신청하며 복구사업을 추진하기도 하였다.

광복 이후 남한지역 경제사회의 안정에 군정청이 갖은 노력을 다하였는데도 6·25전쟁이 일어나기 직전까지 정상적인 경제사회체제가 형성되었다고 보기는 어려웠다. 이는 군정청과 남한의 정치 지도자들의 노력에도 불구하고 광복 직후부터 남로당 등 좌익과 우익 간 충돌이 빈번했고, 전쟁이 일어나기 직전까지 북

그림 7. 1947년 5월 28일자 영남일보 기사

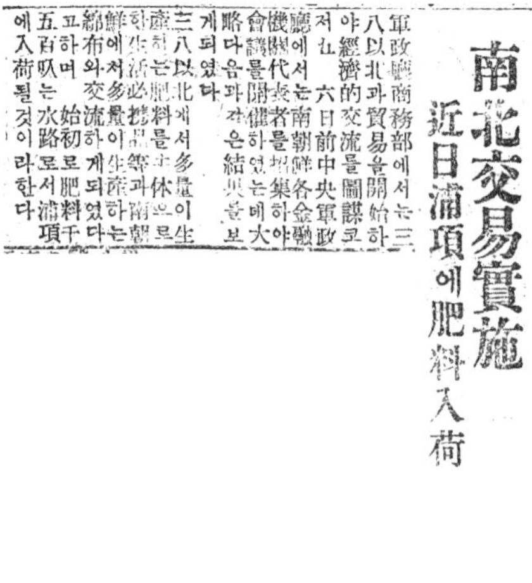

南北交易實施

近日浦項에肥料入荷

軍政廳商務部에서는三八以北과貿易을開始하야經濟的交流를圖謀코저五 六日前中央軍政廳에서는南朝鮮各金融機關代表者를招集하야會議를開催하였는데大略다음과같은結果를보게되였다

三八以北에서多量이生産하는肥料를主休으로하生活必需品等과南朝鮮에서多量이生産하는綿布와交流하게되였다고하며 始初로肥料千五百叺는水路로서浦項에入荷될것이라한다

한의 지령을 받아 남한지역에서 암약하고 있던 좌익분자들의 파업 투쟁과 유혈 테러활동 등이 계속된 것이 가장 큰 원인이었다.

포항지역도 이와 같은 혼란을 회피할 수는 없었다. 1945년 11월 1일 미군 제99군정단 예하 제71중대가 포항과 경주 울릉지역을 맡게 되었고, 같은 날 현 포항 해운항만청의 전신인 군정청 교통국 소속 포항부두국이 개설됨으로써 외형상 적어도 포항지역의 경제활동을 저해할 정도의 행정 공백이 발생할 여지는 적었다. 하지만 1946년 3월 포항경찰서에서 포항시 인민위원회를 습격하여 장총, 권총, 수류탄 등 다수의 무기를 압수하는 사전 예방조치에도 불구하고 6월 1일에는 영일 인민당 지부결성 준비위원회에 40여 명이 모여 영일군 인민당을 버젓이 결성하였고 이후부터는 포항지역 일대에서 좌익과 우익 간의 유혈 충돌을 동반하는 대립이 더욱 격화되기 시작하였다.

6·25전쟁 직전까지 포항지역에서는 군경합동으로 좌익분자가 가담한 오천 군부대의 반란, 남로당 무장세력의 변전소 등 주요 시설물에 대한 습격과 파괴, 무장 공비들의 아지트에 대한 토벌 등 유혈 충돌과 진압에 따른 많은 사상자가 발생함으로써 지역 주민의 생활에 많은 혼란을 일으키는 상황이 이어지고 있었다.

이러한 혼란 속에서도 당시 포항지역 유지들은 1946년 2월

상업 육성을 위한 교육기관이 없다며 포항 동지상업학교의 설립을 추진하는 한편 오랫동안 지역의 특산품이었던 소금과 소금부산물 생산 증강을 위해 1947년 3월 13일에는 포항염업조합을 창립하기도 하였다. 4월 1일에는 포항체육회가 발족하는 등 포항지역경제계는 전쟁 전야의 고요함 속에서 일시적이나마 희망찬 내일을 꿈꾸기도 하였다.

원조통제형 계획경제기
(대한민국과 미원조기관의 통제)

6·25전쟁과 전후 복구기

한반도가 38도선 이북과 이남으로 분단된 후 1948년 8월 15일 남한지역에 대한민국 정부가 수립됨으로써 미군정에서 벗어나 외형적이나마 주권국가의 형태를 갖추었다. 하지만 얼마 지나지 않아 소련과 중공의 지원을 받은 북한의 기습남침으로 일어난 6·25전쟁으로 얼마 남아있지도 않았던 남한 지역 내 대부분의 산업 생산시설은 겨우 복구하여 가동되자마자 다시 괴멸되었다. 1950년의 6·25전쟁은 건국 초기의 혼란을 미처 수습하지도 못한 상태에서 일어났다. 당시의 국가 경제 상황은 전시체제 유지를 위한 물적 자원확보조차 급급할 정도였고, 전쟁 후의 경제 여건도 전후 복구에 치중하였으나 재정 여력이 전무한 상태였기에 필요 자금은 모두 외국 원조에 의존할 수밖에 없는 상황이었다.[31] 3년간 계속된 전쟁 가운데 1년 차의 전쟁 동안 막대한 인명이 살상되었고 남한 전역이 초토화되었다. 특히 전쟁 초기 낙동강을 경계로 치열한 공방을 거듭하며 대한민국을 수호하는데 공이 컸던 애국도시 포항을 비롯한 경북지역의 피해는 막심하였다. 당시 우리나라의 국민총생산(GNP) 기준 경제성장률은 전쟁 기간 3년 내내 두 자릿수에 이르는 역(逆)성장에서 벗어날 수 없었다. 전쟁 수행에 필요한 재정 여력이 아예 없었기에 6·25전쟁 불과 13일 전에 설립된 한국은행을 통해 은행권을 대량 발행하여 전비로 충당하였기에 통화 증발은 불가피하였다. 게다가 전쟁의 혼란 속에서 사라진 화폐 동판을 입수한 북한군이 무제한으로 화폐를 찍어낸 데다 그들이 통화개혁 후 보관중이던 기존 구화폐마저 남한으로 가져와 무차별 살포한 영향도 컸다. 이에 따라 하이퍼인플레이션[32]이 발생하여 일반 상거래에서는 아예 화폐거래 자체를 거부할 정도였다. 이에 당시 정부는 1953년 기존의 원 단위를 환 단위로 바꾸는 제1차 통화개혁(교

---

31 전쟁 초기인 1950년 7월 26일 한국과 미국 사이에 유엔군 경비지출에 관한 협정이 맺어져 대여금 형식으로 유엔군에 지급해야 했던 전쟁 비용도 이후 통화팽창과 물가 폭등의 한 요인으로 작용하였다. 1950년 12월 설립된 국제연합한국재건단(UNKRA)을 통해 들어온 전쟁수행에 필요한 원조자금은 전시 기간 동안 총 3억 8천 700만 달러에 달하였다.

32 1947년 물가를 기준으로 1950년 12월 물가는 85배, 1951년에는 282.2배, 1952년 말에는 60배, 그리고 휴전이 성립된 1953년 7월까지는 무려 77.4배나 물가가 폭등하였다.

환비율 100원당 1환)을 단행하였다.

포항지역 경제의 근간이었던 수산업과 관련한 시설들도 전쟁 수행과정에서 어선과 어업용 시설 대부분이 파손된데다 어장 조업이 중단되어 지역 수산업계는 큰 타격을 입었다. 전국적으로도 어장 감축만이 아니라 어선수는 1949년 4만 6천 230쌍 가운데 4천 123쌍이 파손되었으며, 관련 종사자들도 4만 여 명이 줄어드는 등 피해가 극심하였다. 그동안 38선 이북 지역과 중계무역으로 연명하던 포항지역 경기도 6·25전쟁 직전부터 교역이 단절되면서 수산 기반 경제활동의 대부분이 마비된 상태였다. 그러한 상황에서 포항지역에 몇 개 남아있지도 않았던 소형 어선을 이용한 근거리 연해어업 등 수산업마저 전면 중단된 것이다. 1950년 7월 18일 새벽 포항항을 통해 전격 실시된 한반도 최초의 미군 상륙작전(블루하트 오퍼레이션) 이후 영일만 해역을 장악한 유엔군 연합 함대가 북한군이 점령하고 있던 형산강 북쪽의 포항 구도심지로 발사한 대규모 함포사격은 일제 시대부터 존재하고 있던 공장, 유흥오락, 여관 등의 시설은 물론 포항경찰서, 포항우체국 등 공공시설까지 모두 파괴하며 구도심지를 백지상태로 만들었다.

더구나 6·25전쟁으로 피난민이 경북지방으로 몰리기 시작하면서 대구를 중심으로 군용물자의 유출품과 밀수품을 거래하는 시장이 형성되기 시작했다. 이러한 현상은 일시적이긴 하였으나 포항지역의 상업 발전에도 상당한 악영향을 주었다. 시장에서 생필품 등 일반 상품은 거의 고갈된 상태를 면치 못했고, 곡물류의 과다한 출시는 시장물가의 혼란을 초래하였으며, 소비자의 구매력이 감퇴함에 따라 상거래는 점차 한산해지고 말았다. 혼란기를 틈타 군수물자와 구호물자가 시장에 쏟아져 나오자 완전히 뿌리를 내리기 전인 포항지역 경제는 물자난과 물가고로 심각한 경제적 혼란기에 직면하게 되어 상업 유통업에도 심각한 타격을 입은 것이다.

전쟁이 한창이던 1951년 3월 28일에는 사회부가 유엔의 부흥계획안에 따라 전재 주택 농림도시를 합쳐 총 30만 호의 건축을 계획하였다. 제1차 계획으로 30억 원의 예산을 편성하고 초기공사로 당시 포항항에 입하되어있던 유엔의 구호 자재를 이용하여 포항과 안강지역에 600호를 우선 건축한다는 결정을 내렸으나 여러 문제가 겹치며 지지부진하였다. 다행히도 그해 10월 7일 유엔 한국민사처의 요청에 따라 포항 건설 계획이 제대로 준비되기 시작하여 1952년 4월 11일 그동안 건축 중이던 국민후생 주택계획에 따른 주택 250호가 완공되었다.

전쟁이 완벽하게 마무리되지 못한 정전상태로 1953년 마무리된 이후 대한민국 경제는 미국과 유엔 산하 국제기구 등에 의한 해외원조를 기반으로 일어서기 시작하였다. 1950년대의 경제사적 흐름은 군정청으로부터 국정 운영권을 인계받은 대한민국 정부의 시험 무대나 마찬가지였다. 당시 정부의 최우선 과제는 전쟁으로 폐허가 된 국토의 재건과 국가 주요 기간망의 재건이었다. 이때의 국가경제 체제의 특징은 자립경제를 구축하지 못한 상태였기에 미국을 중심으로 하는 원조 기관의 통제를 받으면서 해외원조 자금으로 운영되는 경제체제였다. 한미 간 경제원조와 관련한 대외연락창구를 통해 국가 예산의 투입 분야나 물자의 운용에 이르기까지 일일이 원조자금을 사용할 때마다 통제와 사전협의를 받는 시집살이를 하고 있었기 때문이다.[33] 이 시기에는 환율제도도 매우 복잡한 복수환율제[34]를 채택하여 운영하고 있었다.

1950년대는 전쟁 직후였던 관계상 국방비가 세출에서 가장 높은 비중을 차지하였다. 대외 원자재수입이 여전한 상태에서

---

33 1952년 전쟁이 소강상태로 접어들자 사회간접자본의 복구와 경제 재건을 위한 원조자금도 급증하였다. 1951~1955년 중 2억 9천 500만 달러 정도였던 미국의 AID 원조는 1956~1960년 중 12억 3백만 달러까지 늘어났고, 1961~1970년 중에도 8억 2천만 달러가 도입(1983년까지 총 24억 3천 900만 달러)되었다. 전후 복구와 재건에 절대적인 힘을 발휘하였던 외국의 우리나라에 대한 원조지원자금 총액은 1983년까지 약 45억 달러(PL480호 포함)에 이른다. 이 원조자금이 1950년대 우리 경제의 성장과 투자에 영향을 미친 비중은 연평균 거의 10%에 육박할 정도였다.

34 당시 복수환율로는 시장거래용 환율(공정환율), 주한 유엔군 활동자금에 적용하는 환율(대여자금환율), 무역에 적용되는 수출환율 등이 있었다.

별다른 수출 품목도 없었기에 1950년대의 국제 무역수지는 늘 적자였고 원조자금이 그것을 보충하는 실정이었다. 1950년대는 철저하게 원조물자와 자금으로 국가 경제를 운용하는 상황이었기에 미국의 입김은 사실상 군정기와 큰 차이가 없었다고 해도 무방하다.

전후 복구를 위한 합동경제위원회의 협약이 1953년 맺어진 이후 1957년부터 재정안정계획이 세워지자 이때부터는 밀가루 등의 원조가 차관의 개념으로 바뀌었다.

6·25전쟁은 광복 직후부터 혼란 상태였던 남한지역의 정치, 경제, 사회 전 분야가 완전히 재편되어 안정화되어가던 국가 경제를 전면 무력화시키는 외부충격요인이었다. 이후 외국의 다양한 원조자금과 식량지원 등에 힘입어 전후 재건사업이 비교적 순조롭게 추진되기는 하였으나 남한지역 전체가 전쟁 이전 수준까지 회복하는 데는 적어도 7~8년 이상이나 소요되었다.

포항시 자료[35]에 따르면 포항시 인구는 전쟁 직후인 1951년부터 1954년까지 증가세에서 감소세로 추세적 전환을 하였고 그 이유를 다음과 같이 기술하고 있다. 첫째 형산강 제방 공사 이후 한때 활발했던 농경지와 염전의 개간확충이 한계에 이른 점, 둘

---

35   포항시, 포항의 역사와 전통, 1990.2

째 1940년대 초반부터 정어리잡이가 부진하였고 이외의 수산업도 위축되었다는 점. 셋째 남북분단으로 인해 북한 동해안지역과의 해상교역이 단절된 점. 넷째 6·25전쟁 당시 남하하였던 피난민이 대부분 귀향하고 오천 비행장 주둔 미군이 철수하면서 주둔군 경기가 위축되었다는 점. 다섯째 경제가 피폐 낙후되어 인구의 도시집중 현상이 나타나지 않았다는 점을 들고 있다.

하지만 필자는 사실상 가장 큰 이유로 두 번째와 세 번째 이유의 근간인 수산업의 위축 때문이라고 본다. 정어리잡이의 부진과 관련하여서도 당시 전국 최고의 정어리 생산지였던 포항에서 정어리가 잡히지 않았던 것도 물론 사실이다. 하지만 지역경제 위축과 관련 짓는다면 당시 정어리는 단순 식용목적보다는 전쟁수행에 필요한 기름을 추출하는 목적이 큰 군수물자였다는 점이다. 수산 분야 최대의 어획 대상인 정어리 자체가 민간경제와 큰 관련이 없었다는 이야기다. 결론적으로 단순히 수산물 어획량의 감소로 인한 수산업의 부진만이 아니라 통조림 제조 가공공장을 가동하여 지역 내 고용과 소비로 이어지는 경제효과까지 함께 작동하지 못하게 됨으로써 지역 내 선순환을 이루지 못한 것이 지역 전체의 경기 불황으로 이어진 것으로 해석해야 타당하다. 그러나 가장 큰 근본적인 요인은 무엇보다도 1945년 8월 광복 직전까지 포항의 수산업을 장악하고 있던 초대형 어선, 최신식 어선의 소유주(회사형태의 어업회사 포함)가 모두 일본인이었다는 점에 주목할 필요가 있다. 또 포항의 금융조합을 비롯한 무진회사, 은행 등의 소유주 또한 모두 일본인이었다. 그렇기에 일본 패망 직후 포항에 있던 일본인 자본가, 사업가들은 그들이 포항에서 일제강점기 시절 축적해온 자본을 고스란히 인출하는 동시에 공장의 핵심 설비 등 유용한 물자들까지도 포함한 전재산을 일본인이 소유한 어선을 밀항선으로 삼아 통째로 일본 본국으로 가지고 갈 수 있었을 것이다. 다른 지역의 일본인들의 경우 부관페리 등을 이용하여 본국으로 귀환할 때 1인당 소지품과 현금 가액을 철저하게 제한받았던 것과는 달리. 당연히 포항에 남겨진 적산이라고 해봐야 유동 물자란 전혀 남아있지 않았고 기껏해야 빈껍데기에 불과한 여관이나 점포 등 건물 몇 채뿐이었기에 광복 후 식민지 포항에 남겨진 자원으로 지역 자체의 경기회복을 추진할만한 산업기반이나 동력이란 거의 없었다.

6·25전쟁 후 경북도 내 시장은 중앙도매시장이 3개(대구 2개, 경주 1개), 상설시장이 23개(포항 2개), 정기시장이 239개(포항 1개, 영일 15개) 있었다. 시장의 점포 업종을 보면 도매상은 섬유원품과 섬유제품, 농수산품, 식료품 등이 주류였다. 소매상은 식품, 의류, 음료, 농수산 등 경공업 중심 생활필수품을 취급하는 단순한 유통구조를 이루고 있었다. 한마디로 포항시와 영일군을

합한 현 포항지역은 도시 규모에 비해 다른 도내 시군보다 상업 유통 분야는 많이 영세한 상황이었다. 어류, 육류, 채소류, 일용 잡화류 등을 거래했던 죽도시장은 광복 후 지금의 장소에서 수십여 명의 상인들이 소규모 노점으로 출발하였다. 죽도시장은 이후 번성하여 6·25전쟁 직전에는 400개 정도의 각종 도소매점이 즐비할 정도였으나 6·25전쟁 과정에서 완전 소실되고 말았다. 전쟁이 끝난 후 죽도동의 유지들과 전쟁 이전 점포를 경영하였던 상인들이 부흥회를 조직하여 죽도시장을 재탄생시켰다. 죽도시장은 1954년 7월 19일 경상북도로부터 상설 남부시장으로 정식인가를 받아 면적 9천 443평 규모로 8월 13일 정식으로 열렸다. 이 당시 죽도시장은 흥해, 구룡포, 강구, 영덕, 울진, 울릉 등 경북 동해안 지역 소매상들의 도매상 기능까지 수행하였다.

6·25전쟁은 도시 포항에 아주 미약하게 남아있던 일제의 잔재를 깨끗하게 지우는 효과도 가져왔다. 〈그림 8〉과 같이 주로 일본인들이 거주하던 형산강 이북의 몇 되지 않은 공장과 일본인이 철수할 때 가져갈 수 없었던 구도심의 시설물들은 전쟁 수행과정에서 공중폭격과 함포사격으로 초토화되고 온전한 상태로 남은 곳은 제일교회 단 한 곳뿐이었다. 6·25전쟁은 일제가 주도하여 근대화시켰던 도시의 잔재를 깨끗하게 걷어낸 후 강제로 근대도시였던 포항을 현대도시로 탈바꿈시키는 일대 사건이

기도 하였다. 당시 완전하게 백지화된 도시 포항에서 전쟁 피해의 복구 초기의 숨통을 연 것은 역시 그나마 소형 어선이라도 끌어모으며 피와 땀을 흘렸던 수산업계였다.

그림 8 . 6·25전쟁 당시 미주리함 포격으로 초토화된 포항 시내

출처: 국사편찬위원회

광복 전후 시기의 포항에는 바다 연안의 수산업이나 흥해 등지의 농업 등 1차 산업을 제외한 무엇인가를 가공, 제조하는 형태의 제2차산업에 속할만한 시설이라고 해야 양조업, 도정업, 조선업 정도였다. 1940년도 후반부터 양조업이 활발해져 송라

와 죽장의 양조장, 구룡포의 양조주식회사가 새롭게 설립되기도 하였다. 이는 당시의 양조업과 도정업은 비교적 생산과정이 간단하여 특별한 선진 기술이나 시설이 없어도 가능했기에 조선인들이 소자본으로도 운영하기 쉬운 업종이기 때문이었다.

1950년대에도 양조업은 꾸준히 인기를 얻어 포항 시내에는 덕수, 덕성, 수안, 동일 양조장이, 영일군에는 용전, 상옥, 중성, 칠포, 달전, 매산, 모포 양조장이 추가로 생겨났다. 도정업으로는 삼공, 대남, 재건, 용흥, 대흥, 삼흥 정미소 등이 설립되었다. 수산가공업 분야에서는 동익산업주식회사가 설립되어 포항지역은 물론 동해안지역 수산물의 가공까지 맡아 지역경제에 공헌하였으며 수산물의 운송 보관에 필요한 얼음을 제조하는 포항제빙 등이 새롭게 가동되기도 하였다.

조선 분야에서는 향도조선소(현 동성조선)와 협성조선소가 본격 가동되면서 소형선박의 제조와 수리가 가능해졌으며, 1959년에는 구룡포읍에도 연간 조선 능력 20쌍의 조선소가 설립되어 지역 수산업을 뒷받침하였다. 1950년대 중반 이후부터는 에너지 연료도 목탄이나 나무에서 연탄으로 대체되기 시작하였다. 1959년 한일연탄공장, 대영연탄 포항분공장이 설립되었고 이후 제일, 강원, 현대연탄공장이 뒤따라 생겨나 지역 생활연료의 공급을 책임졌다. 철공업으로는 삼화, 동방, 대동, 영광철공소가 있었고 1945년에 영업을 개시한 영일철공소와 함께 지역에 필요한 철제품을 주문생산 위주로 운영하면서 포항지역의 철공업 발전에 큰 역할을 하였다.

민족 저항시인 이육사의 시 '청포도'를 탄생시켰던 포항 동해면의 미쯔와포도주공사(三輪葡萄酒公司)에서 생산한 포도주는 일제강점기 시절 도쿄의 백화점을 비롯한 구미지역까지 수출되었던 명품 화이트와인, 레드와인, 브랜디 등으로 유명하였다. 광복 이후 1960년대까지도 서울시가지 전차에 포항포도주 광고가 붙었을 정도로 명성이 높았다. 1964년에는 신세기레코드사에서 포항포도주를 알리기 위한 '포항은 내고향(반야월 작사, 손목인 작곡 손인호 노래)'을 발표한 적도 있었다. 그러나 1966년 11월 30일 위생법 위반으로 전량 회수 폐기조치 처분을 받고 수년간의 법정공방이 이어지면서 회사가 자금 부족에 따른 경영난으로 폐업함에 따라 포항포도주는 역사 속으로 사라지고 말았다. 필자는 지역의 경쟁력 강화에는 스토리텔링이 따르는 콘텐츠만큼 중요한 것은 없다고 여기고 있다. 따라서 포항에서 잊혀진 포도주는 반드시 부활시켜 브랜드화하였으면 한다. 세계적인 와인 종주국으로 불리고 있는 프랑스도 제조원료의 절반 이상을 외국산 수입 포도로 생산하고 있다는 점을 생각하면 포항에서 직접 포도를 생산할 필요조차도 없다. 한반도 최초의 와인과 브랜디의 원산지로 100년이 넘는 역사를 가졌고 민족시인의 '청포도'를 탄생시킨 스토리텔링은 포항이 내세울 유일무이한 최고의 무형자산 중 하나임을 명심하고 이를 적극 활용할 방안을 마련해야만 한다.

전쟁 이후 포항지역에서는 재건사업과 함께 미래를 위한 대비책 마련에도 게을리하지 않았다. 1952년 4월에는 전쟁으로 파괴된 포항우체국의 재건을 체신국에 진정하면서 포항시민들이 무려 1천만 원의 성금을 모아 재건기금으로 기부하기도 하였다. 이러한 노력 덕분에 포항의 전신전화시설은 1954년 3월 완전하게 복구되었다. 그에 앞서 1953년 6월 5일에는 지역민의 건강을 책임질 선린의료원이 개원하였고, 1954년 3월 4일에는 지역 경제계의 구심점이 될 포항상공회의소의 설립이 허가되었으며 같은 달 파괴된 포항경찰서 청사를 신축하기 위한 기공식이 열렸고, 4월 8일에는 지역 인재를 양성하기 위한 포항수산 초급대학(현 포항대학교)이 개교하였다.

전쟁으로 인해 운항할 선박도 변변치 않았던 경북 동해안의 수산업계는 제주도로부터 연간 최대 2천여 명에 달하는 해녀들을 불러들여 전복, 해삼, 미역 등을 채취하여 경제 위기에서 벗어나고자 하였다. 이후 1955년 3월 시점에 이르러서는 경북 동해안지역에도 해녀들이 많이 배출됨에 따라 경북도 당국이 제주도로부터 해녀를 파견받을 필요가 없어졌다고 판단하고 제주도 측에 더 이상 해녀를 보내지 말도록 조치하기도 하였다. 그해 9월에는 도립포항병원(지금의 포항의료원)도 전면복구공사를 마치고 부설 결핵 요양 병동마저 완공되어 포항지역 주민의 의료복지 수준이 크게 개선되기도 하였다.

1956년 8월 해병대 포항기지 내에 해병훈련기지가 편성되고 1957년 6월 영일만 해역에서는 한미합동 제1차 연대 상륙 훈련이 이루어졌다. 이는 6·25전쟁 초기 인천상륙작전의 모델이 되었던 한반도 최초의 상륙작전인 포항 상륙작전이 펼쳐졌던 곳이라는 상징성과 역사성에 더하여 실질적인 전략적 가치로 판단할 때 한미 합동훈련을 수행할 최적지였기 때문이다. 1958년 4월부터는 해병대 포항사령부가 주둔하였으며, 1958년 5월에는 제3차 한미합동 연대급 상륙작전 훈련, 1959년 4월 28일에는 한미합동 기동 상륙훈련이 영일만 해역에서 실시되면서 점차 포항은 군사도시로서의 위상이 높아지기 시작하였다. 당연한 흐름이지만 이들 군부대와 훈련기간 동안 늘어나는 병사들과의 거래가 활발해진 오천시장 등을 중심으로 지역의 상업 유통 부문도 조금씩 활기를 띠며 살아나기 시작하였다.

전쟁으로 인해 위축된 수산 경제를 군사훈련 등 군인들의 유동 인구 증가에 따른 경제효과가 일부 보완, 대체하는 동안 여타 사회간접자본 시설들도 하나씩 재건, 정상화되면서 포항지역 경제도 서서히 회복세를 나타내기 시작하였다. 1959년 말 포항시 인구는 6·25전쟁 직전 수준인 8천 739가구, 5만 843명을 기록함으로써 6·25전쟁 당시 파괴되었던 도시의 복구 재건사업도 성공적으로 마무리되었음을 보여주었다.

원조자금 기반 계획경제기

6·25전쟁의 피해 복구가 어느 정도 마무리되었을 무렵인 1961년 국가재건최고회의가 출범하였을 당시만 하더라도 우리나라 국내총생산 규모는 과거 소비에트연방 즉 소련의 사회주의 계획경제 체제를 따르고 있던 북한보다 작았었다. 당시 정부는 자본주의 시장경제 체제를 내세우면서도 국가(정부)주도형 계획경제 체제를 채택하여 주도면밀한 5개년 단위의 경제개발계획을 수립 추진하였다. 이와 같은 국가개발계획은 단순히 도달하고 싶은 목표치를 제시하는 선언적인 의미에 그친 것이 아니라 연도별 실행계획을 철저하게 세우고 강력한 의지로 추진한 것이었다. 이 계획으로 당시 1인당 국민소득 수준으로는 세계에서 가장 가난한 그룹에 속해있던 우리나라 경제 규모는 세계가

놀랄 빠른 기간 동안 일정 수준까지 끌어올리는 큰 성과를 이룩하였다. 당시의 한국경제가 1960년대 이후 비약적인 성장을 거둘 수 있었던 데는 여러 요인이 복합적으로 작용하였을 것이다. 그중에서도 하나의 요인만 고른다면 국가 경제가 나아갈 방향을 명확하게 설정하고 강력한 추진력으로 정부가 계획한 대로 초지일관한 경제 정책을 운영하였기 때문임은 누구도 부정하기 어려울 것이다. 다만 이러한 계획경제의 성공에 필요한 막대한 자금은 미국 등 선진국으로부터의 차관이, 당장 국민 생계에 필요한 식량은 식량 원조가, 부족한 기술인력은 기술자의 해외파견 연수 등 선진국의 기술인력양성에 대한 적극적인 지원이 뒷받침되었기에 가능하였다. 이에 덧붙여 국민의 피와 땀이 동반된 2개의 외화벌이가 있었다. 베트남 전쟁에 군인을 파병[36]한 것과 서독에 간호사와 광부를 파견[37]함으로써 발생한 참전 수당과 파견

---

36 1964년 9월부터 국군의 베트남 파병이 이루어졌다. 그때 전쟁에 관여한 삼성, 현대 등 한국기업들은 재벌로 급성장하였다. 당시 미국이 지급한 국군 파병 전투수당 대부분은 한국으로 송금되었다. 또 당시 한국경제에 필요했던 2개의 혜택도 주어졌는데 미국의 한국산 제품에 대한 수입규제 완화와 미국의 군사원조비를 중공업 등에 전용 투자하는 것을 묵인해 주는 것이었다. 베트남 파병 기간인 1965~1975년의 10년 동안 한국의 국민총생산(GNP)은 14배, 보유 외환 총액은 24배, 수출총액은 29배라는 경이적인 성장세를 보였다.

37 이 시기에는 일본도 1957~1965년 중 탄광노동자를 서독에 파견하고 있었다. 치열한 국제경제무대에 한국이 끼어들어 일본이 선점했던 시장을 빼앗은 최초의 사건이기도 하였다. 한국에는 당시 실업자만 250만 명이 넘었던 터라 1963년 제1차 서독 파견노동자 500명 모집에 4만 6천 명이 신청하는 등 1963~1978년까지 총 7만 9천 명의 광부가, 1966~1976까지 1만 명의 간호사가 독일로 갔다. 이들의 국내 송금액은 연간 5천만 달러에 달하며 일시 GNP의 2%대에 이르기도 하였

근로자의 본국 송금이었다. 이러한 무게감을 지닌 자금으로 부족하였던 도로, 철도, 댐 등 국가 경제발전에 꼭 필요한 사회간접자본들을 확충할 수 있었기에 기적이라고 부를 정도의 경제성장을 단기간에 거둔 것이다. 당시 서독이 세계 제2차대전 이후 이룩한 경제성장의 성과를 '라인강의 기적'으로 부른 것에 빗대어 우리는 이것을 '한강의 기적'이라 부른다, 하지만 사실 이것은 기적이 아니다. 철저하게 계획된 정부의 강력한 추진력과 '잘살아보세'라는 신념으로 전 국민이 하나가 되어 피땀으로 일구어낸 우리 국민 모두의 성과다. 종합적으로 당시 고도 경제성장에 이르게 된 요인을 좀 더 세밀하게 살펴본다면 내적 요인과 외적 요인으로 나눌 수 있다. 내적인 요인으로는 재벌을 앞세운 수출지향형 공업화 정책, 개발독재에 따른 노동조합의 억압 등을 들 수 있을 것이다. 외적인 요인으로는 냉전체제가 지속되었던 시기였기에 미국 등 자유 진영에서 막대한 경제적 기술적 원조가 이어졌고 해외파병과 해외 노동자 파견에 따른 외화획득 등을 들 수 있을 것이다.

　1960년대는 중요시설의 복구가 마무리된 상황이었기에 주어

다. 1967년에는 수출총액의 36%를 차지하기도 하였고 그밖에 독일 차관 획득 등 외화확보에도 크게 공헌하며 당시 우리 경제의 고도성장에 필요한 재원 확보에 큰 역할을 하였다.

진 자원으로 가장 빠르게 고용을 창출하고 소득 증대를 도모할 수 있는 가내수공업 등 경공업을 중심으로 자립경제의 기반을 조성하는 시기였다. 1961년 정부는 그동안 소비재 중심의 원조 의존성이 강하였던 경제 체질에서 벗어나 자립경제 기반을 조성하고 빈곤에서 탈피하기 위한 목적으로 제1차 경제개발 5개년 계획(1962~66년)을 수립하였다. 국민의 90%가 농업에 종사했던 현실에서 당시 총투자의 34%나 광공업분야에 투자한 것은 그만큼 정부의 공업화 의지가 강력하였음을 이야기한다.

정부는 경제개발 계획을 수립한 이후 필요한 자금 확보를 위한 궁여지책으로 통화개혁을 단행하였다. 1962년에 이루어진 제2차 통화개혁에서는 10환을 1원으로 만들었다. 그런데도 투자재원의 조달이 쉽지 않자 경제개발 계획의 정책목표를 수출촉진 전략으로 수정하고 대외지향적인 개발전략을 선택하게 되었다. 이러한 정책 변화에 따라 가발과 같은 경공업 제품 수출이 촉진되어 외화부족에 따른 위기 해소와 더불어 경제성장도 목표치 이상으로 달성하는 데 성공하였다.

이후 제2차 경제개발 5개년 계획(1967~72년)에서는 1차 계획과는 달리 수출을 계속 증대시키기 위해 중화학공업의 육성에 주목하기 시작하였다. 이때의 전략산업으로는 철강, 석유화학, 기계, 전자, 조선 및 비철금속이 선정되었다.

1960년대 전 기간에 걸친 경제개발은 한마디로 강력한 지도자의 리더십을 배경으로 정부 주도로 추진된 것이다. 국가(정부)가 경제성장에 필요한 자본의 창출과 관리, 축적하는 전 과정을 주도함으로써 경제발전을 이루는 계획경제였다. 이 당시 한국경제의 정부주도형 개발 계획에 입각한 발전방식을 굳이 표현한다면 '원조통제형 계획경제시대'라고 정의하고 싶다. 이 시기 국가발전에 필요한 자금의 원천은 차관을 포함한 원조자금이었고, 자유시장 경제체제 하에서 각 경제 주체들이 자율적인 의사결정으로 산업과 기업이 육성, 성장하는 것이 아니라 산업정책과 대외무역정책 등을 정부가 철저하게 통제하고 경제성장에 필요한 사회간접자본까지도 우선순위를 두면서 순차 계획대로 국가예산을 집행하는 방식이었기 때문이다. 당시 이처럼 강력한 정부의 역할이 강조된 데는 미국의 한국에 대한 원조가 급감하면서 차관이나 외국인 직접투자 형태로 대체되기 시작함에 따라 원조를 대체할 수 있는 재원조달자로서의 국가 또는 정부의 역할이 무엇보다 중요해졌기 때문이었다.

경제개발을 위한 강력한 집행체제를 구축한 정부는 실질적인 추진 동력에 필요한 거대자본의 축적기반을 구축하기 위해 금융기관을 장악하였다. 무엇보다도 개발 계획 수행에 필요한 투자용 필요자본 확보가 절실하였기 때문이었다. 이를 위해 정부는 중앙은행인 한국은행의 독립권을 박탈하고 일반 시중은행을 사실상의 정부 소유로 만드는 등 명실상부한 통제력을 구축[38]하는 데 성공하였다.

금융 부문만이 아닌 실물 경제에 대한 정부의 통제와 영향력도 절대적이었다. 편의 식품 가격을 포함한 거의 모든 공산품, 공공요금 등 가격이 시장 자율이 아닌 정부의 통제에 놓였으며 당시 기업 원가의 대부분을 차지하던 노동자의 임금도 당연히 통제되었다. 당시의 국가 경제 운용은 금융 부문의 확실한 지배를 통해 실물 경제의 활동까지 완전히 장악한 상태에서 이루어진 것이다.

포항지역 경제는 그동안 농수산업과 같은 일차산업이 경제활동의 중심이었다. 당시 농어가의 경제력 향상을 위한 자금이나 인력 지원 등에 필요한 체계적인 관리 지원에는 농협과 수협의 역할이 적지 않았다. 이후 해병대 포항기지가 1958년 해병대 포항사령부로 바뀌며 정식 주둔하고 한미 연합훈련 등이 정기적으

---

38 금융기관 장악을 위해 정부는 금융기관 임원 임명승인권을 가장 먼저 확보하였다. 당시 정부는 군사혁명위원회 설치 1개월 후인 1961년 6월 금융기관 임원의 임명 승인권을 은행감독원장에게 부여하는 '금융기관에 관한 임시조치법'을 제정 공포하였다. 1962년 5월에는 은행감독원을 산하에 두었던 한국은행법을 개정하여 그 때까지 제도적으로 행정부로부터 보장받았던 한국은행의 독립권을 박탈함과 동시에 일반 시중은행의 소유권마저 장악하였다. 시중은행에 대한 민간 주주의 의결 권이 전체 투표수의 10%를 넘지 못하도록 제한함으로써 시중은행의 소유권은 사실상 정부에 귀속되었다. 결국 대출과 같은 은행의 의사결정은 정부의 의사에 좌우되는 특수한 입장에 있어 그에 따라 기업의 사활도 결정되기도 하였기에 은행을 '금융회사'가 아닌 '금융기관'이라고 부르게 된 것도 이때부터다.

로 열리면서 군인들의 유동 인구가 늘어남에 따라 군부대를 대상으로 하는 유통 등 상업 분야도 활기를 띠게 되면서 자연스럽게 포항시의 정주 인구도 늘어나기 시작하였다. 1960년 6만 46명이었던 포항시 인구는 1965년 6만 5천 525명이 되었다.

포항의 중앙상설시장은 1960년 4월 23일 도시계획으로 일부가 도로에 편입되면서 시장의 기능을 상실하여 1960년대 말 폐지되었다. 북부시장은 1955년 9월 시장점포를 완비하고 1960년대 들어 점차 면모를 갖추어 점포 수가 1966년 말 53개에서 1976년에는 257개로 10년 동안 거의 5배 규모로 급성장하였다. 1960년대에 들어서자 죽도시장의 경우에는 그때까지도 교통 사정이 좋지 못해 대구, 부산, 서울 등지와 연결이 원활하지 못하였던 영덕 강구, 울진, 구룡포, 청하 등에 개설된 재래시장의 도매상으로 자리매김하면서 포항은 물론 경북 동해안 일대 최대의 전통시장으로 성장하였다.

1960년 현재 포항지역의 제조업 통계[39]를 보면 총 공장 수는 74개(2개는 휴업), 종업원 수는 740명에 불과하였다. 그중 기계공업 관련 공장은 16개로 전체의 21.6%를 차지하고 있었고, 식료품 공장은 16개로 같은 비중인 21.6%, 비금속부문은 12개로

---

39 포항시, 포항시사(2012년 제2권 제5편 산업경제 p382) 참조

16.2%를 차지하고 있었다. 총 종업원 740명 중 남자는 603명 여자는 137명이었고, 업종별로는 기계공업 분야 종사자가 270명으로 36.5%로 가장 큰 비중을 차지하였고 섬유는 17.3%, 비금속업은 11.2%였다.[40] 이시점까지만 하더라도 금속업종의 공장은 전무한 상태였다. 이러한 상황에서 1960년대에 들어서 영일만의 수산물 어획이 증가하고, 이에 따른 수산자원 기반의 가공업체가 들어서자 구룡포 등 포항지역은 수산식품 가공분야의 전국적인 중심지로 부상하기도 하였다. 수산물 가공분야에서는 1960년 6월 고합산업이, 1961년에는 경풍산업이, 1964년에는 동양수산이 순차 설립 가동되면서 지역의 수산가공 분야는 빠르게 성장하였다. 1963년에는 수산물가공 수출회사인 삼경산업이 설립되어 포항지역 수산가공품 수출에 앞장섰다.

이 밖에도 1964년에는 경주규조토광공업이 설립되어 지역 광산물의 이용과 가공을 활발하게 하는 한편 1966년에는 협동제관회사가 금속통조림 용기를 생산하는 등 포항의 제조업도 조금씩 다양한 분야로 진출, 확장하기 시작하였다.

1961년 3월 24일에는 그동안 내륙으로 연결되는 사실상 유일한 교통수단이나 마찬가지였던 포항-대구를 잇는 기동 열차

---

40 업종별 비중이나 종업원수의 통계설명은 1960년의 통계표를 이용하여 별도로 집계, 구성비를 산출하였다.

가 연결되어 포항역에서 개통식이 열리기도 하였다. 이에 따라 포항지역 관광업계에서는 이 열차 편으로 대구와 경주 등 경북지역 주민들이 송도해수욕장을 더욱 왕성하게 찾아 그로 인한 경제파급 효과가 확대될 것이라는 기대에 부풀기도 하였다.

1961년 6월 22일 KBS포항 방송국이 문을 열었으며 1962년 3월에는 영일군에서 특수고령토 시험채굴을 위한 기공식이 열리기도 하였다. 드디어 6월 12일 광복 직후부터 포항시민들이 열망해 왔던 포항항의 국제 무역 개항장의 지정이 실현되었다. 7월 5일 포항개항장 추진위원회가 포항시민대회를 1주일간 개최하고 노래자랑, 농악, 씨름대회, 불꽃놀이 등 다채로운 행사를 벌였다. 이후 개항장 지정일을 '시민의 날'로 지정하여 기념하게 되었다. 1964년 10월에는 도시 발전에 맞추어 포항우편국에서 회선 증설공사에 나섰으며 12월 18일에는 주둔 군인들의 의료복지를 책임질 포항해군병원이 개원하기도 하였다.

1960년대 전반까지 비교적 큰 변화가 없이 주요 사회간접자본이 확충되고 있던 포항지역 경제가 지금까지와는 전혀 다른 획기적인 전기를 맞이하게 된 것은 1967년부터다. 1967년 3월 1일 포항항이 1종 지정항만에 선정된 지 3개월이 되는 6월 30일 정부가 계획중에 있던 종합제철공장의 입지로 포항시가 최종 확정된 것이다. 7월 21일 포항공업단지 건설을 확정지은 다음

날 포항공설운동장에서는 종합제철공장 설립 확정을 축하하는 시민 환영대회가 열리기도 하였다. 그달 말에는 포항상공회의소의 상원동 신회관이 완공되었고 10월 3일에는 종합제철 공업단지의 기공식이 개최되었다. 지금까지 포항경제를 견인해 온 현 삼일그룹 모체인 삼일운수사는 1965년 12월, 현 대아그룹의 전신인 포항버스는 1967년 그리고 포스코의 전신인 포항종합제철주식회사는 1968년 4월 1일 순차적으로 설립되었다. 이후 포항경제의 성장 과정에서 여객물류는 포항버스가, 화물물류는 삼일운수가, 포항지역 경제의 고용 원천인 새로운 성장동력은 포항종합제철이 삼분할하듯이 서로 역할을 나누어 맡았던 셈이다. 1960년대 후반 이처럼 숨고를 틈도 없이 역동적으로 포항시 전체가 움직이는 동안 1969년 7월에는 대한항공이 서울-포항 노선을 취항하였고 같은 달 지곡단지 내에는 외빈 전용 숙소인 지금의 '영일대 호텔'이 개관하기도 하였다. 10월에는 죽도시장 번영회가 개설되었으며 포항철강공단 건설에 따른 철강 제품 전용항만이 필요해지면서 지금의 포항신항의 건설에 착수하기도 하였다. 1960년대(1960~1969년)의 폭발적인 성장에는 다소 못 미치는 4천 288동의 주택이 포항지역에 건축되었다.

1950년대초 6·25전쟁 당시 조국을 수호하였던 애국도시 포항은 이후 군사도시로서의 성격이 강하였다가 1960년대 후반부터는 우리나라 고도 경제성장에 절실하였던 '산업의 쌀'인 철강 자재를 공급하는 후방지원기지인 철강 도시로 점차 변신하기 시작한 것이다.

철강도시 포항의 탄생과 성장

1960년대 후반부터 세계 경제가 침체국면에 접어들면서 주요국들을 중심으로 보호무역주의(수입 쿼터제 등)가 급부상하기 시작하였다. 이에 따라 그동안 우리 경제를 견인하였던 경공업 제품 중심의 수출 전선에도 적신호가 켜졌다. 제1차 경제개발 5개년 계획 기간에는 저렴한 노동력과 도입된 외자를 투입하여 외형적인 규모를 키우는 양적 성장이었기에 1차 계획이 마무리 될 시점에는 유휴노동력 마저도 고갈 상태에 빠져 그때부터는 생산성을 높여야만 하는 내면적인 질적 성장이 요구되는 단계에 직면하였다.

이에 정부는 제2차 5개년 계획(1967~71년) 기간부터는 제조업의 중심을 소비재에서 중간재, 내구성 소비재와 자본재로 전환시키고자 하였다. 1970년대부터는 서서히 중화학공업을 중점적으로 육성해 나가겠다는 방향성을 나타내 보이는 신호였다. 베트남 전쟁이 계속되는 동안 북한의 대남도발도 빈번해져 당시 정부는 전후방 연관 효과가 큰 중화학공업을 육성하여 국방력을 강화[41]하는 한편 수출구조를 고도화하여 중간재와 자본재의 수입대체 효과를 통한 무역수지 개선까지 도모한다는 방침을 세웠다. 기본목표는 제조산업의 근대화로 자립경제를 확립하는 데 있었다. 이에 따라 제2차 5개년계획에서는 구체적인 중점육성산업으로 화학섬유, 복합비료, 합판, 염산, 카바이트, 요소, 플라스틱가공, 석유화학제품, 압연강재, 강관, 가전제품, 전자공업, 자동차 등을 제시하였다. 이를 뒷받침하기 위해 일련의 산업진흥법도 정비하였다. 1967년에는 기계공업, 섬유공업, 조선업, 1969년에는 전자산업, 1970년에는 석유화학, 철강업, 1971년에는 비철금속과 같은 7대 산업육성법을 마련하고 재정자금 투입계획 등 구체적인 대책도 세워 차질이 없도록 만전을 기하였다.

무엇보다도 정부는 7대 전략산업에 대한 산업진흥육성법을 제정하면서 중점 육성 대상기업 외에는 해당 산업에 신규 참여

---

41 1969년 7월 미국이 아시아 각국 자신의 노력으로 안전보장에 나서야 한다는 방침인 닉슨독트린을 발표하면서 한국에서도 1971년 3월 주한미군 보병 1개 사단이 철수하였다. 이러한 흐름 속에서 한국 정부는 자력 방위력 증강을 위한 중화학공업의 육성이 산업정책의 근간이 되고 이를 바탕으로 자주국방을 위한 군수산업의 육성이 시급한 과제로 떠올랐다.

를 인정하지 않는 일종의 독과점체제를 제도적으로 보장하였다. 아울러 양적 성장과 관련되는 설비 증강에 대한 것은 일일이 정부의 승인을 받도록 규제하였다. 주요 핵심 산업에 대한 참가자를 좁혀 기업당 규모의 경제를 확보함과 동시에 경쟁적인 설비 증강투자에 따른 공급과잉문제를 선제적으로 차단하기 위함이었다. 이들 7대 전략산업에 대한 진흥육성법이야말로 1970년대 정부의 중화학공업 육성을 위한 핵심적인 정책 수단이었다.

정부가 중화학공업을 육성 지원하는 데는 막대한 자본과 기술력이 필요하였다. 선정된 업종에 대해서는 금융기관의 장기저리 대출과 외자도입의 지원(정부의 지급보증)은 물론 조세감면 제도까지 총력지원 체제를 갖추었다. 기술인력 공급을 위한 공고 등 실업전문학교, 전문대학 등을 늘리는 한편 중소기업의 기술개발과 연구지원을 위한 국책연구소 등도 신설, 확대하였다.

이러한 흐름 속에서 1972년부터 시작된 제3차 5개년 계획(1972~76년)에서는 종합제철소 건설을 포함한 석유화학과 4대 핵심공업(중기계, 조선, 특수강, 주물철)을 국가의 기간산업으로 육성 발전시킨다는 목표를 세웠다. 제3차 계획은 한마디로 중화학공업만 제대로 육성시킨다는 계획이었다. 이 시기에 국가자금을 최대로 투입하고 외국에서 기술과 설비를 수입하여 자본집약형 산업을 대대적으로 육성한 결과는 '한강의 기적'이라 불리는 고도 경제성장률을 달성하는 성과로 돌아왔다. 이 시기에 중점적으로 육성된 대표적인 산업 분야가 철강, 석유화학, 조선, 자동차, 전자, 비철부문이었다.

철강산업과 관련하여서는 1970년 철강공업육성법이 제정되면서 일정 규모 이상의 일관제철소, 제강 압연시설에 관한 신규 참여와 설비증설을 허가제로 바꿈과 동시에 철강업 진출을 인가받은 기업에 대해서는 다양한 우대조치 혜택이 주어졌다. 이후 철강업계의 고로, 전로, 압연 업체 간 분업체제의 형성은 사실 이 법이 그 틀을 마련하였다고 해도 과언이 아니다. 1986년에 이 법이 폐지된 후에야 한시적인 유보기한을 두기는 하였으나 다른 기업들도 자유롭게 설비를 확장하고 새로운 영역에 참여할 수 있게 개방되었다.

필자 개인적인 견해이기는 하지만 포항경제가 새로운 도약을 꿈꿀 최고의 기회는 바로 이때였다고 본다. 철강업에서 자유화가 진행될 때 포항종합제철이라는 기업 자신의 입장에서는 충분히 현상 유지만 하더라도 매출 확보에 아무런 문제가 없었을 것이다. 문제는 포항지역 경제계 자체에서도 그동안 철강 분야에서 독점적 지위를 누려왔던 달콤함에 젖어 굳이 새로운 시장 개척이나 사업 영역 확장의 필요성을 깨닫지 못하고 있었다는 점이다. 철강의 독점적 공급자 지위를 이후부터 더는 누릴 수 없게

된 만큼 이를 보완하기 위해 포항지역에 부족한 후방산업 즉 철강재를 이용한 자동차, 조선, 각종 중장비제조 부문과 같은 신산업에 진출해야 한다는 위기감을 크게 느끼지 못했다는 점이다. 이때의 실기가 결국은 지금에 이르기까지 후방산업과 전방산업의 국내외 경기변동에 따라 포항지역 경제가 흔들리는 외부효과가 높아진 원인으로 작용하고 있다. 결과적인 이야기지만 포항지역에서 철강 산업생태계를 형성하여 지역 자율적인 선순환 메커니즘이 작동하는 진정한 의미에서의 철강클러스터로 거듭날 최고의 기회를 이 시기에 놓쳐버리지 않았나 생각한다.

1960년대 이후부터는 포항종합제철 외에도 한국경제의 눈부신 성장에 따른 강재 수급 불균형을 노린 철강기업들이 다수 생겨났다. 초기에는 다양한 생산방법이 시도되기도 하였으나 시장이 확대되면서 요구 품질이 높아지고 포항종합제철의 등장으로 조강류는 전기로 제강법을 따르는 전로업체로, 일부 강판과 그것을 이용한 2차 가공은 냉간 압연설비를 지닌 단압업체로 각각 분담하여 사업 영역을 가르는 형태로 국내 철강산업이 재편되기 시작하였다.

1977년 당시 한국철강협회에 가맹한 전로 업체는 8개 사[42]

----

42 1980년 이전까지 철강산업의 국내 전로업체는 동국제강, 인천제철(이후 현대제철), 강원산업, 극동제강(이후 한보철강), 한국철강, 일신제강(이후 동부제강), 대

가 있었는데 이 전로업체들은 모두 1970년대 후반 건설경기의 호황에 힘입어 빠른 성장세를 이루었다. 단압 철강제조업체는 1950년대부터 중소업체들이 많이 있었지만, 1960년대 후반부터 냉간 압연설비가 도입되자 대기업이 주류를 차지하게 되었다. 포항종합제철이 등장한 이후부터는 단압 업계의 시장구조도 크게 변화하였다. 한국의 냉연 강판시장에서 단압 제조업체는 건설용 강판과 강관을, 포항종합제철은 주로 제조업용 강판을 제조하는 분업 관계가 형성되었다. 1980년대 전반까지 한국철강업계에서는 포항종합제철이 제선부터 핫스트립밀에 이르는 제강일관생산을 독점함과 동시에 일부 고급 냉연강판이나 후판, 선재까지도 생산하였다. 이에 따라 포항종합제철에서 핫코일을 공급받아 주로 건축용 강판류를 생산하는 단압제조업체, 거기에 조강류를 생산하는 전기로제조업체가 철강부문에서 전국적인 산업생태계를 이루며 포항종합제철을 보완하는 기능을 담당하였다.

　6·25전쟁 이후 포항지역에 급격한 인구변화를 초래한 최대의 외부충격 요인은 1973년 포항종합제철 제1고로의 준공이었다. 물론 그전에도 산업도시로 도약하기 위한 신항만 건설 착수

한상사(이후 대한제강), 서울제강 8개사였다.

(1969년), 포항 비행장(1970년)과 죽도시장(1971년) 개설, 고속버스터미널 개장(1972) 등 지역 경제에 긍정적인 역할을 할 사건이야 있었으나 충격요인이라고 할 정도는 아니었다. 포항종합제철은 1976년부터 5년간 제4고로까지 연달아 준공하였다. 이러한 일련의 움직임만으로도 당시 포항지역 경제는 엄청난 성장세를 보였다. 1970년 4월 1일 대통령이 참석한 가운데 포항종합제철의 제1기 설비착공식이 거행되었다. 1972년 7월 4일에는 포항종합제철의 중후판공장이, 10월 3일에는 열연공장이 준공되어 강재 등 58만 톤의 생산시설을 갖추게 되었다. 또 10월 25일에는 포항종합제철에서 영국 선급협회의 ABD급 제조법의 승인을 획득하였으며 12월 24일에는 연산 15만 톤 규모의 주물선공장 착공식이 열렸다. 그야말로 눈코 뜰새없이 건설에 건설이 이어지는 건설의 포항이었다.

1970년 2월 13일 포항에 민간용 비행장 설치가 결정되어 3월이 되자 대한항공이 김포-포항 간 항공노선을 개설하였으며, 다음 해인 1971년 5월 30일에는 포항MBC가 개국하였다. 1972년 12월에는 포항고속버스터미널이 정식 운영되기 시작하였다. 그야말로 1970년부터 포항지역에서는 자고 일어나면 주변 모습이 바뀔 정도로 바쁜 나날을 보내기 시작하였고 약간의 시차를 두면서 교통인프라 등 필요한 사회간접자본이 이를 뒤따르는 형태로 조금씩 갖추어지기 시작한 것이다.

한편 지역 재래시장의 대표주자인 죽도시장에서는 상인들의 권익 보호를 위한 사단법인 죽도시장 번영회가 1971년 10월 4일 상공부 허가로 정식 출범하였다. 시장번영회는 상인들의 합리적 점포경영과 상인과 소비자간 소통을 위한 창구역할을 수행하면서 죽도시장 발전에 노력하였다. 11월 2일에는 죽도시장 개설이 허가되었다. 이해에 채소밭이었던 제8 토지구획에 속하였던 현재의 개풍약국에서 오거리, 개풍약국에서 영포회센터에 이르는 구획에 대한 정리사업이 이루어졌다. 죽도시장이 제대로 자리를 잡게 된 것은 포항종합제철이 포항에 유치되자 지금까지의 시장규모를 확장시켜야할 필요성을 인식하여 조합을 설립하였을 때부터다. 이후 조합에서는 1977년 도허가를 받아 현대화된 상가형 시장으로 기존 시장규모보다 두 배로 확장 조성하여 전국적인 규모의 재래시장으로 탈바꿈하였다.

상인들은 새롭게 확장된 죽도1동 593번지 일대의 면적 6천 평, 건평 4

그림 9.

포항종합제철 공장준공 기념우표로 1973년 7월 3일 총 150만 장이 발매 사용되었다

천 평에 입주한 상인들을 대상으로 점포 460개를 소유하고 있는 회원 460명과 준회원인 노점상 142명이 포함된 죽도시장 상가번영회를 결성하였다. 상가번영회는 이곳의 의류, 채소, 과일, 농산물 판매 상가를 이루어 회원권익 보호, 회원상호간 친목 도모와 더불어 지방정부의 정책에도 적극 간여하면서 상인들의 입장을 대변하였다.

1973년 2월 7일 상공부가 공식적으로 포항 앞바다의 탐유 가능성이 희박하다는 발표를 하는 등 한동안 지역이 소란스럽기도 하였으나 이에 아랑곳 하지 않고 4월 1일 포항철강공단의 제1단지 조성사업이 개시되었고, 6월 8일 제선공장 준공식과 용광로 입광식이 열렸으며 드디어 7월 3일에는 조강 연산 103만 톤에 이르는 역사적인 제1고로(2021년 12월 송풍중단)가 준공을 보았다(그림 9).

이처럼 포항지역 경제 전체의 활력을 일으켰던 철강산업 단지의 조성과 이에 연동되는 형태로 유통 부문이 정비되고 성장하는 한편에서는 포항종합제철의 공장 가동에 따른 폐수와 폐유가 유입되면서 1973년 9월에는 송도해수욕장의 폐장이 불가피하다는 여론이 일어나고 포항공항의 정기노선이 폐지되는 일도 있었다.

그러는 한편 국가 경제가 중화학공업을 중심으로 급성장하면서 부족해진 강재 물량 공급을 위해 1974년 4월 3개 철강업체가 지금의 철강 공단 청림지구 조성사업에 착수하였고 10월 1일에는 포항종합제철의 주물선공장이 준공되었다. 지역 내 산업체의 급성장으로 대구-포항간 교통이 불편한 상태에서 지역경제에 유통되는 막대한 현금 수요물량에 부응하기 위하여 그해 12월 4일에는 한국은행 포항주재사무소가 개설되었다. 이에 따라 대구에서 포항으로 급여일 전후만 되면 돈을 실어 날라야만 하였던 지역 은행들의 애로사항이 크게 해소되었다. 1975년에는 포항종합제철이 한국종합제철을 흡수합병하기도 하였다.

불과 약 5년이라는 비교적 짧은 기간에 걸쳐 포항지역에는 철강공단 조성과 관련한 건설업, 인구 유입에 따른 유통업 등 경제 전반에 걸친 양적, 질적 성장에 힘입어 도시 전체가 엄청난 활기를 나타내었다. 포항시 인구는 1970년 12월 말 1만 5천 860세대, 7만 9천 451명에서 1975년 말 2만 8천 712세대, 13만 4천 404명으로 세대수는 1.8배, 인구수는 1.7배라는 폭발적인 도시 팽창을 이루었다.

포항 일원의 석유탐사는 이후로도 계속되어 1976년 1월에는 30개소에 추가 시추작업이 이루어지기도 하였으나 큰 성과는 없이 산유국의 꿈도 사라졌다. 하지만 포항종합제철의 건설사업은 계속되었다. 3월 31일에는 2기 구내 수송 수배전 가스 중유

시험검정 증기 설비가 준공되었고, 5월 1일에는 조강 연산 260만 톤의 제2고로 설비가 준공되었다. 8월 1일에는 생산 규모 증강을 위한 제3기 확장공사에 착공하는 한편 11월 10일에는 형산강 유로 변경공사까지 착수하였다. 1977년 2월 말에는 연산 48만 5천 톤의 냉간압연공장의 준공을 보았으며 6월 30일에는 포항성모병원이 개원하였다. 1978년 10월에는 철강공단의 제2단지 조성사업이 시작되었고, 12월에는 제3기 설비도 준공되어 조강 연산 규모는 550만 톤에 이르게 되었다.

1970년대의 마지막 해인 1979년 1월 말 포항-삼척간 동해고속도로가 개통되었고 이해에는 선린대학교의 전신인 포항간호전문대학이 개교하기도 하였다. 1970년대에는 이러한 급격한 인구 유입에 따른 주택난이 심각해져 포항시는 1만 1천 905동의 주택을 건축하였다. 그야말로 이 시기를 한마디로 표현한다면 '건설의 포항'이었다.

산업정책형 통제경제기
(산업합리화와 재편)

1979년 10월 26일 이후 국내 정치 상황이 급변하여 1980년 10월 신헌법이 공포되고 1981년 2월 새로운 정권이 탄생하였다. 이 정부는 우리 경제에서 가장 시급한 과제가 그동안의 중화학공업에 편중되었던 투자의 시정과 인플레이션 억제 즉 물가안정이라 인식하고 있었다. 이러한 정부의 인식은 1980년 4월 한국개발연구원(KDI)이 1970년대에는 재벌에 대한 특혜로 인해 그들 기업의 규모가 국가 경제성장률의 3배가 넘을 정도로 팽창하였다는 내용의 보고서를 발표한 것으로도 짐작할 수 있다. 그해 8월에는 제1차 중화학부문에 대한 투자조정이 이루어졌고 9월에는 20대 재벌에 대한 계열기업 정리 작업이 시작되었다. 10월에는 전경련에서 한국기업들의 타인자본 가운데 금융기관 차입이 45.7%에 달한다는 조사 결과를 발표하였다. 11월에는 창원에 건설 중이던 기계업체인 현대양행이 도산함에 따라 국유화하면서 회사명을 한국중공업으로 바꾸었다. 정부가 강력하게 추진하였던 직접적인 투자조정방침에서 자동차산업도 예외는 아니었다. 1981년 2월 승용차는 현대와 대우로, 버스와 트럭은 기아와 동양의 합병회사로 집약시킨다는 방향이 결정되었다.

1980년대 들어 국가 경제 전반에 걸친 산업합리화의 물결 속에 그동안 경제개발 계획에 따라 운용되어왔던 산업, 민간 기업, 공기업을 불문하고 정부의 강력한 통제하에 산업합리화와 재편 작업이 꾸준하게 추진되었다. 1983년 5월 12일에는 24개 정부 투자 기관에 대해서도 경영 개선 촉진을 위한 관리개선방안을 발표하는 등 공공부문에 대한 수술에도 착수하였다. 그러한 흐름 속에서 1985년에는 당시 정권과 관계가 좋지 않았다고 알려지던 제7위 재벌기업인 '국제상사'가 전격 해체되기도 하였다. 1987년 3월 17일에는 총자산 4천억 원 이상 재벌그룹의 내부 상호출자와 출자총액한도를 제한하는 제도를 도입하였다. 두 달 뒤 5월에는 25개 정부 투자기관과 포항종합제철을 포함한 6개 정부 출자기관에 대해서도 단계적으로 민영화를 추진하겠다는 방침이 발표되었다.

1980년대 전반 신정권이 마련한 제5차 5개년 계획(1982~86년)은 과학과 기술로 1980년대 중 선진국에 진입한다는 기치를 내걸고 과학기술의 발전에 주목하였다. 다소 늦기는 하였으나 한국으로서도 점차 임금이 싼 나라들의 추격을 감지하고 있었기에 공업생산의 질적 수준 향상을 지향한 것이다. 하지만 아무리 정부의 의지가 강력하다고 하더라도 그리 쉽게 오랫동안 굳어진 경제 체질이 순식간에 변화할 수는 없는 것이다.

1980년대 전반기는 미국의 레이거노믹스에 의한 수입 급증으로 대미 수출이 확대되고 1970년대에 집중적으로 육성하였던 중화학공업에 대한 투자 효과까지 점차 나타나기 시작한 덕분에 수출에서 차지하는 중공업 제품 비율이 1983년에는 50%를 넘길 정도였다. 1985년 가을 플라자합의로 진전된 급격한 엔고 현상에 힘입어 1986년부터 3년 동안에는 무역흑자를 달성하기도 하였다. 이른바 3저 현상(원화 약세, 국제금리 저하, 일차산품 원유의 가격하락)이 이 시기 한국경제를 지탱하였고 이러한 호경기는 1988년 서울올림픽 개최까지 이어졌다. 그러나 대미무역흑자가 확대되자 미국으로부터 원화 절상 압력이 거세어져 대미 달러 원화 환율은 1986년 연평균 1달러당 881.5원이었으나 1989년에는 671.5원으로 무려 31.3%나 절상되었다. 이번에는 지금까지와는 반대로 3고 현상(원화강세, 고금리, 고물가)이 한국경제의 발목을 잡고 말았다.

그러나 제5차 5개년 계획도 중화학공업에서 기술 집약형으로 수출주도산업을 바꾸었을 뿐 기본적인 성장전략 자체에 큰 변화가 있었던 것은 아니었다. 더구나 1981년 말부터 시작된 부실

기업정리 역시 특혜 금융을 통해 이루어졌고, 그 과정에서 파생된 금융사고를 계기로 1982년에는 은행 민영화와 실명제(은행예금부문)를 실시하기도 하였다. 성장은 지속되었으나 경제사회 전반에 만연했던 부패와 비리는 증대되고 빈부격차는 확대되었다. 당시 이와 같은 비리 척결을 위한 정화 운동이 다방면에 걸쳐 추진되고 있었으나 중앙집권적인 관리경제 체제의 한계성이 대형 금융사고로 이어지는가 하면, 경제적 불균형과 불평등이 증폭되면서 한국 사회는 전반적으로 불안정한 분위기였다. 결국 제6차 5개년 경제개발계획(1987~1991년)에서는 분배의 형평 문제가 시급한 과제로 대두되었다. 이에 따라 토지와 주택의 원천적 문제해결, 정부 정책의 분권화와 민간주도형 체제로의 이행, 지방자치제도의 실시, 그리고 자유로운 노동조합의 쟁의 활동 등의 허용이 큰 비중을 차지하게 되었다. 이러한 일련의 움직임으로 인해 광복 이후 일관되게 유지되었던 한국경제의 원조자금에 의한 통제경제체제, 중앙집권적 계획경제체제에 기반하는 정부 주도 경제성장의 원칙이 점차 약화되는 계기를 맞이하였다.

그러나 1980년대 후반부터 우리나라의 경제사회는 학생, 노동자 등의 민주화 요구 데모 등 심한 혼란기를 맞았고, 부정부패와 비리 그리고 사회기강과 윤리의 타락 등이 표면화되는 한편 경제적으로도 총체적 난국이라 할 만큼 어려운 상황에 빠졌다.

이러한 현상은 오랜 기간에 걸쳐 유지되어왔던 정부의 강력한 중앙통제형 국가 경제 운영방식이 민주화운동의 열풍과 맞물리면서 조금씩 고삐가 풀리기 시작한 것과도 관련이 깊다. 이는 일부 선별적인 특혜적 통제와 일부 자율적인 기업의 경영전략에서 오는 한계와 모순이 드러나자 이를 최대한 자유시장경제와 통제경제 체제 사이에 자율적인 균형을 찾아가는 조정과정에서 나타나는 일종의 성장통이었다고 본다.

1980년대 들어서는 국내 유통산업도 유통산업 근대화 촉진법이 제정되는 등 새로운 전기를 맞이하여 읍면 단위가 아닌 도시지역에서는 정기적으로 열리던 시장이 대부분 상설시장으로 바뀌었다. 포항지역에서도 이러한 시대적 흐름에 따라 소비자의 다양한 수요에 부응하기 위한 축산시장, 농수협 공판장, 농수산도매시장, 농협 연쇄점 등이 개설되는 등 소비자의 기호를 충족시키기 위한 다양한 변화가 시도되었다. 1980년 초부터는 죽도시장, 북부시장만이 아니라 소비자의 편의 제공과 더불어 영세상인의 생활 터전을 마련할 목적으로 동해종합, 대해, 양학, 송도, 새해도시장 등이 잇달아 개설되었다. 재래시장의 이러한 움직임은 도시인구의 증가로 포항지역 곳곳으로 아파트가 분산 건립되면서 기존의 시가지 거주인구가 도시 외곽으로 확장되자 시내의 유통상권도 이에 맞추어 분산되기 시작했음을 의미한다.

결과적으로는 구도심에 자리하였던 죽도시장의 경우 일반 공산품 상가 500여 점포, 회상가 400여 점포, 건어물 상가 100여 점포 등 약 1천 160개 점포를 보유할 정도로 급팽창하며 동해안 최대의 재래시장으로 명성을 높이고 있었으나, 한편으로는 시내 곳곳에 재래시장들이 신규로 개시하여 기존의 재래시장 소비자가 분산됨에 따라 전반적으로 침체국면에 접어들기 시작하였다. 거기에 주차난, 교통망의 혼잡, 불결한 시장환경 등으로 인하여 특히 젊은 청년층 소비자들에게 외면당하기 시작하였고 급변하는 소비 패러다임의 변화에 소비자가 원하는 서비스를 적기에 제공하지 못하면서 시일이 경과 할수록 쇠퇴일로[43]를 걷기 시작하였다.

포항지역의 유통시장은 영일군의 경우 정기시장이 주류였으나 포항 시내는 1980년대 중반부터 백화점, 슈퍼마켓, 쇼핑센터 등 대형소매기구들의 진출 현상이 뚜렷하게 나타나며 분리되기 시작하였다. 이러한 유통업계의 변화는 기존의 재래형 유통기관에 크나큰 위협요인으로 작용하였다. 일제 강점기 시절에는

---

43 이러한 현상은 2000년대에 이르러서도 여전히 지속되고 있다. 결국 전통시장은 소비자들의 소비행태나 소비패러다임이 빠른 속도로 변화하고 있는데도 종전까지 앉아서 손님이 방문하기를 기다리기만 하는 종래의 경영방식에서 탈피하지 못함에 따라 당연히 타 지역에서 물건을 가져와 마진을 얹어 파는 방식만으로는 생존하기 힘든 환경에 노출되어 있다. 발 빠른 홈페이지개설과 택배시스템, 같은 시장 내에서의 통합결제시스템과 같은 시대적 변화에 누가 먼저 적응하는가에 앞으로 포항지역 재래시장의 생존 여부가 결정될 것이다.

중정(仲町; 나카초)으로 한때 번영하였던 포항시 중심지에 자리한 중앙상가는 1970년대 들어 본격 형성된 신흥 상가였기에 고객층도 젊은 층과 중산층이 많아 주로 고급품을 거래하면서 그동안 지역에 없었던 백화점의 기능을 대신하는 역할을 수행하였다. 육거리를 기점으로 지금은 사라진 포항역까지 이어졌던 이 상점가는 고급의류점, 제화점, 스포츠웨어점, 귀금속점, 음식점, 제과점 등 전문점이 집중되어 한때는 포항지역 경기를 눈으로 가늠해보기 좋은 바로미터이기도 하였다. 적어도 1990년대 중반까지 중앙상가는 호황을 누렸으나 점차 시민의 소득수준이 높아지고 소비패턴이 변화하면서 대구, 부산 등 대도시의 백화점과 지역에 생겨난 대형백화점에 부유층 고객을 빼앗기면서 상권이 위축되기 시작하였다. 이러한 상황에서 급성장하고 있던 포항의 유통시장을 공략하기 위해 대구의 동아 슈퍼체인이 문을 열어 약진하였고 여타 유사한 규모의 슈퍼마켓들도 생겨나 포항의 유통업계는 치열한 전쟁터로 변화하였다.

슈퍼마켓은 1980년대 중반까지는 전성기를 누렸으나 1990년대에 들어서부터는 대부분 외국계와 국내 대기업이 운영하는 편의점에 흡수되거나 경영부실로 문을 닫게 되었다. 편의점은 상대적으로 소규모 매장이지만 소비자 생활방식의 변화에 따라 주택가 부근에 자리하여 24시간 중 언제든지 이용할 수 있다는 장점이 컸다. 게다가 재고 회전이 빠른 상품을 다품종 소량으로 갖추어 젊은 청년층들이 원하는 제품들을 빠른 기간에 갖추는 등 그동안 재래시장만 보아왔던 지역 청년 소비자들에게는 전혀 차원이 다른 소비자 만족을 주며 그들의 마음을 사로잡았다. 먼저 인덕지역에는 1982년 12월 25일 슈퍼와 쇼핑 등이 문을 열었고, 1985년 11월에는 동아마트가, 1987년 10월에는 효자 동아 슈퍼체인이 개점하였다. 특히 대형소매점인 대구백화점은 1988년 5월 신라쇼핑을 인수하여 1988년 9월 12일 포항 최초의 대형백화점인 대백쇼핑을 개업함으로써 포항 유통업계를

그림 10. 대백쇼핑의 포항진출 기사

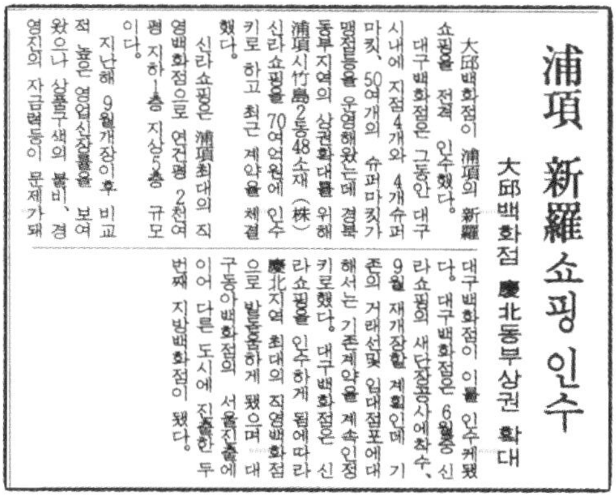

浦項 新羅쇼핑 인수

大邱백화점 慶北동부상권 확대

大邱백화점이 浦項의 新羅쇼핑을 전격 인수했다。

대구백화점은 그동안 대구시내에 지점4개와 4개슈퍼마킷, 50여개의 슈퍼마킷가맹점등을 운영해왔는데 경북동부지역의 상권확대를 위해 浦項시竹島2동48소재 (株)신라쇼핑을 70여억원에 인수키로 하고 최근 계약을 체결했다。

신라쇼핑은 浦項최대의 직영백화점으로 연건평 2천여평 지하1층 지상5층 규모이다。

지난해 9월개장이후 비교적 높은 영업신장률을 보여왔으나 상품구색의 불비、경영진의 자금력등이 문제가돼 대구백화점이 이를 인수케됐다。 대구백화점은 6월중 신라쇼핑의 새단장공사에착수、9월 재개장할 계획인데 기존의 거래선및 입대점포에대해서는 기존계약을 계속인정키로했다。 대구백화점은 신라쇼핑을 인수하게 됨에따라 慶北지역 최대의 직영백화점으로 발돋움하게 됐으며 대구동아백화점의 서울진출에 이어 다른 도시에 진출한 두번째 지방백화점이 됐다。

뒤흔들었다.(〈그림 10〉 참조) 기존의 동아마트(동아백화점)는 인덕, 효자에 슈퍼마켓, 쇼핑센터를 개설하여 근처 영세 소매상인들의 상권을 서서히 잠식하기 시작하였다.

1980년대의 포항지역 경제는 정부의 강력한 산업합리화 재편의 흐름 속에서도 주력 산업인 철강산업이 성장단계에 있었기에 별다른 영향을 받지 않고 순조로운 성장세를 유지하였다. 그리고 이러한 지역 경제의 성장세에 힘입어 1985년 포항시 인구는 26만 1천 256명까지 늘어났다. 1985년에는 포항공과대학교가 설립되는 등 지역의 교육인프라도 더욱 확충되었다. 인구의 증가는 당연히 서비스산업의 발전을 동반하기 마련이다. 1986년에는 대한항공 김포노선이 13년 만에 재취항하였고 그 이후 한동안은 국내 도시 가운데 높은 탑승률을 자랑하기도 하였다.

다만 도시 경제가 활성화되고 인구가 늘어나면서 폭발적인 성장세를 지속한 유통수요를 기존의 재래시장이나 중소 영세점포들이 적기에 대응하지 못하는 동안 전국 규모의 대형백화점, 유통 체인점 등이 진출하면서 포항의 재래형 유통 산업부문은 마치 구조 조정기와 같은 무한경쟁 체제하에서 변화를 강요받는 어려움을 맞이하였다.

대외개방형 자유경제기
(세계화와 시장개방)

　1987년 6월 대통령직선제 수용 등을 포함한 이른바 '민주화 선언' 이후 1988년 2월 새로운 대통령이 취임하였다. 그때부터 한국경제 산업계에 봉인되어 있던 노동조합 활동의 고삐가 풀리는 자유화가 진전되어 노동쟁의건수가 급증하고 노동자들은 기업 경영진과의 단체임금 교섭 결과로 얻어낸 대폭의 임금상승을 처음으로 경험하기도 하였다. 그에 따라 우리나라의 노임단가는 대만을 능가하고 일본의 2분의 1 정도 수준까지 올라가게 되었다. 당연한 결과지만 그동안 값싼 임금에 기대어 가격경쟁력에만 의존해 왔던 대부분의 노동집약적 조립 산업들은 국제 무역시장에서 경쟁력을 잃을 수밖에 없었다. 그러한 요인이 복합적으로 작용하기 시작하자 1990년부터는 대폭의 무역적자를 기록하기도 하였다.

　이와는 대조적으로 민주화의 진전과 활발한 노동조합 활동의 결과로 임금 등 소득수준이 빠르게 개선되기 시작한 가계의 민간소비 수요는 폭발적으로 확대되기 시작하였다. 1989년 이후 우리나라도 본격적인 대중 소비 시대를 맞이하게 되어 국가 경제 전체에서 차지하는 민간소비의 비중도 점차 확대되기 시작하였다. 이는 IMF외환위기 기간을 제외하면 1990년대 전 기간에 걸쳐 국내총생산에서 민간소비가 차지하는 비중이 높게 나타나는 것으로도 입증된다. 자연스러운 현상이겠지만 가계의 소득 수준 향상에 따른 구매력의 상승은 1980년대 후반 이후 주식투자 등 재테크 붐과 '강남불패'라는 신조어가 등장할 정도로 부동산 등 자산 버블현상을 심화시켰다. 1992년부터 정부가 아파트를 중심으로 하는 부동산 투기 억제에 나서고 1993년 2월 새로 출범한 정부에서는 금융실명제 실시 등 경제 민주화에 더하여 직전 정부가 추진하였던 북방외교를 넘어서는 세계화, 국제화를 전면에 내세우기 시작하였다.

1992년 3월의 제7차 경제사회발전 5개년계획(1992~96년)은 1993년 '신경제 5개년계획'으로 이름이 바뀌었다. 상당 부분 기존 계획과 중복되는 점도 있었으나 계획 입안의 출발점 자체는 달랐다. 기존 계획은 제6차 계획의 연장선에 놓여있었다. 하지만 신경제계획은 과거의 계획과 성과를 비판적인 시각으로 재평가하고 새롭게 민간의 참여와 창의 유발을 통한 '신경제 건설'을 강조하였다. 이를 위해 그동안의 관행과 제도 가운데 부적합한 것은 철저하게 개혁한다는 것이 계획의 입안 취지였다. 다시 말해 그동안의 경제개발 5개년계획이 시장 보완적인 경제성장에 초점을 맞춘 종합프로그램이었다면 신경제계획은 그동안의 계획으로 왜곡된 시장과 경제질서를 바로잡는 개혁프로그램의 성격을 나타내었다. 당시 정부는 그간의 중앙통제식 계획관리 경제운영 방식으로는 향후 추가적인 성장과 발전이 어렵다는 것을 인식하고 있었던 것이다. 이에 따라 경제정책의 기본노선도 분권화, 자율화, 개방화, 세계화를 표방하여 적어도 국가 경제가 나아갈 경제운용 방향이 중앙집권적 관리경제에서 벗어나는 것이었던 것만은 분명하다.

여하튼 신경제 5개년계획은 가장 먼저 계획 기간 내에 우리 경제를 선진 경제권으로 끌어올린다는 목표를 세우고 성장잠재력의 확충, 국제시장기반의 강화, 그리고 국민 생활 여건의 개선에 중점을 두었다. 1994년에는 '세계화 정책'이라는 이름으로 다시 한번 변화하였으나 경제정책의 근본골격 자체는 큰 차이가 없었다. 이 또한 기본적으로는 경제 제도를 전반적으로 개혁하여 급변하는 국내외 환경변화에 적응하면서 국가 경제를 선진화시킨다는 개혁과 개방 그리고 선진화라는 핵심 주제는 그대로 유지되고 있었기 때문이다.

1990년대는 세계화, 글로벌화 등의 용어가 뉴스를 자주 장식할 정도로 해외투자도 활발해졌다. 당시 우리 기업들은 단순 인건비 절감 등에만 의존해왔던 기존의 경영행태를 그대로 유지하면서 일본이 1985년 플라자합의 이후 진전된 엔고 현상 극복을 위해 해외로 공장을 이전했던 사례를 따라 대만의 추격 등에 대항할 목적으로 국내 공장의 해외이전에만 힘을 쏟았다. 이와 관련한 자금조달은 대부분 해외에서 이루어졌는데 과거와 달리 정부는 전혀 간섭하지 않았다. 한국의 대기업들 가운데 일부는 해외지사에서 차입한 외화를 동남아시아나 러시아 등지에서 고금리로 운용하면서 이자 차익을 벌어들이는 일에 눈을 돌리기도 하였다. 금융자유화를 배경으로 재벌기업들은 해외에서 저리로 조달한 자금으로 국내 설비투자나 해외투자를 늘리는 한편 심지어는 파생금융 상품까지 손을 대기도 하였다. 그러나 점차 설비투자가 과잉상태에 들어서자 거액의 투자로 인한 외형적인 매출은 늘어났지만 설비가동률을 높이기 위한 저가 수주 경쟁을 거듭한 결과 수익률은 낮아질 수밖에 없었다.

1980년대부터 물꼬를 트기 시작한 자유화의 바람은 점차 가속화되기 시작하였다. 1990년대 들어선 이후부터는 미국의 자본시장개방 압력도 더욱 거세어지기 시작하였다. 이러한 세계정세의 움직임 속에서 선진국 진입의 꿈에 부풀어 경제개발협력기구(OECD) 가맹국 지위를 노리던 한국 정부에 OECD로부터 가

맹조건의 사전 정비라는 이름으로 다양한 개방 요구가 나오기 시작하였다. 외환자유화 등 당시 한국의 사회경제 체제가 지닌 펀더멘탈을 훨씬 상회하는 이와 같은 무리한 자유화 조치가 연이어 단행되었다. 게다가 종합금융회사의 경우에는 경영관리 능력을 제대로 검증하지도 않은 채 비교적 안이하게 설립을 허가하였다. 이들은 오프쇼어시장에서 단기자금을 차입하여 국내에서 고리의 장기대출로 자금을 운용하는 무모한 이자놀음에 빠진 경영을 하는 곳도 적지 않았다.

이 당시 정부가 중앙집권적 관리통제체제에서 벗어나 시장기능을 활성화하여 경제의 효율성 향상과 형평성 제고를 도모한다는 제도개혁의 방향 자체는 이상적인 시도였다. 그러나 처음의 개혁 의지와는 달리 제도개혁도, 중앙집권적 관리통제체제의 속성에서 벗어나지도 못하였다.

포항지역에서는 1990년대 들어 추진된 세계화, 자유화의 흐름과 무관하게 도소매업 부문이 빠른 속도로 확장되었다. 1990년 시점에는 도소매 업체가 97개(이중 도매 44개)였으나 1994년에는 173개(이중 도매 87개)로 거의 2배 가까이 확대되었다. 종업원 수는 1990년 1천 746명에서 1994년에는 4천 410명으로 약 2.5배 증가하였다. 업체당 평균 종업원 수도 1990년에는 18.0명으로 전국평균 17.1명보다 조금 많았지만 1994년에는 25.5

명으로 전국평균 18.4명을 훨씬 상회하는 고용을 창출할 정도로 포항지역 도소매업 등 유통산업 분야에서는 양적 성장이 두드러진 모습을 보였다.

실제 1990년 중반 대형유통업체인 대구백화점과 동아백화점의 포항지역 진출은 다양화된 상품과 고급화된 서비스로 시민들의 소비 만족도를 높이면서 매출이 급성장하기도 하였다. 당연한 이야기지만 이에 대한 반작용으로 재래시장과 영세유통기관들의 매출은 상대적으로 부진해질 수밖에 없어 신규 개점하는 대형유통업체에 대한 기존 상인들의 불만은 커질 수밖에 없었다. 그러한 흐름 속에서도 포항의 재래시장은 도시가 계속 팽창됨에 따라 1990년대 들어선 이후로도 계속 각 지역으로 개시하는 곳을 늘려갔다. 해도5시장은 1990년 1월 13일, 용흥시장과 두호1시장은 1991년 12월 16일에 주변 지역의 아파트 주민를 염두에 두고 개설되었으며 그 후 상원동에는 프라이비트, 지곡동에는 신단지 구매시설이 1995년에 들어서기도 하였다.

1990년대에는 도시가 발전하면서 유통 부문만 성장한 것이 아니라 한국 최초의 축구 전용구장인 포항스틸야드가 1990년 준공되었고, 같은 해 포항에 본사를 두고 있으면서 지금은 경북지역 대표 언론사로 자리매김하고 있는 경북일보와 경북매일신문이 연달아 창간되었다. 1994년에는 우리나라의 기초과학연구 발전에 크게 기여하고 있는 포항가속기연구소의 제3세대 방사광가속기가 준공되는 등 포항지역에는 기초과학, 소비기반, 정주 여건 개선 등 다양한 여타 기반 시설들도 착실하게 확충되었다.

1995년 포항시 인구는 행정구역 개편으로 1년 전인 1994년 말 32만 7천 504명에서 일약 51만 867명을 보유하는 대도시로 탈바꿈하게 되었다. 그동안 포항시가 벽돌을 쌓듯이 성장과 균형을 맞추면서 차근차근 체급을 키워왔던 것과 달리 일거에 도농복합도시로 전환하면서 그동안의 도시 발전 프레임의 균형축이 흔들려 버렸다. 통합 포항시가 출범하던 해에 포항종합제철은 사실상 본사의 기능을 서울로 이전하였다. 1996년에는 영일만항의 개발에 착수하였으며 1998년에는 대구-포항 고속도로를 착공하였고 1999년에는 국내 최초로 전국지능로봇경진대회를 개최하는 등 포항지역의 외형적인 경제상황은 여전히 활발한 모습을 보였다.

포항의 도시 발전 역사상 최고 전성기였다고 평가할 수 있는 1970년부터 통합 포항시 출범 직전인 1994년까지의 25년간 포항시 인구는 1970년 7만 9천 451명에서 1994년 32만 7천 504명으로 무려 4.1배나 팽창하였다. 도농통합으로 영일군 인구를 흡수한 1995년 직전까지 순수하게 포항시 자체의 경제 사회적 내부요인으로 일구어낸 인구 증가 효과인 것이다. 이는 전적으로 포항종합제철이 포항에 들어선 이후 국내 철강재의 독점적 공급기지로서 한국을 대표하는 철강 도시로 도약하는 과정에서 일구어낸 그야말로 '형산강의 기적'이라 부를 이 성과는 달리 표현한다면 '포항종합제철의 경제파급효과'였다고도 평가할 수 있을 것이다.

구조조정형 시장경제기
(IMF 외환위기와 극복)

　우리 경제는 1980년대 후반 이후부터 금융 부문은 물론 산업 정책에서도 자유화가 조금씩 시도되기 시작하였다. 1985년 공업발전법 도입 이후의 산업정책은 부문별 육성정책에서 산업합리화프로그램에 따른 우대조치로 이행하면서 국제경쟁력 강화 노력도 게을리하지 않았다. 그러한 흐름 속에서 1990년대 초에 출범한 신정부는 규제 완화라는 이름으로 전방위적인 자유화 정책을 더욱 강력하게 추진하였다. 삼성그룹이 자동차산업에 진출한 것을 필두로 여타 재벌기업들도 종래 자신들이 장기로 삼고 있던 사업 영역을 벗어나 너도나도 문어발식 확장으로 경영범위를 넓히기 시작하였다. 그러나, 모든 산업 분야에 걸쳐 전면적인 자유화가 진전된 것은 아니었다. 포항지역 경제의 핵심이었던 철강업도 그중 하나였다. 현대그룹의 오랜 숙원사업이었던 고로 일관제철소의 건설 계획은 불허되어 현대제철은 냉간 박판 압연 설비를 건설하는 데 만족해야만 하였다. 반면 당시 정권과 밀접하였던 한보철강은 환원철에 의한 일관제철소 건설을 허가받기도 하였다.

신경제정책을 정부가 의욕적으로 추진하였으나 계획하였던 당초의 목표는 결국 달성하지 못하였다. 계획 기간 중 경제성장률은 계속 하락하였고, 물가는 상승하였으며, 국제수지 적자는 확대되기만 하였다. 이에 따라 우리나라의 총외채도 빠른 속도로 늘어나기 시작하였다. 1992년 총외채는 428억 달러로 국민총생산 대비 14% 정도 수준에 머물렀으나, 1997년에는 무려 1천 544억 달러까지 불과 5년 만에 2배 이상으로 늘어나 국민총생산 대비 35% 수준까지 팽창하였다. 당시 정부가 내세웠던 개혁정책과 세계화의 꿈은 1997년 11월 IMF체제가 열리면서 신기루처럼 사라져 버리고 말았다.

IMF외환위기를 맞이하기 직전까지 30여 개에 이르던 종합금융회사 대부분은 영업정지처분이나 폐쇄 명령 대상이 되고 이후 생존한 곳은 몇 개 남지도 않을 정도였다. 오랫동안 정부의 지휘감독을 받으며 피동적인 경영을 해왔던 국내 은행 부문도 예외는 아니었다. 급박한 자유화와 민영화의 파도에 그동안 누적되었던 대규모 부실채권을 감내하면서 순수한 경영 능력으로 생존에 성공한 곳은 불과 몇 곳뿐이었다. 정부의 눈치를 보면서 자율적인 경영과는 거리가 멀었던 관치금융 체제에 물들었던 그들의 체질 개선이 단기간 내 이루어지지 못한 점도 원인 중 하나였다.

1990년대 후반 들어서도 표면적인 국내 거시경제지표에서는 눈에 뜨일 만한 위험신호가 보이지는 않았었다. 하지만 태국 등 동남아시아가 외환위기를 겪는 동안 큰 손해를 경험한 일본 등 해외금융기관들은 1997년 하반기부터 해외에서 운용하던 자금들을 모두 회수하기 시작하였다. 이에 따라 한국에서도 1997년 후반부터 급속한 외환위기에 노출되어 원화 가치가 폭락하고 보유외환고가 고갈되어 결국 국제통화기금(IMF)에 구제요청을 하기에 이르렀다.

그에 앞서 사실상의 국가 위기를 알리는 신호탄이었던 한보철강은 1997년 1월, 삼미그룹 3월, 진로그룹 4월, 기아그룹 7월 등 재벌과 대기업들의 사실상 파산이 줄을 이었다. 정부는 IMF에 580억 달러의 긴급융자를 요청하는 한편 정부 자신도 86.1조 원에 이르는 부실채권을 매수하였다. IMF가 내세운 엄격한 융자조건은 우리 경제에 큰 피해를 초래하였다.

IMF 외환위기가 도래하기 직전인 1996년만 하더라도 포항지역에서는 3월부터 9월까지 무려 2천세대의 아파트가 지어졌다. 그리고 10월 15일에는 포항제철이 광양제철소의 제5고로 용광로 건설에 착공하고 12월에는 영일 신항만 개발을 위한 공사에 착수하는 등 시민들의 눈에는 국가 경제에 드리운 그림자란 전혀 보이지 않는 밝은 모습 뿐이었다.

그러나 해가 바뀐 1997년 6월 27일 동해안에 규모4의 지진이 발생하여 건물이 흔들려 한밤에 대피하는 소동까지 벌어졌다. 이것이 어쩌면 포항에 밀려오는 위기의 전조였는지도 모른다. 7월 18일에는 결국 국내 각 기업에 유동성 위기가 다가오자 포항종합제철은 기아자동차로부터 대금 3백억 원을 받지 못하여 강판 공급을 중단하기도 하였다. 이 시기를 전후하여 주요 철강업체들이 경영 위기에 빠지자 포항종합제철의 계열사인 창원특수강이 삼미특수강을 인수하기도 하였다.

1997년 11월 공식적인 정부의 IMF에 대한 구제금융 지원요청으로 시작된 이른바 IMF외환위기 사태로 인해 포항지역에서도 구조조정의 바람이 불기 시작하였다. 1998년 1월 31일 포항종합제철은 17개 계열사 가운데 4개 사를 통폐합, 매각하는 구조조정 방안을 차기 정권을 책임질 대통령직 인수위원회에 보고하였다.

새로운 정부가 1998년 "외국인 투자유치 촉진법"을 제정하여 부동산의 외국인 소유를 전면 허용함으로써 부동산 시장에 대한 외국인의 법적 진입장벽이 완전히 제거되었다. 게다가 이해부터는 시장개방과 각종 규제철폐를 통해 유통산업을 제조업 수준으로 육성한다는 목적이 컸던 유통산업발전법마저 시행되었다. 이에 따라 포항지역에서도 외국계 자본의 편의점 등이 급증하면서 골목상권에는 일대 충격이 일어났다. 패밀리마트, LG25, 세 븐일레븐 등 다양한 프랜차이즈 편의점이 무차별 상륙하자 죽도 시장 등 포항의 기존 재래시장과 동네 골목상권들은 그때까지의 전통적인 경영방식을 계속 고수해서는 생존하기 어려운 여건이 형성되었다.

1999년 9월에는 그린프라자(메가마켓), 12월에는 킴스클럽까 지 포항 시내로 입점하여 죽도시장을 비롯한 재래시장들은 지금 까지 이상으로 위축되었다. 상가번영회를 중심으로 활성화에 노 력하여 정부 혹은 비정부기관에 건의 호소하고 영세 상인들이 협력하여 시장 살리기 운동도 전개하였으나 소비자들의 소비패 턴 변화와 지금까지 경험해 보지 못했던 서비스에 높아진 눈높 이를 맞추지 못하는 기존의 재래시장 등 지역의 영세 유통업계 가 도태되는 흐름은 인위적으로 막을 수 없는 것이었다. 이때로 부터 수십 년이 지난 2020년대에도 여전히 이러한 경향은 변하 지 않고 있다.

1999년 9월 16일 재정경제부가 국제통화기금으로부터의 긴 급자금 134억 달러를 모두 상환하고, 1999년 11월 4일 우리나라 가 순채권국으로 전환했음을 공표하기까지 약 3년간에 걸친 국 가 위기 상황에서도 포항지역 경제에 눈에 드러날 정도의 외형적 인 충격은 그리 크지 않았다. 포항시민들은 2000년대 들어선 이후 포항경제가 마이너스 성장률을 수시로 기록할 때마다 '예전 IMF 시절에도 이렇게 어렵지는 않았다.'는 말을 입에 담는다. 사실 그 말이 결코 과장된 것은 아니다. 국가 경제가 위기에 빠졌던 시절이었어도 포항지역에서는 1998년 3월 효자그린 2단지 2천 130세대를 비롯하여 1999년 순채권국 전환을 발표하는 11월 4일까지 무려 2천 414세대의 아파트가 추가 준공(사용승인)되는 등 아파트 붐이 한창이었다. 포항 시내에 민간 주거용 아파트 붐이 일어나는 동안 1998년 4월에는 대구-포항간 고속도로 공사가 착공하였으며, 1999년 3월 말에는 광양제철소의 제5고로가 준공되었고, 10월 27일에는 포항지능로봇연구소(현 한국로봇융합연구원)가 국내 최초로 '전국지능로봇경진대회'를 개최하였다. 그해 12월에는 호미곶 해맞이광장과 지금까지도 포항을 상징하는 조형물이 된 지역 토생 재벌그룹인 대아의 창업주가 기증한 '상생의 손'이 준공되어 새로운 천년을 맞이하느라 정신이 없었다. 이는 당시는 물론 지금도 마찬가지지만 포항지역의 경우에는 IMF 외환위기를 느낄만한 소비자와 직접 거래를 통해 경기의 변화를 감지할 수 있는 최종소비재와 관련된 산업이 존재하지 않았기에 국가 경제의 위기상황에서도 지역 경기가 급격하게 냉각되는 파급효과가 나타나지 않았기 때문이다. 아이러니하게도 포항지역 경제구조의 약점이 이 시기에는 장점으로 작용했던 셈이다.

무한경쟁형 창조경제기
(효율성추구와 창의혁신의 교차)

말도 많았던 2000년 문제(Y2K)가 조용히 지나가고 새로운 천년인 21세기를 맞이한 2000년 11월 10일 포항지역에도 대형백화점인 롯데백화점이 경북 제1호점이라는 이름으로 영일대해수욕장 인근에 자리를 잡았다. 포항에 제대로 된 전국구 대형백화점이 진출한 것은 포항시민들에게 지역에서 즉시 고급 유통제품을 접하고 살 수 있다는 소비 만족도를 크게 높이는 기회로 작용하였다. 이에 따라 포항의 롯데백화점은 입점한 지 얼마 되지 않아 연간 매출액이 1천억 원 이상을 돌파하는 등 지역 유통경제에 돌풍을 일으켰다. 그 후로도 소비자의 욕구 충족을 위한 서비스 개선과 문화교실 운영 등으로 큰 호응 얻었다. 하지만 다른 한편으로는 대형유통 기관의 포항 진출로 기존에 지역 유통권을 쥐고 있던 죽도시장과 중앙상가 등 재래형 유통업계에는 편의점의 진출 러시가 이루어질 때보다 더 큰 충격을 주었다. 특히 죽도시장의 의류점, 잡화점, 중앙상가의 고급의류 전문점 등은 직격탄을 맞았다. 이에 맞서 죽도시장과 중앙상가 상인들은 상가 활성화를 위해 다양한 행사를 기획하고 경기회복을 위한 이벤트를 개최하기도 하였으나 큰 효과를 거두지는 못하였다. 더구나 IMF 외환위기 이후 지역 경기가 더욱 위축되고 부진이 계속되는 동안 차 없는 거리를 조성하는 등 고객유치에 나섰으나 마음이 돌아선 소비자의 발길을 되돌릴 수는 없었다. 중앙상가는 이미 1999년 12월 킴스클럽 대형점이 포항역 앞에 개설되면서부터 위축되기 시작하고 있었다. 서울 동대문, 남대문에서 현대식 경영기법으로 운영되던 의류판매 업체 인터밀라노가 중앙상가에서 개점하기도 하였으나 경영상 문제점으로 오래가지 못해 폐점되기도 하였다.

지역 국회의원, 시장, 기업, 사회단체가 함께 재래시장 상품권 구매 등을 통한 '재래시장 살리기 운동'에 나섰으나 재래시장 활성화라는 것은 결코 이와 같은 '운동'으로 이루어질 수 있는 것이 아니다. 무엇보다도 가격파괴, 시간파괴, 유통경로 파괴 등을 내세우며 소비자들에게 환영받고 있던 신세계 이마트, 삼성 홈플러스, 월마트와 같은 대형할인점의 포항진출은 재래시장과 중앙상가는 물론 동네 구멍가게에 이르기까지 광범위한 영향력을 발휘하였다. 특히 거대한 자본을 배경으로 진출한 이마트, 월마트의 개점 초기에는 시민들이 일거에 몰려들어 그 일대의 교통이 마비될 정도로 판매촉진 활동도 활발하였다. 그 후로도 우후 죽순 격으로 대형 유통업체들이 많이 진출하였다. 죽도동에는 LG유통, 지곡동에는 롯데마트 등이 진출하였다. 월마트는 이후 포항에서 철수하여 이마트로 흡수되었다. 또 포항 중심가인 죽도동 오광장에는 롯데슈퍼가 2006년에 들어섰으며 2007년에는 대이동에 입점한 홈에버가 노사문제로 문을 닫자 나중에 홈플러스로 인수되었다.

포항지역 경제가 2000년대 들어선 이후로도 산업구조 자체가 여전히 철강 중심에서 벗어나지 못하고 새로운 성장동력을 찾지 못한 상태에서 가장 치열한 무한경쟁으로 업계의 지도가 재편을 거듭한 분야는 사실상 상업 유통 부문이었다고 할 수 있다. 결국 2000년 이후 포항지역 경제가 정체된 상황에 있었던 만큼 거의 동결된 포항지역의 소비자 구매력과 유통시장 파이를 재래시장, 편의점, 대형할인마트 등이 점유율 확보를 치열하게 다투는 무한경쟁상태에 있었던 셈이다. 당연한 이야기지만 소비자의 소비패턴 변화와 소비자의 편의를 계속 충족시켜온 대형할인유통업체와 수십 년 전의 거래방식을 고수해 온 재래시장의 경쟁에서 누가 승자가 될 것인지는 굳이 말할 것도 없을 것이다. 그로부터 20여 년이 지난 2023년 현재는 유통업계의 강자로 군림하고 있는 지역의 대형유통점들조차도 비대면, 온라인쇼핑 등

또다시 진화하기 시작한 소비 패러다임의 변화에 상당 부분 포항지역 소비시장의 점유율을 실체가 없는 온라인 시장에 빼앗기고 있다. 이제 국가 경제는 물론 지역경제에서 조차 단순히 인건비 등 비용 절감을 통한 가격경쟁력만으로는 생존하기 어려운 시대를 맞이한지 오래다. 꾸준한 연구개발과 투자를 통한 창의와 혁신으로 한발 앞서 나가야만 시장을 선점할 수 있는 '무한경쟁형 창조경제의 시대'에 우리가 살고 있음을 새삼 인식해야만 한다.

도농복합도시 포항시가 2000년대 들어선 이후 여전히 50만 명이 넘는 인구를 지닌 법적 '대도시'로서의 지위를 유지하고 있지만 도시 전반에 흐르는 여러 모습 중에는 인구 30만 명 시대의 도시 프레임이 여전히 남아 작동하고 있다는 느낌이 들 때가 많다. 한순간에 행정구역 개편이라는 타의로 인구 30만 명의 중소도시가 50만 명 대도시로 도시체급을 바꾸었기 때문이다. 도시가 서서히 성장 발전을 거듭하면서 50만 명의 대도시로 거듭난 도시와 단지 도시 외곽이 행정구역 명칭만으로 통합되어 종전의 경제적 물류와 흐름이 완전히 한 몸으로 합쳐지지 못한 상태에 있는 도농복합도시의 발전 경로와 성장의 효율성이 같을 수는 없다. 사실 인구 50만 명에 어울리는 대도시에 걸맞게 지역의 다양한 자원을 선택과 집중시켜 왔다기보다는 도농 복합적인 도시 성격을 고려하면서 도시재편의 역량도 그동안 편의에 따라 임기응변식으로 분산되었던 측면도 작지 않았을 것이다. 게다가 포항영일신항만 1단계 공사가 완공(2009년)되었으나 이미 그 시점에서는 국내외 경제적 물류의 흐름이 굳혀진 상태였고, 구룡포 근대역사문화거리(2010년), 포항야구장(2012년) 등 도시의 다양성을 갖추기는 하였으나 이것이 도시의 다른 부문과 시너지 효과를 낼 정도로 치밀하게 연계된 도시정책은 아니었다. 그러는 사이에 주력 산업인 철강부문은 중국의 부상과 더불어 정체기에 빠졌다.

포항은 2000년대에 들어선 이후 20년 여년이 지나는 동안 도시 전체를 관통하는 일관된 발전전략과 성장의 방향성을 제시하는 청사진이 없이 그때마다 다른 지자체에서 성공한 사례를 흉내내거나 외형적으로 과시할 수 있는 유행성 이벤트들로 일관해 왔다. 그러는 동안 과거 포항지역 경제의 사전에는 유례가 없었던 마이너스 경제성장률까지 여러번에 걸쳐 겪으면서 의기양양했던 도시 포항의 자존감은 크게 손상되었다.

2015년 개통된 KTX동해선은 교통오지 포항이라는 오명을 씻겨내며 포항시민의 일일생활권을 둘러싼 정주 여건을 크게 개선하였다. 그러나 이와 같은 지역의 교통체계가 변화한 것 치고는 KTX 노선과 연동되는 시내 교통망과의 연계, 시외버스와 고속버스터미널과의 환승망, 동대구역의 신세계백화점 등의 성공사례에서 볼 수 있는 것처럼 다른 대도시에서 역세권 확장을 통한 새로운 경제효과[44]를 창출해 내는 모습은 전혀 볼 수 없었다. 그저 앞으로도 새로운 상업, 유통, 오락 등 실질적인 역세권을 이루는 기반시설에서 관광객이 지갑을 열 수 있는 소비환경을 조성하려 할 때 교육환경 저해 등을 내세우며 최대의 걸림돌로 작용할 가능성이 큰 아파트들만 선제적으로 역 주변을 감싸는 형태로 지어지고 있을 뿐이다.

또 동빈내항 환경복원사업의 결과물인 포항운하가 준공(2014년)되고, 포항-울산 고속도로가 개통(2016년)되면서 포항-경주-울산을 아우르는 '해오름동맹'이라는 느슨한 형태의 지자체 연합이 출범하기도 하였다. 하지만 결국 세부적인 부분에서는 일시적 이벤트로 그친 느낌이 적지 않다. 다년간의 순차적인 실행계획이 빠져있는 동맹의 선언은 결코 '지속가능성'을 담보할 수 없다는 사실만 다시 한번 일깨워주었을 뿐이다. 현대사회의 도시가 성장 발전하는 데는 정주 인구의 증가도 물론 중요하지만 빈번한 인적 자원의 유출입을 이끄는 인구의 밀집과 유동 인구의 팽창은 선진형 산업인 서비스 유통물류 부문의 성장 유인으

---

44 상세는 김진홍(국내외 고속철도 역세권 개발 성공사례와 시사점, 한국은행 포항본부, 2015.1)을 참조

로 더욱 큰 영향력을 발휘한다. 그러한 유동 인구의 규모를 결정 짓는 것은 교통 물류망의 확충이 큰 역할을 하고 또 거기에는 몰려드는 유동 인구가 보고, 먹고, 배우고, 즐길 수 있는 어떠한 핵심적인 기반이 존재하는가에 달려있다.

그 후로도 포항은 2016년 세계적인 수준의 차세대 가속기(XFEL)를 준공하면서 앞으로 바이오 신약 분야에서 새로운 도약을 이루겠다고 선언하기도 하였다. 하지만 분명한 것은 무엇을 설계하고 어떠한 산업을 육성하더라도 지금은 반드시 '생태계'라는 키워드를 염두에 둔 종합적이고도 치밀한 전략적 접근이 필요하다는 점을 잊지 말아야 한다.[45] 지금까지 포항경제가 사실상 철강 즉 철(Iron)과 강(Steel)에만 치중해오면서 일본이나 중국처럼 기계장치산업 발전에 핵심인 금속(Metal) 분야까지 통합되는 형태의 철강+금속 산업으로 진화하지 못하였다. 즉 포항지역 경제가 소재에서 중간재, 최종재로 이어지는 명실상부한 철강산업의 클러스터로 성장하지 못한 약점에 발목을 잡히고 있는 것도 바로 이 생태계의 조성에 소홀히 했기 때문이다.

경제자유구역이 착공되고 경상북도 환동해본부도 유치하였으나 경제자유구역은 최초의 계획보다 크게 규모가 줄어들었고

---

45 상세는 김진홍(포항의 가속기클러스터사업 추진 현황과 향후 과제, 한국은행 포항본부, 2017.2)을 참조

그림 11. 지난 100년간 포항지역의 도시발달에 전환점을 맞이한 충격요인

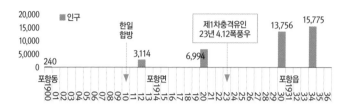

자료 : 김진홍, "근대이후 포항의 도시발전사: 인구변화의 충격유인을 중심으로", 융합문명 RICC
Newsletter, Vol.3 Summer 2019, 포스텍 융합문명연구원

환동해본부와 포항시 간의 긴밀한 협력사업도 그리 많이 추진되지는 않았다.

〈그림 11〉에서 볼 수 있듯이 지난 100년간 포항지역에서는 20~25년 주기로 역사적 전환점을 맞이하였고 그때마다 도시는 새로운 도약을 이루어왔다. 1923년의 폭풍우 참사라는 충격을 겪은 후 포항항이 항만인프라를 제대로 확충하면서 무역항으로 성장을 거듭하였고, 1950년 6·25전쟁의 충격으로 백지화되었던 포항 시내는 시민들의 일치단결로 새로이 건설되었다. 1973년 포항종합제철의 제1고로의 준공을 계기로 이후 25년간 포항의 도시인구 규모는 무려 4.1배나 팽창하였다. 1995년 도농복합도시의 출범으로 지방의 법적 대도시로서 그에 어울리는 다양한 도시의 면모를 일신시켜왔다. 지난 100년의 포항 역사에서 경험하였던 4번째에 이은 또 다른 충격이 다가왔다. 2015년 KTX 개통과 2017년 포항지진은 포항지역에 다시 찾아온 5번째의 중대한 외부충격[46]이었다고 본다. 이 충격은 그동안 다소 느슨해졌던 포항시민에게 경각심을 주고 특별법제정을 위한 국민청원에 21만 2천 675명이 서명하는 등 시민들을 또다시 일치단결시키는 계기를 마련하였다.

46 상세는 김진홍·도영웅(포항지진의 경제적 영향 추계 및 정책적 시사점, 한국은행 포항본부, 2018.4)을 참조

사통팔달 도시 포항은 앞으로 도시의 정체성을 어떠한 방향이
든 자유롭게 결정할 수 있는 새로운 도전을 맞이한 셈이다. 과거
애국도시 포항에서 군사도시 포항을 거쳐 오랫동안 철강의 도
시로 활력이 넘쳤던 포항의 미래는 2000년대 이후의 '잃어버린
20년'을 거쳐 과연 어떠한 미래의 도시로 발전할 것인가. 이는
어느 특정 기관이나 단체, 개인의 힘만으로는 절대 이룰 수 있는
일이 아니다. 시민 전체가 여론을 형성하고 오늘이 아닌 내일을
꿈꾸며 지속 가능한 도시의 미래를 염려해야만 조금의 가능성이
라도 생겨날 것이다.

3

오늘과 내일의 포항경제

포항[47]경제사 약사(略史)

왕권보존형 봉건경제기 : 고대부터 조선 후기[48]

한반도 동해안의 흥해, 청하, 영일(연일), 장기 4개 군현을 아우르는 포항지역에 인류가 정착한 이래 고조선부터 삼한, 신라, 고려, 조선에 이르는 수많은 국가형태를 거치는 동안 한반도 역사지도의 영역은 가감을 거듭하였다. 그러나 이곳 포항지역 거주민들의 역사 속 경제활동은 늘 영일만 연근해에 무진장이라 할 만큼 풍부한 어족자원을 대상으로 하는 어촌경제 즉 수산업이 거의 전부였다고 해도 과언은 아닐 것이다. 물론 흥해지역에는 넓은 곡창지대가 있어 대대로 사람들이 모여 일찍부터 읍성

---

47 본서에서는 시대적 흐름에 따라 필요할 경우에는 포항동, 포항면, 포항읍, 포항시로 구분하지 않는 한 포항지역이란 지금의 포항시 행정구역에 해당하는 청하, 흥해, 영일, 장기지역을 통합하는 명칭으로 사용한다.

48 포항지역 근현대경제사에서 시대적 구분은 지금까지의 주요 한국경제사에서 다루고 있는 자본주의 발전단계에 의한 구분이나 근대이후의 각 정권별 내지는 10년 단위의 연대별 구분방식과는 달리 자유시장경제체제에 비추어 볼 때 국가 전체적으로 경제주체들의 경제활동에 영향을 미친 정도와 그 주체나 당시의 시대적 가치관을 중심으로 필자 개인적인 시각으로 구분하여 이름을 붙였음을 양해 바란다.

을 세웠을 정도로 상대적으로 부유한 농가경제가 형성되었을 것이다. 반면, 과거 연일면의 한 자락에 자리 잡았던 어촌마을 포항동의 경우에는 포항창진의 설치와 운영이 이루어졌던 조선 중기에서 후기로 이어지던 영조~정조시대 이전까지는 수산업이 전부였을 것이다. 달리 말하자면 곡식을 생산하는 흥해지역과는 비교 불가할 정도로 빈한한 어촌이었을 것이다. 그러한 촌락이 역사에 포항이라는 이름을 올리기 시작한 창진의 설치라는 사건 이후 수많은 곡물의 보관, 운송이 이루어지는 과정에서 물동량이 급속도로 확대되면서 포항동의 장시, 연일 부조의 장시 등의 성장 배경으로 이 일대 경제활동의 주역으로 부상하기 시작한 것이다. 물론 포항창의 운영 주체가 조정이라는 특성상 순수 민간경제활동에 기반하는 민간자본의 축적에는 한계가 있었을 것이다. 장기지역에는 군마를 양성하는 목장도 있었으나 조선왕조 전 기간에 걸쳐 수백 명이 넘는 유배객[49]으로 일종의 유배특수가 인구 증가와 같은 지역경제 성장의 파급효과로 작용하였을 가능성이 크다. 물론 여기에서 유배경제효과라고 이름을 붙인 것은 다름이 아니라 현대사회에서도 교화소가 있는 곳이면 수시로 가족들이 방문하고 머무르며 돈을 쓰고, 지인이나 이해관계자들이

---

49 장기지역에 대한 조선시대 유배문화에 대한 자세한 내용은 '장기고을에 가면 조선왕조 500년이 있다'(이상준, 경북매일신문, 2020.6)를 참조 바란다.

수감자(당시라면 유배자)를 접견하고 만나는 과정에서 파생되는 다양한 경제활동효과를 의미하는 것이다. 더구나 현대의 범죄자 교정을 위한 교화소와는 달리 당시 유배 생활을 하는 이들은 언제든지 현장 다시 말해 중앙정계로 복권이 가능한 직전 권력자이자 미래의 예비 권력자라는 점에서 이해관계자들의 방문은 끊이지 않았을 것이다. 특히 유배객 가운데 높은 학문이나 철학사상을 지닌 명망이 높은 유배객에게는 그로부터 배움을 청하려는 장기체류형 유생들도 적지 않았을 것이기에 지금으로 보면 일종의 '고시촌'과 같아 장기지역이 그것에서 얻는 경제효과는 컸을 것으로 보인다. 실제 이 지역에서는 집을 빌려주는 풍습도 있었다. 조선 후기에 장기지역 인구가 연일이나 청하지역 인구를 역전하게 된 것도 이러한 현상을 뒷받침하는 증거가 아닐까 한다.

제국기지형 식민경제기 : 대한제국 – 일제강점기

조선 고종 말엽 세계열강에 자극을 받은 국내 정계에서도 근대화를 시도하려는 노력들이 적지 않았다. 불과 13년이라는 짧은 기간이지만 대한제국이라는 근대국가의 형태를 갖추는 과정에서 청, 러시아, 일본이 수시로 개입하는 동안 구한말 주요 지방의 민간경제에서도 일종의 수입자유화, 개방화로 인한 초기 근대 민간자본의 축적을 위한 씨앗이 싹트기도 하였다. 하지만 이 모든 근대 민간자본의 발아 조짐은 결국 일제의 발 빠른 식민화를 위한 사전 정지작업(일례로 일본의 제일국립은행이 대한제국의 화폐발행권을 가져가 중앙은행 기능을 장악한 일 등)으로 물거품이 되고 말았다. 특히 한일합방 직전까지 포항지역 일원에서 엄청난 반일 저항 세력의 선봉에 섰던 산남의진을 비롯한 강력한 의병저항 활동은 일본 제국에 위기감을 고조시켰다. 일제는 포항지역 양반 지식 계층의 경제지배력을 뒷받침하였던 농토가 민중저항 세력의 근본적인 자본력의 원천이라고 판단하고 이를 우선 말살할 필요성을 느꼈다. 이에 따라 민족자본을 축적할 수 있는 뿌리인 토지에 대한 개혁작업부터 서두르는 한편 조선회사령을 서둘러 마련하는 과정에서도 다른 지역보다 더욱 철저한 정책을 펼쳤다. 실제 포항지역에는 다른 지역처럼 일반 경찰 활동 조직을 두는 대신 헌병조직을 파견하여 포항지역에는 경찰제도의 도입이 늦어지기도 하였고, 면으로 승격한 포항면의 면장을 일본인이 맡도록 강제하는 지정면으로 선정한 것 등으로도 충분히 짐작할 수 있다.

이후 조선총독부는 농토를 기반으로 조선인들이 경제력을 발휘하고 자본을 축적하고 있는 흥해지역보다는 조선 시대의 주류세력권에서 벗어나 있던 포항동을 중심으로 일본인들을 심는 즉, 식민(植民) 주거지를 서둘러 건설하기 시작하였다. 이는 자연스럽게 조선 시대 내내 지역의 기득권 세력이 모여있던 흥해지역 등을 처음부터 배제하기 위함이었다. 그렇게 함으로써 조선인들은 일제의 정책 집행과정에서 제대로 힘을 발휘하지 못하고 포항 중심의 지역 전체에 영향을 미치는 의사결정과정에서도 자연스럽게 흥해지역을 제외하는 정통적인 식민전략을 구사한 것이다. 새로운 도시건설에 필요한 자본도 지역 산림자원을 이용하여 목재를 채취하고 주요 금, 은, 철광산의 개발권을 일본인 자본가들이 장악함으로써 쉽게 해결하였다. 게다가 지역의 뿌리산업인 수산업에서조차 정치망 등 전근대적인 어법에 의존하고 있던 조선인 어민들과 달리 기동선, 발동선과 같은 최신식 어선과 새로운 어망, 어구 등으로 장착한 일본인 수산업자들이 영일만 연근해의 어족자원을 면허제와 연동시켜 거의 독점적으로 장악함으로써 단기간에 막대한 수익으로 자본축적을 이루었다. 이러한 일본계 자본가들과 상인들의 성공담은 또 다른 일본인들을 끌어들여 포항에 식민되는 인구는 빠르게 늘어났다.

일제강점기에 포항동을 중심으로 인구가 늘어나면서 포항동이 포항면으로, 포항면이 포항읍으로 외형적으로 도시가 팽창 확대되는 동안 일제강점기 내내 포항지역에 거주하는 조선인들은 이와 반대로 철저하게 차별되고 다양한 이권에서도 배제되었다. 지금의 포항 구 도심지역을 중심으로 일본인들은 각종 사업체를 일으켰다. 다른 지역들에 비해 상대적으로 빠른 속도로 포항이 시가지를 정비하고 발전할 수 있었던 데는 이주 일본인들 사이에 큰 알력이나 다툼이 거의 없었던 점도 한 요인이었다. 당시 처음 포항으로 이주한 일본인들은 일본 본토의 동향 출신들이 모였던 데다 이주 이전부터 사업적 연관성이 높은 일본인들에게 권유하여 포항으로 모여들었기 때문이다. 이러한 정황은 일제강점기에 발행된 '포항지'의 기록[50]에도 잘 나타나 있다. 당시 영일만의 풍부한 어족자원을 선점하고 있던 포항의 수산업자들은 자신들의 독점적 권리를 지키는데 사활을 걸었다. 일례로 풍어기에 일본 본토나 조선 남해안에서 출어한 일본인 수산업자들에 대해서도 영일만 일원의 어족자원 보호를 이유로 포항의 일본인 수산업자들은 조선총독부에 연명한 진정서를 내어 제한하는 등 포항을 선점하였던 일본인들은 일치단결하였다. 이는 같은 시기에 포항과 비슷한 속도로 면, 읍으로 발전 성장하였던 김천과 비교해도 뚜렷한 차이를 나타내고 있다. 이와 대조적으로 김천의 경우에는 도시 발전의 중심지였던 경부선 김천역을

---

50   상세는 '일제의 특별한 식민지 포항(김진홍, 글항아리, 2020.8)'의 제1부 주해 '포항지'편을 참조바란다.

중심으로 일본 각지에서 여관업자, 유통업자 등이 각자 소문을 듣고 개별적으로 몰려들었던 관계로 이주 일본인들이 도시발전 문제와 일본인들의 이권 보호를 협의하기 위한 모임을 조직하는 단계부터 끊임없는 알력과 분란[51]으로 온갖 문제를 겪었다.

일본인 신흥 자본가들은 독점적 지위와 사업의 주도권을 고수하기 위해 초지일관 일본인 중심의 행정을 철저하게 유지하였다. 일례로 포항동을 중심으로 하는 지금의 포항시 구도심지역에는 1920년 10월 포항전기가 다이코(大興)전기(현 한국전력 전신)와 합병된 후 1921년 4월 1일부터 총 652가구에 전기를 공급하였다. 반면 흥해지역에 전기가 공급된 것은 7년 뒤인 1928년 12월 25일이었고, 연일지역으로 송전이 실현된 것은 그때부터 또 5년이 지난 1933년 1월 28일이었다. 포항지역내에서 조선인들의 마을에 전기가 공급되기까지 포항 시내보다 7~12년이나 늦었던 것이다. 당연히 이와 같은 다양한 경제적 제도적 혜택에 힘입은 포항면의 주요 산업시설의 발달 정도 자체가 전기조차 없던 흥해, 연일, 장기지역보다 도시발달의 속도에서 현격한 격차가 나타날 수밖에 없었다. 달리 말하자면 포항면 이외

---

51 김천 지역에 몰려든 일본인들간의 알력과 불협화음에 대한 상세한 내용은 포항지의 저자인 가노야스마사(加納安正)가 포항지 집필 이전에 출판한 '김천전지(金泉全誌)' 등을 참소바란다.

지역에서 주류를 이루던 조선인들의 사업체 발달과 자본의 축적이 자연스럽게 제약될 수밖에 없었다는 이야기다. 일제강점기 시절 다양한 기업, 산업체가 포항지역에서 발전 성장하였으나 조선인 자본이 들어간 사업체는 포항 도심지의 유통업체 몇 군데를 제외하면 대부분 양조업 정도에 그쳤다. 이는 일제강점기 초기부터 민족자본의 축적과 근대 기술력이 요구되는 제조업체에는 진출할 수 없도록 하려는 일제의 치밀한 전략이 배후에서 작동하고 있었기 때문이다. 반면 식민자본의 원활한 수급을 위해 일본 현지에서 조선으로 이주하는 일본인들에게는 동양척식회사와 함께 금융, 행정 등 전방위적인 지원이 뒤따랐기에 당연히 일본인 자본가와 조선인 자본가의 사업상 격차는 커질 수밖에 없었다.

간혹 일부 경제학자들 사이에 일제강점기 시절 일본이 남겨둔 산업시설과 기반으로 인해 전후 한국이 고도성장을 할 수 있었다고 주장하는 이들이 적지 않다. 하지만 적어도 포항지역 근현대경제사에서 이들의 주장은 절대 적용될 수가 없다. 사실 우리나라 전체로 보더라도 그렇다. 일제가 조선을 강점하였을 당시 대부분 남한지역에는 곡창지대가, 북한지역에는 지하자원이 풍부한 산림지대가 많았다. 이에 따라 발전소, 탄광, 제조공장 등 기술 분야의 산업시설은 원재료 확보가 쉬운 함흥 등 북한지역에 주로 설치하였고 일본이 제2차 세계대전을 일으켰던 1940년대에는 관동군사령부의 대륙진출을 위한 군수 병참 기지로 삼기 위한 시설들을 모두 북한지역으로 집약시켰다. 반면 남한지역에는 대구 등 일부 지역의 섬유공장 외에는 농업이 대부분이었다. 포항지역도 생계형 자급자족을 위한 일부 상업 유통 부문을 제외하면 정어리 등을 이용한 기름제조 시설, 용흥동 도축장과 연계된 소고기 등의 통조림공장 등 군납용 시설과 조선소를 제외하면 일반 민수용 근대적 산업시설이란 거의 없었다.

게다가 광복 직후 남북이 분단될 시점에는 극소수의 조선인 기술인력들조차도 산업시설이 밀집된 북한지역에 남아있었던 터라 남한지역에는 산업경제를 일으킬 기술적 기반이 거의 없는 상황이었다. 심지어 북한에서 남한으로의 송전을 중단하자 극심한 전력난에 시달리기도 하였다. 광복 직후 가동할 철도차량도 부족해 기관차 등은 모두 미국에서 수입하여 조립, 사용하였고 부족한 기술인력들을 미국으로 파견 연수시켜 보완했던 것까지 생각하면 일제가 남겨두었다는 산업근대화의 기반이란 적어도 남한지역에서는 허상에 지나지 않았다. 광복 직전까지 조선 내에 자원이 축적되기는커녕 오히려 서민들의 솥단지까지 전쟁물자로 공출하여 전비로 활용되었기에 광복 후 물자난이 심각할 수밖에 없었다. 일본인들이 들고 갈 수 없었던 유형고정자산과 같은 '적산(적의 자산)'이 전국에 흩어져 있었다고는 해도 대부분 중요시설이나 핵심 기계장치는 대부분 파괴하고 귀환하였다. 그들이 남겨 놓은 유산으로 전후 고도성장을 이루었다는 주장 자체가 허구일 수밖에 없다. 전국에 명성이 높았던 포항지역의 탄광들도 주요 시설이 파괴된 상태였기에 광복후 연료난에 대응하기 위해 긴급 재가동하기까지 많은 어려움을 겪기도 하였다.

군정통제형 시장경제기 : 광복 이후 미군정과 6·25전쟁

적어도 포항지역에 한정한다면 일제 식민자본의 잔재란 전혀 없었다. 광복 당시 포항의 일본인 자본가들이 장악하고 있던 주요 산업은 금융업과 수산업 그리고 유흥을 겸하는 음식점과 여관이 대부분이었다. 최신 대형 어선으로 구성된 선단을 이끌며 영일만 일대는 물론 한반도 동해안의 수산업을 장악하고 있던 일본인 사업가(그중에는 조선의 수산왕이라 불린 사람도 있었다)들은 1945년 8월 15일 일제 패망 직후 약 한 달 정도가 지난 9월경에는 모두 일본으로 철수하였다. 한 달이라는 기간은 결코 짧은 기간이 아니었다. 금융업을 쥐고 있던 일본인 자본가들은 자신들이 소유한 은행 금고에서 현금을 꺼내는 것은 일도 아니었을 것이다. 다른 지역의 일본인들이 부산항을 통해 귀환할 때 미군의 철저한 통제하에 1인당, 가족당 휴대 가능한 자산이 제한되었던 것과는 달리 포항 거주 일본인들은 100여 척에 이르는 자신들 소유 대형어선을 이용하여 이동 가능한 모든 유동 자산들을 고스란히 일본으로 가지고 돌아갈 수 있었다. 심지어 당시 경상북도 수산시험장 소속의 대형 어선인 계림호까지 가져갔다. 이후 한일협약으로 반환받은 계림호 조차 내부에 있던 다양한 기능의 최신설비와 기계 장치들은 모두 제거된 빈 껍데기만 돌려받았을 정도였다.

결국 포항에 남겨진 '적산(敵産)'이라고 해봐야 재가동을 준비하던 공장 몇 개와 토지, 여관과 같은 일본인 소유 건물 정도였다. 당연히 남아있던 지역 탄광, 조선소들도 주요 설비들은 파괴된 상태였다. 그마저도 중요 설비의 운영기술자 대부분이 일본인이었기에 공장들도 한동안 가동하지 못하였다. 형산강 이북 포항 구도심지에 남았던 일제의 잔재인 여관, 경찰서, 우체국 등과 같은 건축물 조차 모두 6·25전쟁 당시의 치열한 전투와 공중폭격, 함포사격 등으로 전소되었다. 결국 6·25전쟁은 포항지역에 남겨졌던 일제의 조그마한 잔재마저 말끔하게 청소한 셈이다.

일제강점기 포항지역 경제가 경북의 관문으로서 동해안의 탄토항으로서 한 시대의 번영을 자랑하였지만 모두 신기루처럼 흘어져 버렸다. 전쟁 이후에는 피난민과 고아들로 북적이며 포항 지역경제도 추락을 거듭하였다. 광복 직후 이북 지역과의 물물 교역 거점항으로 지정되어 일시적이나마 경기가 회복되는 조짐 을 보이기도 하였다. 하지만 얼마 지나지 않아 중단되고 지역민 이 고대하였던 대한민국 정부 수립 이후의 새로운 무역항 지정 에서 포항항이 제외되어 버렸다. 결국 비교적 빠른 기간에 전쟁 으로 파괴된 시설들을 복구하고 수습되게 된 것은 미군과 해병 대 등 군사시설이 주둔하자 일종의 군사도시로의 기능이 강화되 면서 군납과 관련한 상거래로 인한 경제효과로 인한 부분이 적 지 않았다. 1950년대 후반 해병훈련기지가 편성되고 영일만에 서 한미합동 연대 상륙 훈련이 1957년부터 수년간 여러 차례나 실시되기도 하였다. 흥해지역의 농민들은 다시 땀을 흘려 곡창 지대를 복구시켰으며 영일만 해안선의 어촌에서는 작은 어선이 라도 끌어모아 지역의 수산 경제를 되살리기 시작하였다. 도심 지인 포항역 주변에는 군인들의 유흥오락 관련 업소들이 우후 죽순으로 생겨났다. 죽도시장 등 지역 시장들도 대구, 부산 등지 로부터의 생활 물품들을 떼어다 포항은 물론 영덕, 울진 등 경북 동해안 지역민들의 도매상 거점 역할을 하면서 그동안 멈추었던 포항지역의 유통경제도 살아나기 시작하였다.

포항지역은 일제 식민 자본의 주도로 광복 직후에는 부(府)로 승격할 정도로 인구가 증가하며 근대 도시로 발전하였다. 하지만 정작 전쟁 직후 현대경제 체제로 이행하는 전환기에는 다른 지역과 달리 경제성장에 필요한 인재와 자본 그 어느 것도 없이 폐허만 남은 상태에서 출발해야만 하였다. 그러하였기에 전후 초기 도시 재건은 군부대의 주둔과 그들의 생활, 훈련 등에 필요한 물자의 공급과 군부대로부터 반출되는 물자의 거래 등에 의존하는 바가 컸다. 그리고 전후 포항항에는 한미합동경제위원회의 미국산 잉여 농산물이나 원조물자가 도착하여 하역된 자재를 쌓아 놓고 있었기에 이후 주택건설이나 배급 등에서 포항시가 우선순위로 배정받는 혜택도 받을 수 있었다.

그리고 얼마 남지 않은 노후화된 소형 어선들을 총동원하여 영일만 연근해에서 잡은 수산물의 유통과 간단한 가공 등으로 지역 자체에서 생산을 책임지며 지역경제에 기름을 칠한 것은 수산업이었다. 이에 따라 전후 복구가 한창이던 1954년 4월 포항수산초급대학이 서둘러 출범한 것도 척박한 포항지역에 부족한 인재들을 공급하여 인재난을 조기에 해결하는 데 큰 역할을 하였다고 평가할 수 있을 것이다. 국가 예산이나 원조자금으로 파괴되었던 지역의 도로 교통망을 복원하고 주거지를 건설하는 과정에서 지역 내 토목건설업 등이 자생력을 가지기 시작한 것도 당시의 지역경제 회복에 긍정적인 영향을 주었다. 거기에 일제강점기 시절부터 전국적인 명성을 떨쳤던 송도해수욕장의 존재도 여름철 한때이기는 하지만 전국 최고의 해수욕장으로 알려져 몰려드는 관광객의 소비효과도 지역경제의 한 축을 담당했음은 말할 것도 없다. 그에 따라 1954년 시점에는 전쟁으로 1951년 대비 8.3%에 해당하는 4천 182명이나 인구가 감소한 4만 5천 949명(8천 313가구)에 그쳤으나 1959년에는 전쟁 당시 인구 수준을 회복하여 8천 739가구 5만 843명 수준까지 증가하였다.

전후 복구가 거의 마무리되는 시점인 1960년대에 들어선 직후인 1961년 5월 군사혁명위원회가 출범한 이후부터 포항은 본격적으로 발전할 기반이 갖추어지기 시작하였다. 1962년 6월 KBS포항방송국이 문을 열면서 지역의 눈과 귀의 역할을 맡았다. 1962년 6월 12일에는 포항지역 각계에서 다년간 염원해 왔던 포항항이 드디어 개항장으로 지정되면서 본격적인 수출입 무역항으로서 역할을 시작하였다. 경제기획원과 한미실업인단 사이에 종합제철공장 건설을 위한 가계약 조인이 있은 지 불과 한 달도 지나지 않은 시점에 포항항의 개항장 지정은 이후 포항종합제철의 입지 선정에도 가산점으로 작용하였을 가능성이 크다. 1967년 3월 1일 포항항이 1종 지정항만으로 승격한 그해 6월 30일 드디어 정부는 종합제철공장의 입지로 포항을 확정하고 7월 21일 포항공업단지를 지정하였다. 10월 16일에는 역사적인 종합제철 공업단지의 기공식이 열렸다. 포항이 그동안 군사도시로서 물류와 상업, 농림수산업이 주류였지만 드디어 제대로 된 제조공업이, 철강산업 도시 포항의 씨앗이 발아하기 시작한 것이다. 어쩌면 당시로서는 국가전략자산인 제철소의 입지로 포항이 선정된 데는 군사기지의 존재도 큰 영향력을 발휘하였을 것임에 틀림없다. 1967년에는 현재 포항산 토종재벌인 대아그룹의 모태가 된 주식회사 포항버스가 설립되어 포항에서도 시내버스가 운행되기 시작하였다. 1969년 7월 20일에는 대한항공이 서울-포항 노선을 개설하였다. 종합제철소 건설사업이 본격 추진되면서 전국 각지에서 유입되기 시작한 청년들에게 필요한 다양한 생활용품들을 공급하기 시작한 지역의 전통시장은 1969년 10월 죽도시장번영회를 결성할 정도로 새로운 기회를 놓치지 않으며 큰 폭의 성장세를 이루었다. 포항시 인구는 1961년 말 시점에 1만 817세대, 6만 46명이었지만 10년후인 1970년 말에는 1만 5천 860세대, 7만 9천 451명까지 증가하였다. 10년동안 세대수는 46.6% 인구수는 32.3%가 늘어난 것이다. 이때의 세대수로 미루어 볼 때 당시 포항으로 유입된 것은 가족 단위가 아닌 미혼의 젊은 청년들이 대부분이었음을 짐작할 수 있다.

포항지역 경제가 본격 성장한 것은 포항종합제철이 들어선 이후부터임을 그 누구도 부정할 수 없다. 1970년 4월 14일 성안된 제3차 경제개발 5개년 계획의 핵심 과제는 철강을 포함한 중화학공업의 성장 촉진이었다. 대내외자금을 본격 투입하여 비교적 단기간에 시작한 포항종합제철의 공장 건설에는 포항시민들도 자발적으로 참여하였다. 지금도 70대 이상의 어르신들을 만나 물어보면 당시 맨손만으로 위험했던 해안 부지 매립공사에 투입되었을 그때의 경험담을 생생하게 이야기한다. 1970~1979년의 10년 동안 주택건축사업도 활발해졌다. 지금의 남구 지역에는 6천 977동, 북구 지역에는 4천 936동 합계 1만 1천 905동의 크고 작은 주택들이 신규 건설 공급되었다. 그 이전에도 전후 복구를 위한 토목건설업체들이 지역에 태동하고 있었으나 주택수요가 폭증하면서 대구 등 외지의 건설업체들도 대거 포항지역에 진출하였다. 도시가 성장할 때 뒤따르는 인구의 급격한 유입은 그에 동반하는 전통시장 등 유통업 등과 더불어 음식업, 숙박업, 교통망의 확충과 부족한 택지개발 등 모든 부문에서 공급부족 수요초과 현상이 동시다발적으로 일어날 수밖에 없다. 그러한 과정에서 포항의 신흥 자본가들도 이때 많이 탄생하였을 것이다. 1971년 5월 30일에는 포항MBC가 개국하였고, 1972년 12월에는 고속버스터미널까지 개장하였다. 1973년 7월이 되자 드디어 조강 연산 103만 톤을 생산할 수 있는 대한민국 고도성장의 씨앗이며, 한강의 기적을 이끌어 낸 역사적인 포항종합제철의 제1고로가 준공되었다. 이제는 그 몫을 다한 제1고로는 2021년 말 송풍이 중단되었으나 이것이야말로 포항 지역에만 국한되는 것이 아닌 대한민국 산업경제의 국보 제1호라고 해도 과언이 아닐 것이다. 이때부터 포항시는 철강이라는 지금까지 없었던 새로운 성장동력을 가지는 '밝음'을 맞이한 것이다. 하지만 다른 한편으로는 1973년 9월 13일자 동아일보 기사에서 볼 수 있듯이 포항종합제철의 본격 가동에 따른 폐수, 폐유의 유입으로 송도해수욕장의 폐장이 불가피해져 지역 관광과 수산업에 부정적인 영향을 주는 '어둠'도 함께 끌어안았다. 포항종합제철이 본격 가동되자 물류 운송 부문, 일시 자재를 관리하기 위한 보관 창고 부문이 급성장하는 한편 임가공업체 등 철강 연관 업체들을 중심으로 결성된 포항종합제철의 외주파트너사들도 이 시기에 협회를 결성하여 포항종합제철과 동반 성장하기 시작하였다. 인구 10만 명이 되지 않았던 지방의 소도시였던 포항이지만 국가의 전폭적인 지원으로 비약적인 성장세를 보이며 인구가 폭발적으로 늘어나기 시작하였다. 그때까지 도로 교통망이 원활하지 않았던 포항지역에서 종업원의 급여 등 화폐 수요가 폭증하면서 월급날이 될 때마다 포항의 은행들은 매번 대구에서 현금을 운반해오느라 몸살을 앓았다. 결국 경북지역의 유일한 중앙은행인 한국은행 포항주재사무소(현 포항본부)가 지역 각계의 청원을 받아들여 1974년 12월 4일 개설하게 되었다. 1970년 말 1만 5천 860세대, 7만 9천 451명이었던 포항시 인구는 불과 4년 뒤인 1975년 말 2만 8천 712세대 인구 13만 4천 404명까지 팽창하였다. 포항종합제철의 제1고로 건설을 전후로 한 5년 동안 도시의 세대수는 1.8배, 인구수는 1.7배나 늘어난 것이다. 이 4년간은 그동안 미혼의 청년들이 유입되었던 것과는 달리 지역경제가 다양한 분야에서 급성장하면서 돈이 넘쳐흐르자 포항의 호경기를 의식한 일종의 '포항러쉬'로 인해 전국 각지로부터 가족 단위의 이주가 활발해졌음을 의미한다. 물론 영일군 등 주변 시군지역에서 포항시로 들어오는 역내 인구이동도 적지 않았다.

산업정책형 통제경제기 : 산업합리화와 재편

    1980년대부터 1992년 새로운 정권이 탄생하기까지 정부는 그동안 고도성장 과정에서 문어발식 확장을 하고 있던 재벌이나 대기업들을 특정 산업부문으로 지정 또는 재편성을 반 강제하는 산업 전반에 걸친 구조조정정책을 산업합리화라는 이름으로 강력하게 추진하였다. 그때까지 오랫동안 국가 경제를 지탱해왔던 원조통제형 계획경제체제 하에서 소비자물가까지 직간접으로 통제하던 방식은 이 시기에도 그대로 적용되었다. 이에 따라 공공요금이 아닌 민간기업의 다양한 제품에 대해서도 가격 인상 등이 자유롭지 못한 또 다른 형태의 통제경제가 이루어졌다.

기업들은 1980년대에 적극적으로 추진하였던 북방외교정책 등과 맞물려 대량생산에 의한 가격경쟁력에 주목하는 효율성에 치중한 성장 확장전략을 채택하였다. 이에 따라 노조결성 등과 함께 높아진 노동계의 임금인상 압력 등에 재벌, 대기업 할 것 없이 기업 대부분이 해외로 공장을 이전하기 시작하였다. 이 시기 기업들 대부분이 가격경쟁력 유지에만 눈을 빼앗겨 연구개발에 의한 신기술이나 품질향상으로 근본적인 국제경쟁력을 높이는 것에는 주목하지 않았다. 사실 이러한 경향은 2020년대에도 여전히 남아있는 모습이다.

당시 전국적인 산업합리화의 거센 파도 속에서도 포항지역은 여전히 철강 한 분야에 대한 독점적 지위를 유지하고 있었다. 국가 경제 규모가 빠르게 팽창하면서 국내 철강재의 수요 폭발에 대비하기 위한 원활한 강재 수급의 필요성이 부상하기 시작하였다. 이때 자동차용 강판 등의 공급부족을 빌미로 현대그룹 등이 일관제철소에 대한 꿈을 키웠으나 당시 중앙정부의 힘으로 억제되고 이를 무마하기 위하여 포항종합제철은 광양에 제2의 일관제철소 건설로 대응하면서 조강생산능력을 빠르게 확충하였다.

사실 이 시기부터 포항지역 경제의 자율적인 성장 경로는 1970년대 이후 철강산업의 폭발적인 고도성장기에서 벗어나 서서히 성숙단계로 진입한 셈이다. 엄밀히 말하자면 포항지역 경제 자체의 성숙기가 아닌 포항이라는 지역에 국한된 철강산업의 성숙기였다고 할 수 있다. 당시 포항종합제철이 광양에 제철소 건설을 위해 포항에서 생산한 강재를 이동시키는 등 건설과 물류 부문에서 포항경제가 외견상 호황인 듯 보였지만 정작 포항경제 전체에 적신호가 켜지기 시작한 것은 이때부터가 아닐까 생각한다. 1980년대 중반 이후 지역 철강산업의 전후방산업 등을 아우르며 포항철강공단을 비롯한 지역 업계가 철강 산업생태계를 조성할 최적기는 바로 이때였다. 아쉽게도 당시 철강 공단에서는 포항종합제철에서 의뢰하는 단순 임가공 수주만으로도 충분한 매출과 생산이 보장되었기에 굳이 별도의 최종제품 분야로 진출하거나 철강 수요분야를 신규로 개척하려는 유인은 그리

크지 않았다.

이 시기에도 포항지역에서는 인구 급증으로 주택난이 이어지며 아파트 수요가 폭발하였다. 88올림픽을 기점으로 1990년대까지 아파트 공급이 크게 확대되었다. 1988~1989년 2년간 100세대 이상의 대규모 아파트만 1천 574세대가 공급되었다.

대외개방형 자유경제기 : 세계화와 시장개방

우리나라만큼 정권이 교체될 때마다 사회경제 전반에 걸쳐 큰 폭의 변화가 일어나는 곳도 많지는 않을 것이다. 그나마 정권의 이행기에 정책적 변화가 빠른 속도로 이루어지지 않아 국내 경제주체들이 극심한 혼란을 겪거나 적응하는데 무리가 따른 적은 적어도 1990년대 이전까지는 많지 않았던 점이 다행이라면 다행이라 하겠다. 일제강점기 조선총독부의 통제와 감시 체제하에서 미약하게 이루어졌던 조선계 민간자본의 경제활동은 광복 직후 미국 군정청의 통제 과정에서 연착륙하며 잠시나마 제한된 시장경제를 맛보았다. 1961년 군사혁명위원회 출범 이후 오랫동안 강력한 지도력(달리 말하자면 독재)을 기반으로 하는 계획경제를 중앙정부가 주도하는 동안 이에 순응하는 민간경제가 형성되었다. 1980년대에 이르러 두 정권을 거치는 동안 조금씩이나마 통제에서 완화, 완화에서 자유화라는 변화를 겪으면서 연착륙을 이룬 셈이다.

하지만 1990년대 들어서면서 그동안 경제주체들이 적응해왔던 통제경제, 계획경제 체제가 무너지고 정권의 정점이 군인에서 민간인으로, 정책 통제가 독재에서 민주화로, 국제무역의 보호에서 개방으로, 기업이나 산업정책이 통제에서 자율방임으로 거의 모든 패러다임이 일거에 전환되었다. 달리 말하자면 지금까지 한국 경제사회의 전 분야에 걸쳐 부문별 경제주체들이 한 번도 겪은 적이 없었던 일종의 경착륙이 동시다발적으로 진행된 셈이다. 이와 같은 정치 경제 사회적 변화에 경제주체들이 미처 적응하기도 전에 다가온 새로운 시대적 화두는 세계화였고, 선진국이라는 환상에 눈이 먼 대외개방정책이었다. 온실 속에 있던 화초들이 갑자기 벗겨진 비닐하우스 틈새로 거칠게 휘몰아치며 들어오는 비바람에 제대로 살아남기란 결코 쉬운 것이 아니다. 섣부른 자신감을 내비친 것에 대한 성적표는 1997년, 1998년에 발생하였던 IMF외환위기였고, 위기 극복의 댓가는 무자비한 국제통화기금(IMF)의 손을 빌린 외국자본에 의한 강제적인 우리 경제의 대수술이었다.

1992년 정부는 수도권 집중 현상 억제를 위한 지역균형발전법을 제정하는 한편 재벌집단으로 경제력이 집중되는 것을 억제하기 위해 출자총액규제를 강화한다는 방침을 세웠다. 1993년 8월 12일에는 금융실명제를 대통령 긴급재정경제명령을 통해 전격 시행하였다. 1994년에는 경제기획원과 재무부를 통합하는 등 정부 조직도 개편하였다. 오랫동안 국가 경제의 사령탑이었던 경제기획원이 사라진 것은 그동안 우리 경제의 고도성장을 성공시킨 계획경제의 시대가 끝났음을 상징하는 사건이었다. 1995년 3월 29일 정부는 경제협력개발기구(OECD) 사무국에 회원국 가맹신청서를 정식으로 제출하였다. 이때부터 정부는 OECD 사무국이 가입조건으로 제시하는 온갖 전제조건을 만족시키기 위해 무리한 일정으로 개방 작업에 착수하였다. 1995년 11월 14일에는 1996년부터 5년에 걸쳐 외국인 투자를 금지해온 업종 75개를 단계별로 개방한다고 발표하였다. 1996년 2월 25일에는 주식시장에 대한 개방 확대와 해외증권투자를 자유화한다는 계획도 발표하였다. 이러한 우리 정부의 강력한 가맹 의지를 간파한 OECD측에서는 1996년 3월 23일 법무 서비스, 에너지, 언론, 식량 산업에 대한 추가개방까지 요구하였다. 결국 상당히 짧은 시일 동안 적극적으로 대외개방정책이 일거에 시행되자 1996년 10월 11일 OECD 전체이사회는 한국의 가입을 만장일치로 승인하였다.

이처럼 한국경제가 세계화라는 이름으로 대외개방을 서두르면서 내부적으로 골병이 들어가던 시기에 포항지역에서도 많은 변화가 일어났다. 여전히 포항지역에 인구 대비 부족한 주택 공급을 위한 아파트 건설 붐은 계속되었다. 1990년대에 포항에 신규 공급한 아파트는 총 1만 8천 174세대에 이른다. 1990년 8월과 9월에는 경북지역 대표 신문사로 자리매김한 경북일보와 경북매일신문이 연이어 창간되었다. 그리고 11월에는 국내 최초의 축구 전용구장인 포항스틸야드도 준공되었다. 1991년에는 포항공과대학 가속기연구소에서 3세대 방사광가속기의 건설에 착수하였고 11월에는 포항-울릉 간 쾌속선 운항이 인가를 받아 지역과 수도권의 관광객 유치로 포항의 관광업계가 활성화될 것이라는 기대가 높아졌다. 1992년 7월 1일부터는 포항 시내에서도 택시요금 병산제가 적용, 시행되었고 10월 2일에는 포항종합제철의 20년에 걸친 제철소 건설사업이 종합준공(조강 연산 2천 80만 톤)을 보았으며 이해에는 서울-포항 간 새마을호도 개통되었다. 1994년에는 4년제 대학인 한동대학교가 개교하였다. 이처럼 1990년대 전반기 포항지역에서는 포항의 미래를 빛낼 기대감을 한껏 부풀리는 사업들이 연이어 언론을 장식하고 있었다. 한편으로는 청하면의 핵폐기물처리장 건설에 시민들이 반대운동을 전개하고 포항시와 영일군의 행정통합 문제로 영일군 의회가 통합을 반대하는 의결을 하는 등 진통을 겪기도 하였으나 그해 12월에는 세계에서 5번째로 제3세대 방사광가속기가 준공되어 다른 뉴스들을 잠재웠다.

1995년 1월 1일 전국에 33개의 도농복합도시가 탄생한 것에 발맞추어 포항시의 역사적 분기점의 하나라고 할 수 있는 영일군과 통합된 통합 포항시도 출범하였다. 또 그해 5월에는 장기 수성리의 감골, 금곡리의 할매바위, 뒷산의 말바위에 일제가 설치한 쇠말뚝을 뽑아내어 지역의 정기를 회복시키는 한편 지역 문화예술의 총본산인 포항문화예술회관이 개관하였다. 무엇보다도 이 해에 일어난 포항경제에 가장 큰 상징적인 사건이라면 포항종합제철의 서울사무소 사옥(현 포스코센터)이 9월에 준공되어 개관함으로써 사실상의 본사 기능이 서울로 이전한 일일 것이다. 그리고 포항종합제철은 10월 27일 런던증권거래소에 상장하며 글로벌 기업으로 발돋움하기 시작하며 포항이라는 지역을 벗어나기 시작하였다. 1995년 말 현재 포항시 인구는 1994년 32만 7천 504명(9만 4천 436세대)에서 영일군이 통합됨에 따라 일약 51만 867명(15만 762세대)을 기록하여 국토개발법상 '대도시'라는 법적 지위도 갖추게 되었다.

이와 같은 외형적인 도시확장에 맞추어 1996년 3월에는 대구 동아백화점의 포항점 기공식이 열리고 12월에는 영일 신항만

개발공사에 착수하는 등 국가적인 위기가 다가오는 상황에서도 포항지역 경제주체들은 정신없이 변화와 발전을 상징하는 사업들이 연이어 벌어짐에 따라 국가 경제에 어두운 그림자가 드리우는 것을 거의 눈치채지 못하고 있었다.

구조조정형 시장경제기 : IMF 외환위기와 극복

1997년 11월 21일 결국 정부는 국제통화기금(IMF)에 2백억 달러 규모의 구제금융지원을 공식 요청하였다고 발표하였다. 이때부터 본격화된 외환위기 내지는 IMF 체제 시대로도 불리는 우리 경제의 암흑기가 시작되었다. 본격적인 한국경제에 대한 구조조정 내지는 외세의 대수술을 위한 칼날을 어떤 부문 어떤 경제주체라도 회피할 수 없었다. 구제금융지원 요청일로부터 불과 10여 일이 지난 12월 2일부터 한국경제에 태풍이 몰아쳤다. 재정경제원은 이날 9개 부실 종합금융회사에 연말까지 업무정지명령을 내렸고, 12월 23일에는 국내 채권시장을 외국인 투자가에게 전면 개방하였다. 다음날 24일 비상경제대책위원회는 기업들의 인력감축을 수월하게 지원해주는 정리해고제의 조기 시행을 비롯한 이자제한법의 폐지, 적대적 기업 인수합병(M&A)

허용 등 일련의 구조조정을 지원하기 위한 정책들을 결정하였다. 결국 1998년 1월 31일에는 포항지역 경제에도 직접적인 영향을 주는 조치가 나왔다. 당시 포항종합제철의 17개 계열사 가운데 4개사를 통폐합 매각하는 구조조정방안이 대통령직 인수위에 보고된 것이다.

이러한 국가재난 상황에서도 포항지역에서는 1998년 3월 효자 그린 2단지 2천 130세대가 준공되었고, 4월에는 대구-포항(새만금-포항) 고속도로 건설이 예정대로 착공되었으며, 6월에는 신일본제철이 1~2% 정도 수준의 포항종합제철 주식에 대한 출자계획을 발표하기도 하였다. 다만 1998년 10월 초에는 600mm라는 엄청난 집중폭우가 포항지역 일대를 강습하여 시내 곳곳이 물바다로 변하고 단전 피해로 10만 명의 시민들이 암흑 속에서 공포에 떨기도 하였다. 1999년 3월에는 대한항공 여객기가 포항공항으로 착륙하는 과정에서 활주로를 이탈, 방호벽과 충돌하는 사고까지 발생하는 등 포항지역에는 다른 형태의 재난 상황이 잇달았다. 다만 IMF 위기에서도 포항시민들이 상대적으로 포항경제의 체감경기가 나쁘지 않다고 느꼈던 것은 아이러니가 아닐 수 없다. 이는 포항경제가 철강 좀 더 정확히 표현한다면 소재부문에 집중되어 있고 중간재, 최종제품까지 아우르는 철강 생태계가 형성되어 있지 않았던 기형적인 산업구조를 가졌기에 경제 전반에 걸친 공급망의 충격이 포항까지 파급하지 못하였기 때문이다. 결국 국가 위기 상황에서 다른 지역이나 다른 산업부문에서 뼈를 깎는 체질개선과 진정한 의미에서의 생존 훈련을 겪으며 재도약의 발판을 마련한 것과는 달리 포항은 이러한 위기에 노출된 진정한 충격을 제대로 겪지 못함으로써 현실을 직시하고 미래를 대비하기 위한 새로운 발전 전략과 방향성을 정립할 절호의 기회를 놓쳐버리고 말았다.

1999년 9월 16일 재정경제부는 IMF로부터의 긴급자금 134억 달러를 모두 상환하고 1999년 11월 4일 우리나라가 순채권 국으로 전환하였음을 공표하였다. 약 2년 동안 진행된 가혹한 IMF의 대수술은 이후 우리나라 경제사회의 전 부문에 걸쳐 새로운 형태의 격차 확대와 불균형을 초래하는 요인으로 작용하였다. 사실 이 IMF체제를 전후로 오랫동안 우리 경제의 산업, 기업을 불문하고 저가의 노동력과 단순 조립가공을 통한 대량생산 등 효율성 강화만으로 성장하며 선진국을 따라잡는(캐치 업) 가격경쟁력의 시대도 끝났다. 자신도 모르게 위기를 넘긴 포항지역에서는 1999년 12월 새천년기념관과 해맞이광장조성공사가 이루어지는 가운데 대아그룹 창업주가 후원하여 지금은 포항의 새해맞이 상징이 되어버린 '상생의 손'도 준공되어 새로운 21세기로의 전환을 시민 모두가 기쁨으로 맞이하였다.

무한경쟁형 창조경제기 : 효율성추구와 창의혁신의 교차

2000년대 들어 포항지역 경제에 가장 큰 영향을 주게 되는 사건이라면 2000년 10월 14일에 표면화된 포항종합제철의 민영화 계획일 것이다. 포항지역의 철강산업을 견인해온 포항종합제철의 민영화는 사실상 국가 주도의 산업정책이 마무리되었다는 선언이었다. 또 포항지역의 철강산업도 그간의 가격경쟁력 중심에서 벗어나 연구개발을 통한 혁신으로 신기술, 신제품 등으로 무장하여야만 무한경쟁 시장에서 국제경쟁력을 갖추고 생존 성장할 수 있는 시대가 개막되었다는 것을 상징하는 것이기도 하였다. 무엇보다도 2002년 3월 15일 포항종합제철이 POSCO로 사명을 변경한 사건은 포항종합제철이 더는 포항지역, 국내에만 머무르지 않는 명실상부한 글로벌기업임을 선포하는 상징적인 사건이기도 하였다. 이때부터라도 포항은 미래에 대비해야만 하였다.

그러나 2000년 말 시점에서 포항시 인구는 51만 7천 250명 (16만 3천 532세대)이었으나 이후 20년이 지날 때까지 포항지역 경제는 새로운 성장동력을 발굴, 육성하는 데는 실패하고 그 결과 인구도 거의 동결된 상태나 마찬가지다. 오히려 50만 명이라는 숫자에만 매몰되어 그 이하로 떨어질까 전전긍긍하고만 있다. 잦은 마이너스 성장률을 기록하면서 사실상 일본과 같은 '잃어버린 20년'이라고 할 정도로 지역경제는 정체 상태에 머무르고 있다. 중국의 철강산업이 급부상하면서 포항지역 경제성장률은 2000년 이후 거의 0%에 근접할 정도로 제자리걸음을 하고 있다. 하지만 1990년부터 이후 약 15년간 포항지역 경제는 역내에서 이루어지는 다양한 형태의 건설경기가 도시에 활력을 일으켜 외형적으로는 위기임을 깨닫지 못할 정도의 착시효과를 가져왔다. 이에 따라 부동산 시장도 활성화되어 2000~2005년까지 6년간은 총 7천 470세대의 아파트가 포항지역에 신규로 공급되기도 하였다.

물론 큰 비중을 차지하고 있던 철강 등 제조업이 부진하였더라도 다른 부문까지 모두 그랬던 것은 아니다. 당장 경제효과는 보이지 않더라도 서비스, 유통, 기타 부문에서 미래를 준비하는 다양한 사업들이 추진되었다. 2000년 12월 롯데백화점 포항점이 동아백화점 포항점을 인수하여 재개점하였으며 2001년 11월에는 포항공과대학에서 국내 최대규모의 생명공학연구센터 연구동을 착공하기도 하였다. 12월에는 포항 최초의 대형할인점인 신세계 이마트 포항점이 영업을 개시하였다. 2004년 9월에는 앞으로 포항이 환동해 시대의 거점으로 도약하는데 큰 디딤돌 역할을 할 수도 있는 동북아자치단체연합(NEAR) 상설사무국의 유치가 확정되는 한편 12월에는 새만금-포항 고속도로(대구-포항)가 개통되었고 이해에 제1회 포항국제불빛축제가 열리기도 하였다.

다만 지역의 교통망이 확충될수록 지역 자체의 소비구매력으로만 유지되고 있던 지역 상권의 위축 현상도 함께 나타났다. 이른바 유통 부문에서 인근 대도시로부터의 빨대효과가 작동하기 시작한 것이다. 2005년에는 대백쇼핑이 경영악화로 17년 만에 자체적인 영업 중단을 발표하였다. 2006년 12월에는 결과적으로 구도심의 공동화를 부추긴 핵심 요인의 하나라고 할 수 있는 포항시청의 이전이 있었고 2007년에는 백사장의 유실 등으로 전국적인 여름의 명소였던 포항의 송도해수욕장이 결국 공식적인 폐장을 선언하기도 하였다. 대아그룹에서 제1회 칠포재즈 페스티벌을 개최하는 등 지역 기업들의 메세나 활동이 강화되고 있었고, 2012년 7월에는 포항야구장이 준공되었으며 2013년에는 국내 최초의 해상누각인 영일대가, 2014년 1월에는 포항 동빈내항 환경복원사업(포항운하)이 준공되기도 하였다. 2015년 4월에는 KTX동해선 개통으로 포항의 KTX시대가 개막되었으며 7월에는 구 시청사 자리에 포은중앙도서관이 새롭게 들어섰다.

21세기에 들어선 이후 지난 20여 년 동안 포항경제의 외형적인 변화는 대부분 미래 성장동력이 될 기반이라 할 수 있을 정도로 다양한 부문에서 이루어졌다. 하지만 도시 경제의 활성화를 주도할만한 핵심적인 성장역량들이 상호 시너지 효과를 동반할 정도로 연계 융합되지 못하고 모두 산발적이고 독립된 형태로 이루어진 것만은 틀림없는 사실이다.

포항경제가 철강을 기반으로 나란히 손을 잡고 함께 걸어갈 새로운 동력의 발굴에 머뭇거리는 동안 세계 철강산업은 무한경쟁시대에 돌입하였다. 그동안 가격경쟁력만으로 지탱해왔던 우리 철강업계의 강점은 중국 철강산업이 아래에서 들어오며 무력화되었고, 연구개발에 따른 신기술과 품질경쟁력으로 무장한 일본 등 선진국 철강제품이 위에서 누르고 있는 틈바구니에서 우리 철강업계가 세계 시장에서 무기력해진 영향은 고스란히 포항의 철강산업에도 나타나기 시작하였다. 그러한 영향이 표면화된 상징적인 사건이라면 2015년 9월 포스코플랜텍의 워크아웃을 들 수 있을 것이다. 국내 철강업계가 모두 어려워지는 가운데 국내 주요 철강사의 자체적인 국내 생산기반 구조조정이 본격화되자 포항지역에도 그 여파가 고스란히 나타나기 시작하였다. 같은 달 동국제강은 포항의 제2후판공장 가동을 정지시켰고 12월에는 포스코 동경증권거래소의 상장이 폐지되었다. 설상가상으로 지금까지 포항시민에게 큰 트라우마를 남긴 지열발전소로 촉

발된 포항지진이 2017년 11월 발생하여 지역경제 전반에 큰 피해를 초래하였다.[52] 2018년 2월에는 저가항공사인 에어포항이 출범하였지만 결국 영업실적 악화로 1년도 버티지 못한 채 운항을 중단하였다. 2019년 말 발생한 세계적인 전염병인 코로나19 사태는 2020년 2월 포항지역에 첫 확진자가 발생한 이후 시대적 흐름인 비대면, 온라인소비 등 소비 패러다임의 변화에 가속도가 붙었고 이에 제대로 대응해오지 못하고 있던 구도심지의 소상공인 중심의 전통시장 등은 지난 20년 이상에 걸친 상권 위축 현상이 더욱 현재화되면서 그동안의 부진이 더욱 깊어지고 있는 실정이다.[53]

2000년대 들어선 이후 포항지역 경제는 무한경쟁시대, 혁신을 통한 신기술, 신제품 등 창조경제시대, 그리고 세계적 흐름인 사물인터넷 등으로 이루어지는 빅데이터, 제4차산업혁명과 같은 시대적 흐름과는 대체로 무관심한 상태로 지금에 이르렀다. 물론 그동안 미래를 위한 준비를 전혀 하지 않았던 것은 아니다. 2016년 9월에는 세계에서 3번째로 차세대 선형 X선 자유전자 레이저 가속기(XFEL)가 준공되었으며, 2020년 7월에는 영일만

---

52 포항지진에 따른 경제적 영향의 상세는 김진홍.도영웅(포항지진의 경제적 영향 추계 및 정책적 시사점, 한국은행포항본부, 2018.4)을 참조 바란다.
53 이에 대한 상세는 김진홍(포항지역 전통시장의 쇠퇴배경과 활성화방안, 한국은행포항본부, 2015.6.30.)을 참조 바란다.

항 인입 철도가 개통되었고, 2020년 11월에는 영일만항 국제여객부두도 준공을 보았다.

　이제 포항시는 단순히 인구수 50만 명을 넘는 도시로 살아남느냐 아니냐를 중요한 과제로 삼는 시기는 한참 지났다. 포항지역이 앞으로도 지금까지 그래왔던 것처럼 어떠한 대내외 충격에도 흔들리지 않기 위해서는 전 세계적인 흐름인 '지속가능성'에 더욱 주목해야만 한다. 포항이 경제, 사회, 문화, 예술 전반에 걸쳐 그 인구 규모와 도시 크기에 어울리는 지방의 대도시로서 꾸준히 발전을 계속해 나가는 것이 중요한 것이다. 그런 의미에서 무엇보다도 앞으로의 포항지역 경제는 선출직 공무원들에 의해 흔들리고 반복되며 외형적으로 화려한 단기적인 정책이나 이벤트들로 시간과 자금을 허비하지 않아야만 한다.

오늘의 포항경제 개황

　포항지역을 중심으로 근대, 현대로 이어지는 100년이 넘는 역사적 흐름을 경제사적 관점에서 살펴보는 것만큼 현재 포항지역경제가 당면하고 있는 현실을 파악하는 것도 중요하다. 아울러 앞으로 포항지역 경제가 계속 성장 발전해 나가려면 어떠한 미래지향적 관점과 방향성을 설정할 것인가도 빠트릴 수 없다. 또 이러한 흐름을 잇는 관점에서 어떠한 과거의 흐름이 현실로 이어지고 있는지도 간파해야 할 필요가 있다.

　따라서 포항경제가 직면해있는 현실적 어려움이 일시적 현상인지 아니면 포항경제의 오랜 구조적인 문제 때문인지 그도 아니면 대내외적인 여타 정치 경제적인 외부요인 때문인지에 대해 간단히라도 인식하고 있을 필요가 있다. 만약 일시적이거나 포항지역만의 특수한 문제라면 단지 앞으로 적극적으로 개선해 나가는 방향으로 정책을 펼쳐 나가면 된다. 그리고 국내외 경제 여건의 변화에 따른 구조적인 원인이라면 이는 국제경제나 우리 경제의 경기순환에 순응해야만 할 것이기에 최대한 이에 따른 영향을 순화시키거나 부정적 영향을 최소화할 수 있는 대책을 마련하는 것이 최선의 방책일 것이다.

그런 의미에서 철저히, 그리고 다양한 시각으로 현재 상황에 대해 정확하게 진단할 필요가 있다. 온고지신이라는 말이 있듯이 앞에서 포항지역 근현대경제의 역사를 살펴본 결과를 토대로 현재 상황을 더욱 깊이 이해하거나 지금의 구조적 문제점이 어디에서 발생하였는지에 대한 근본적인 원인을 어느 정도 파악할 수 있었을 것이다. 그리고 근현대를 겪는 격동의 시기에 포항지역 경제가 겪어왔던 역사를 꼼꼼하게 살펴보면서 이해의 폭을 늘려 간다면 이를 기반으로 앞으로 포항지역 경제가 나아갈 이론적 근거 내지는 역사적 교훈을 포항지역 경제주체들이 나름대로 공유할 수 있게 될 것이라 믿는다.

최근 포항지역 경제주체들은 우리나라는 물론 세계적인 판데믹이 제대로 수습되지 못하던 상황에서 다른 지역들과 거의 큰 차이가 없이 그저 현상 유지를 하는 데 급급할 정도로 힘든 세월을 감내하고 있다. 월별 경제지표로는 2019년 연말에 터진 코로나19 사태로 인해 2020년에는 거의 모든 부문이 무차별적인 하락 경향을 보였다가 2021년에는 전년도의 깊이 하락했던 지표들의 자연 반등에 따라 마치 빠른 회복세를 보이는 듯한 착시현상을 일으키기도 하였다. 하지만 실제 전체적인 지역 경기의 절대적 수준은 2019년 수준의 70~80% 수준에도 미치지 못한 부문이 거의 대부분일 것이다.

포항지역 경제 상황을 점검하는데 필요한 방법론이야 많을 수 있다. 하지만 무엇보다도 가장 확실하게 그리고 객관적으로 살펴볼 수 있는 거시경제지표라면 역시 지역내총생산(GRDP; Gross Regional Domestic Products)을 이용한 포항지역의 경제성장률을 살펴보는 것이 가장 직관적이고 합리적일 것이다. 독자들도 주지하고 있듯이 지역내총생산이란 1년 동안 포항지역에 거주하고 있는 기업, 관공서, 학교, 산업체, 기업체와 은행은 물론 가계까지 포함한 모든 경제주체가 자신들이 각자 수행하는 경제활동을 통해 1년 동안 창출한 부가가치를 모두 합한 것을 말한다. 결국 지역에 있는 모든 경제활동 주체가 각자 자신의 영역에서 1년 동안 창출한 부가가치의 총액이 전년보다 커지면 그 지역경제는 정(正, 플러스)의 성장률을, 반대로 작아지면 그 지역경제는 음(陰, 마이너스)의 성장률 쉽게 말해 역성장을 한 것이라 해석할 수 있다. 다만 지역내총생산의 추계는 매 5년 단위로 기술 수준의 향상 등으로 급격한 물량, 가격 수준 등에 변화가 일어난다는 점을 고려하여 통계를 작성하는 물가수준에 대한 기준년을 개편하고 있다. 그렇기에 2000년 이후의 통계 시계열은 2021년까지 그대로 연결되지 못하는 약점이 있기는 하다. 게다가 시군단위의 지역내총생산 통계는 광역지자체와는 달리 편제가 지연되고 있어 필자가 원고를 쓰고 있는 현시점에서는 2020년까지만 공표된 상황이다. 물론 그렇다고 하여 그 이후의 흐름을 전혀 짐작할 수 없는 것은 아니다. 2019년은 2018년의 지진영향에 따른 기저효과가 2020년 이후 3년 동안은 모두 세계적인 코로나19의 영향이 강력하였던 해인 만큼 지역경제가 큰 폭의 성장률을 보이지는 못하였을 것이기에 여전히 경제 부진(마이너스의 경제성장률을 포함)이 이어졌을 것으로 추정하는 것이 합당할 것이다.

포항지역 경제는 2000년 이후 2020년까지는 2000년, 2005년, 2010년, 2015년의 네 차례의 기준년 개편이 있었기에 시계열의 연속성은 떨어지나 단편적이라도 직전년도 대비 경제성장

그림 12. 2000년 이후 포항시 경제성장률(실질GRDP, 전년대비)

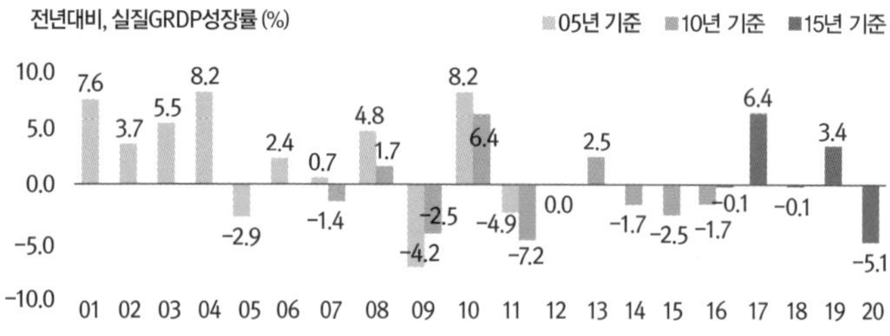

자료: 통계청 통계포털(KOSIS)

률(실질GRDP의 전년 대비 증감률)을 살펴보면 〈그림 12〉에서 볼 수 있듯이 20개년도 가운데 무려 9개년이 마이너스의 성장률을, 1개년이 0%의 성장률을 기록하고 있음을 확인할 수 있다.

이 결과를 보면서 냉정하게 판단한다면 사실 포항지역 경제는 1990년대 이후 지금까지 현재진행형에 있는 일본경제를 인용할 때 종종 사용되는 '잃어버린'이라는 접두어를 붙여도 무방할 정도다. 물론 이 동안 포항지역 경제가 부진했던 원인이 모두 포항지역 경제 자체가 지닌 구조적인 문제로 인한 것만은 아니었다. 1999년 IMF 외환위기에서 겨우 벗어나 2000년대를 맞이한 이후에도 2002~2003년경에는 가계의 신용카드 대출 부실 문제로 불거진 이른바 카드대란 사태가 있었고, 2007~2008년경에는 대형투자은행이었던 리먼브러더스의 파산으로 촉발되었던 미국발 세계적인 금융위기가 있었다.

그리고 2016년 경주지진과 2017년 11월의 포항지진은 포항뿐만 아니라 경북 동해안지역 전체에 직간접적인 경제적인 피해를 초래하였다. 무엇보다도 2014년 이후부터 매년 강화되기 시작한 철강 제품에 대한 반덤핑제소 등 미국발 철강 보호무역주의의 영향은 포항경제에 무시할 수 없는 영향을 주었다.[54] 게다

---

54 미국의 철강산업 보호무역주의 등 철강산업을 둘러싼 대내외 환경변화에 따른 영향 등에 대한 상세한 내용은 김진홍(2015.7.31, 최근 지역 철강산업의 대내외 환

가 경주 일원의 호텔, 여관, 음식점, 운수, 쇼핑 시설과 같은 지역관광 관련 산업을 거의 괴멸시키다시피 하였던 중국의 사드 배치를 둘러싼 제재조치로 관광수요가 급감한 것은 포항의 관광산업까지도 부정적인 영향을 끼쳤다. 2019년 말경부터 세계적인 판데믹으로 확대된 코로나19 사태는 전방위적인 외부충격 요인이었다. 이상과 같이 거론한 여러 요인 가운데 경주와 포항지진을 제외하면 모두 전국 공통의 경제적 외부효과를 초래하는 사건이었는데도 불구하고 다른 지역에 비해 포항지역 경제는 상대적으로 회복세가 뚜렷하게 나타나지 않고 있다. 실제 2000년대 들어선 이후 연평균 경제성장률이 단계별로 낮아지는 현상을 보이고 있다. 그야말로 누구도 부정할 수 없는 포항경제의 '잃어버린 20년'인 것이다.

이러한 현실에 포항경제가 처하게 된 배경에는 아주 복합적인 원인이 있을 것이다. 지역경제가 성장하거나 쇠퇴하는 것은 결국 지역 내 경제 주체들이 그동안 수행해 온 경제활동의 성적표나 마찬가지다. 때문에, 지역 경제활동의 알파와 오메가를 차지하고 있는 철강 부문은 물론 건설, 운수, 음식, 숙박 등 다양한

경변화 점검과 시사점), 김진홍.박상우(2015.11.6., 미국의 한국산 강관 반덤핑 판정과 지역의 대응방향, 한국은행포항본부), 김진홍(2015.12.31, 향후 포항경제의 지속가능한 경제성장의 기본방향, 한국은행포항본부), 박상우(2016.1.15, 최근 지역철강업계의 구조조정 추진현황과 시사점, 한국은행포항본부) 등을 참조바란다.

분야들 모두 각자 나름의 원인과 배경을 가지고 나름의 실적을 낸 결과 성장세를 보이거나 부진한 성적표를 받아들게 되었을 것이다. 다만 각 부문이 낸 결과들을 모두 합한 것이 지역내 총생산의 수치로 나타난다는 점에서 포항지역 경제의 부진 내지는 장기적인 정체현상은 바로 이들 각 경제주체가 지닌 내재적인 구조적 취약성이 때로는 단독으로 때로는 서로 얽히며 복합적으로 작용했기 때문일 것이다.

본서는 어디까지나 포항지역 경제가 걸어온 근현대기의 역사적인 발자취를 짚어보는 데 주목하고 있는 만큼 지면 관계상 지역 내 주요 경제산업 부문별로 상세하게 각자가 내재하고 있는 구조적인 문제를 일일이 거론하는 것은 타당하지 않다. 포항시가 우리나라를 대표하는 철강 도시로 성장하게 된 것은 1967년 정부가 포항종합제철을 포항에 건설한다고 결정한 것이 계기가 되었음은 주지하고 있는 사실이다. 포항에서 종합제철소의 건설이 시작된 때부터 거의 동시에 철강 공단이 조성되자 포항지역으로 철강기업들이 자리를 잡아 집적을 이루기 시작하였다. 그 이후 포항경제는 포항종합제철을 구심점으로 삼아 지역 철강기업들도 동반성장을 이루면서 포항시 인구도 빠르게 늘어났다. 다만 포항지역에서는 철강을 소재로 하는 전후방 연관산업과 관련한 기업들이 서로 경쟁과 융합, 연대를 통한 창의와 혁신을 일으키는 명실상부한 철강산업클러스터로 발전하지는 못하였다.[55] 사실 당시만 하더라도 공단이라는 존재는 유사한 기능이나 목적을 지닌 기업들의 집적지라는 개념 정도로 인식되던 때이기도 하였다. 그저 철강기업들이 한 지역에 모이는 것에 그치고 만 포항의 철강 공단은 오랫동안 국내 유일의 독점적 철강 소재의 공급기지 역할만으로도 만족했을 뿐이다. 즉 국가의 경제성장에 맞추어 전국적인 철강 자재 수요에 대응하는 철강 소재의 공급기지 역할을 독점적으로 수행하면서 외형적인 성장을 달성하였으나 자율적 순환 메커니즘이 작동할 정도의 내부 경쟁적인 산업클러스터로서 지역 자체의 수평적·수직적 경쟁이 개방된 생태계로 확장하지는 못한 것이다. 그저 서로 기업간의 사업영역을 침범하지 않는 암묵적인 경쟁 회피를 선택함으로써 지역 철강산업은 규모대비 부가가치 창출 효과가 낮고 외부적 요인에 많은 영향을 받는 취약점을 안게 되었다. 따지고 보면 글로벌 금융위기 이후 포항경제가 수년간 침체에 빠졌던 것도 이러한 구조적 취약성이 드러난 결과다. 결론적으로 첫째, 포항지역 경제에서 가장 큰 비중을 차지하고 있는 철강산업의 경우에는 2005

---

55 포항 철강업이 철강클러스터로 자리매김하지 못하였다는 것에 대한 상세한 내용은 김진홍(2012.7, 포항 철강 클러스터의 구조적 문제점 진단, 한국은행포항본부)을 참조 바란다.

년 이후 빠른 속도로 세계 철강 시장에서 압도적인 영향력을 발휘하기 시작한 중국 철강산업의 비약적인 성장으로 세계 시장에서 종전과 같은 중저가급의 철강재를 무기로 하는 가격경쟁력을 갖추기 어려워졌다는 점이다. 둘째, 포항지역 자체적으로 철강의 최종재로 이어지는 자율적 선순환 생태계를 조성하지 못한 점이 내외로부터의 충격에 대한 내성을 약화시키는 요인으로 작용하였다. 마지막으로 무엇보다도 오랫동안 독과점에 가까운 공급자 우위에 젖어 있었던 관계로 하이테크 고급강재 부문에서 선진국을 추월할 만한 기술개발이나 품질경쟁력 확보에 등한시한 점도 세계 시장에서의 경쟁력 약화요인으로 작용하게 되었다는 점이다. 포항 철강산업의 부진은 바로 이 세가지 요인이 모두 복합적으로 작용한 결과인 셈이다.[56]

포항에서 철강산업이 성장 발전하면서 필연적으로 늘어나게 된 인구 증가로 지역 내 주택건설이나 각종 토목공사, 공장건설 등 다양한 건설수요가 발생함에 따라 철강업의 성장세와 거의 동기화되는 수준으로 지역 건설업체들도 빠르게 성장하였다. 또 철강재를 운송 보관하는 물량이 증대하면서 지역의 물류산업도 함께 성장하였다. 하지만 지역의 건설업체들 대부분은 특별한

---

56 지역 철강업에 대한 상세한 내용은 김진홍(2015.2, 2000년대 이후 지역 철강산업의 구조변화 분석과 시사점, 한국은행포항본부) 등을 참조 바란다.

노하우가 없더라도 저가의 인건비와 노동력만 갖추면 어느 정도 매출을 확보할 수 있는 토목건설 분야에만 치중한 나머지 전문 인테리어업와 같은 고부가가치형 전문건설업종의 육성에는 실패한 것이 지역 건설업 전체의 성장이 정체된 핵심 요인의 하나라 할 수 있다.[57] 마찬가지로 지역물류업도 주요 세부 업종이 사실상 철강 부문에 특화되었다고 할 정도로 치우쳐 있는 데다 오랫동안 교통오지라는 불명예를 안고 있었던 관계로 외부 물류업체의 시장진입이 자연스럽게 막혀 사실상 독점적 물류 기반을 누렸기에 외형은 확대되었으나 선진 물류업체와 같은 내실까지는 갖추지 못한 면도 성장의 제약요인으로 작용하고 있다.[58]

결국 이러한 요인들이 복합적으로 작용하면서 2000년 이후 포항지역 경제성장률이 정체되는 결과를 초래한 셈이다. 〈표 6〉과 같이 2000년대 출범 이후 약 10년간 연평균 경제성장률이 2.48%이었으나 그 이후 계속 낮아진 것은 특별한 외부 충격요인 때문이라기보다는 포항지역 경제가 안고 있는 구조적 문제점이 여전히 해결되지 않고 있기 때문이라고 본다.

---

57 지역 건설업에 대한 상세한 내용은 김진홍(2015.4, 포항지역 건설업의 현황과 육성발전을 위한 개선 과제, 한국은행포항본부)를 참조바란다.
58 지역 물류업에 대한 상세한 내용은 김진홍(2015.4, 포항지역 물류산업의 구조변화와 향후 정책과제, 한국은행포항본부)를 참조바란다.

표 6. 2000년 이후 주요 기간별 포항지역 연평균 실질 경제성장률 비교

	2000~2011년중	2005~2016년중	2015~2020년중
연평균 실질 GRDP성장률(%)	2.48	1.97	0.83

자료: 필자 자체 작성

다른 한편으로는 〈그림 13〉에서처럼 2000년 이후 2010년까지만 하더라도 지역내 제조업의 출하와 급여의 증감율은 거의 동기화되었었다. 하지만 2010년 이후에는 출하액 증가율을 상회하는 급여증가율이 지역의 철강 경기 부진과 맞물리면서 지역의 가격경쟁력과 부가가치율을 더욱 떨어트려 지역 내 구조조정 강화, 공장의 타지역이전 등을 부채질하는 요인으로 작용하였을 가능성도 부정하기 어렵다. 코로나 19 사태 발생 이후에는 더욱 격차가 확대된 것을 확인할 수 있다.

그림 13. 포항시 제조업 급여, 출하, 1인당 부가가치 증감률 변화

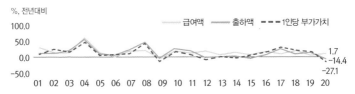

주: 2002년, 2017~2019년 단 4개년을 제외하면 대부분 1인당 부가가치 증가율이 급여액 증가율을 하회
자료: 경상북도 통계DB, 시군별 광업제조업통계

이처럼 철강 경기의 약화와 동기화하는 형태로 철강을 좌우에서 보좌하는 쌍두마차였던 건설과 물류가 가세한 포항의 3대 주력 산업이 동반 정체됨에 따라 포항시 지역내총생산에서 차지하는 철강을 포함한 제조업 비중도 2000년 절반이 넘는 52.0%에서 2020년에는 38.8%로 크게 위축되었다. 지역 경기가 감속함에 따라 필연적으로 관련 부분에 대한 직접투자나 간접지원이 감소하게 된 문화 및 기타 서비스업의 경우에는 포항시 지역내총생산에서 차지하는 비중이 같은 기간 대비 반 토막 이하(동 6.1% → 2.6%)로 떨어졌다. 그러는 동안 1970년대 유입되었던 지역내 산업인력을 포함한 거주민의 고령화[59]가 진전되면서 요양보호를 포함한 보건 및 사회복지서비스업의 경우에는 같은 기간대비 비중이 1.7%에서 4.9%로 크게 확대되기도 했다. 반면 2000년 이후 지역 부동산 건설 붐과 더불어 가계의 주택담보대출 등이 확대됨에 따라 같은 기간 대비 건설업(동 5.1% → 6.4%)과 금융보험업(동 2.8% → 4.8%)은 비중이 늘어나기도 하였다.(그림 14. 참조)

---

59 지역 산업인력의 고령화와 관련된 상세는 김진홍.김진호(포항시의 산업인력 고령화 실태와 부문별 대응방향, 한국은행 포항본부, 2013.11)을 참조 바란다.

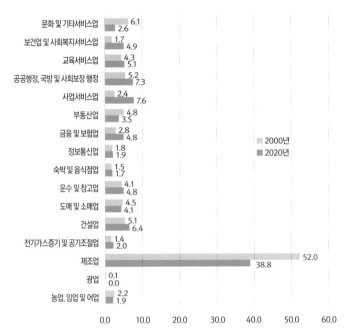

그림 14. 포항시 실질지역내총생산의 비중 변화

- 문화 및 기타서비스업: 6.1 / 2.6
- 보건업 및 사회복지서비스업: 1.7 / 4.9
- 교육서비스업: 4.3 / 5.1
- 공공행정, 국방 및 사회보장 행정: 5.2 / 7.3
- 사업서비스업: 2.4 / 7.6
- 부동산업: 4.8 / 3.5
- 금융 및 보험업: 2.8 / 4.8
- 정보통신업: 1.8 / 1.9
- 숙박 및 음식점업: 1.5 / 1.7
- 운수 및 창고업: 4.1 / 4.8
- 도매 및 소매업: 4.5 / 4.1
- 건설업: 5.1 / 6.4
- 전기가스증기 및 공기조절업: 1.4 / 2.0
- 제조업: 52.0 / 38.8
- 광업: 0.1 / 0.0
- 농업, 임업 및 어업: 2.2 / 1.9

2000년
2020년

자료: 통계청 국가통계포털

　　전반적으로 포항시 지역내총생산의 경제활동별 비중 변화는 결국 경제활동별로 특별한 혁신이나 성장동력으로 비중이 변화한 것이 아니라 포항시의 인구사회 구조의 변화에 따른 현상이 일부 반영된 가운데 나머지 요인 대부분은 지역 철강업 등 제조업 부문의 약화에 따른 상대적인 비중 확대로 해석해야 마땅하다. 〈그림 15〉에서 볼 수 있듯이 1990년대, 2000년 이후 10년 단위의 연평균 포항시 제조업의 주요 지표들을 살펴보더라도 두 자릿수에서 한 자릿수로 그리고 거의 마이너스 증가율로 급격하게 출하액과 부가가치 그리고 투자 규모가 줄어든 것을 보더라도 지금까지의 현실 진단에 큰 무리가 없음을 이야기하고 있다.

그림 15. 포항시 제조업 주요 지표의 연평균 증가율 비교

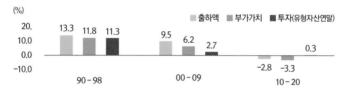

자료: 통계청 국가통계포털

내일의 포항경제를 위하여

앞으로 포항경제가 지속가능한 성장 내지는 발전을 지속해 나가기 위해서는 지금까지의 포항경제의 역사적 흐름을 최대한 참고하여 포항의 미래를 설계해나가야 할 것이다. 그런 면에서 새로운 혁신 언제나 안주하지 않는 향상심이야말로 포항지역 일원의 지역민 달리 표현한다면 '포항인'이 원천적으로 보유하고 있는 DNA일지도 모른다. 이러한 강인함은 일제강점기 시대에 일본인 면장의 횡포와 차별에 분연히 일어났던 포항의 조선인들이 전개하였던 면장 배척 운동에서도, 구한말 산남의진의 치열했던 의병투쟁에서도, 광복 직후 좌익과 우익의 치열한 투쟁 과정에서도, 6·25전쟁 당시 형산강이 '혈산강'이라 불릴 정도로 최후의 반격에 성공하여 자유 대한민국을 수호했던 것에서도 너무나 잘 나타나고 있다.

전쟁으로 파괴된 폐허에서 불과 십 년 만에 도시의 재건사업을 조기에 성공시켰던 바다 사나이들이 맨주먹만으로 달려들어 준설공사부터 매립공사까지 포항종합제철이 들어설 도시기반을 온갖 어려움에도 밤낮없이 부족한 노동력을 제공하였기에 포항종합제철의 제철소 건설이 가능했다고 평가할 수 있을 것이다. 많은 환경오염과 산업재해라는 희생이 뒤따르는데도 우리 경제의 고도성장기를 형산강 자락에서 '제철보국'이라는 단 네 글자만 가슴속에 품고 이룩할 수 있었던 것도 포항지역 주민들의 인내와 자발적인 협조가 있었기에 가능하였음은 누구도 부정할 수 없을 것이다.

그러한 희생과 어두움이 있었기에 다른 한편에서 한강의 기적도, 영일만의 기적도, 형산강의 기적도 이야기할 수 있는 것이다. 영일만 해역은 고대부터 언제나 지역민의 생계를 책임졌던 수산업의 성지였기에 포항종합제철의 입지는 영일만 바다를 터전으로 삼은 이들에게는 암흑기를 예견하는 사건이었다고 해도 과언은 아니었다. 명사십리로 전국에서 수만 명의 해수욕객이 항상 몰려들었던 송도의 백사장과 송도해수욕장의 혼잡했던 모습은 어느새 사라지고 폐장된 지 오래다. 모든 기적에는 이처럼 밝고 어두움이 언제나 함께 존재하는 것이다.

어디까지나 필자 개인적인 견해이지만 2000년대 들어선 이후 포항지역에 경제적 영향을 주는 정책 결정에는 몇몇 시기적인 실수를 범한 것 또는 아쉬웠던 점이라면 대체로 다음과 같은 것이 아니었을까 생각한다. 생각나는 대로 이야기하자면 먼저 동해안 고속도로 건설 계획을 당초 원안대로 추진하지 않고 이를 비틀어 정치력에 의존하여 영일만대교를 건설하는 방향으로 변경함으로써 조기에 고속도로를 개통하지 못한 점[60], 영일 신항만을 건설한 후 개장하는 과정에서 선사에 부두운영권을 주지 않았던 점[61], 그리고 그보다 앞선 시기에 있었던 광양제철소 건설 계획이 나올 당시 포항시에서 철강산업의 미래 방향성을 읽고 자유화가 적극적으로 추진되던 시기였던 점을 최대한 활용하여 자동차, 각종 중장기, 탱크와 같은 군수업 등 철강 소재를 활용한 최종재를 포함한 지역 철강과 시너지효과를 낼 수 있는 차세대산업의 유치나 육성에 무관심하였다는 점 등을 들 수 있다.

특히 계획경제 시절이었더라도 중앙정부의 개발 계획에 동참하는 과정에서 철강산업 전체를 시야에 두는 생태계 조성보다는 포항종합제철의 우산 안에 안주하는 안이한 현상 유지 정책으로 일관하였다는 점이 가장 큰 실수였으며, 1995년 도농통합 당시

---

60 영일만대교의 경제효과에 대해 여러 견해가 있으나 필자는 무엇보다도 영일만대교 건설로 고속도로 계획이 변경되지 않았다면 그 이후의 물류의 움직임이 달라지면서 포항경제에 긍정적으로 작용하였을 것이라는 점을 이야기하는 것이다. 또 영일만대교의 건설도 당초에는 100% 국책사업이 아니라 민자참여라는 조건부 계획이었기에 사실상 대교 자체가 지닌 물류통행을 통한 자본회수가능성을 고려할 때 그동안 대교건설이 지지부진하였다는 점도 지적하고 싶다.

61 영일신항만의 경우 당시의 국내외적 추세로 볼 때 선사들이 대부분 직접 운영하는 부두로 물동량 확보를 위해 정박하기 시작하였던 것을 고려할 때 당시 건설사가 아닌 해운사가 터미널운영을 담당하였다면 영일신항만의 손익분기 물동량의 확보도 지금처럼 어렵지는 않았을 가능성을 부정하기 어렵다.

도시 체질의 전환기에도 도시행정과 도시 전체의 발전 방향을 정립하지 못한 채 문제 발생 이후에야 사후적인 수습을 위한 미봉책에 그치다 보니 도시 전체가 큰 그림으로 관통되는 모습이 아닌 어수선한 난개발에 그치고 말았다는 점도 빠트릴 수 없다.

포항지역 경제의 주력인 철강산업은 우리 경제가 성숙단계에 진입하고 중국의 철강산업이 부상함에 따라 철강공급 과잉과 치열한 국내외 경쟁 등으로 어려운 부진상태를 계속하고 있다. 그나마 가끔 국제 철광석 가격이 하락할 때는 원가 부담의 감소로 수익성이 일시 개선되고 철강 제품군의 구성도 비교적 고가제품으로 구성되어 있어 일정한 시장지배력을 유지하고 있는 것도 사실이다. 그러나 분명한 사실은 흔히 포스트 철강이니 포스트 포스코니 하는 이야기들로 철강이 아닌 전혀 다른 무언가를 성장동력으로 육성해야 할 것이라 믿는 이들이 많다. 하지만 이는 어불성설이다. 엄밀하게 말한다면 포항의 앞날은 오랫동안 누적된 지역 철강 부문의 암묵지를 적극적으로 활용하여 주변 산업과 융복합하고 철강의 장점을 주춧돌로 삼아 이를 적극 활용 가능한 사업으로 확장시켜 성장과 발전을 도모해야만 한다. 철과 강은 성숙 또는 사양 단계일지는 모르나 철강에 금속을 융복합시킨 기계금속부문은 그 어떤 미래 산업에서도 필요로 하는 무한 발전 가능성을 지닌 분야이며, 바로 여기에 포항의 지속가능성과 밝은 미래를 꿈꿀 수 있음을 깨달을 필요가 있다.

앞으로 지역 철강 산업계가 이러한 약점과 위협요인을 극복함과 동시에 강점과 기회요인을 최대한 살려 대내외 경쟁력을 획기적으로 강화해 나가려면 다음과 같은 방향으로 정책적 노력을 계속 추진해나가야만 한다고 본다.

첫째, 지역의 철강산업이 부가가치 창출 효과를 높이고 외부적 요인에 좌우되는 취약성을 줄이려면 철강산업의 경계를 넘는 확장된 생태계를 조성한다는 관점에서 철강과 비철강이 어우러져 융복합을 이루며 발전할 수 있는 생태계를 만들기 위한 노력을 게을리하지 말아야만 한다. 포항의 철강산업은 우리나라 국가산업정책의 큰 틀 속에서 철강기업들이 집적되며 국내에서 철강 소재의 유일한 공급기지로 자리매김하였던 과거의 기능과 역할이 점차 약해지고 있다. 이처럼 철강 부문에 과도하게 쏠린 산업구조가 최근 들어서는 오히려 지역 산업의 균형발전과 탄력적 산업구조로의 전환을 저해하는 걸림돌로 작용하기도 한다. 2000년대 이전까지 주어졌던 장기간 독점적인 공급자 지위에 힘입어 비교적 순탄한 성장을 이루어 왔다. 결과적으로 역내 기업 간 경쟁과 이를 통한 이노베이션 창출 능력을 상대적으로 충분히 배양하지 못함에 따라 국내외 경제 여건의 급격한 변화와 경기 위축에 대한 내구력도 그리 강하지 않은 모습을 나타내고 있다. 철강의 사회적, 경제적 가치증대를 위한 기업간 공동협력을 통해 포항의 철강기업 집단이 지닌 강점을 최대한 살려 이와 관련한 전후방연관산업에 속한 기업을 지속 발굴, 육성해야한다. 지역 자체내 고기술균형(중간재산업의 발전이 다시 최종재산업의 성장을 견인하는 산업연관 구조)을 달성하여 선순환이 가능한 철강생태계, 철강금속클러스터로 탈바꿈하여 자율적 성장 메커니즘이 작동될 수 있도록 지역 산업구조를 재편해 나가는 것이 무엇보다도 시급한 과제다.

둘째, 우리 경제가 이미 성숙단계에 진입한 현실을 고려할 때 최종 사용자(기업, 소비자 등)에게 최적화된 소재 개발을 통해 신규 철강수요 엄밀하게 말한다면 철강 금속 수요를 창출해야 한다. 4차산업혁명을 이야기할 것까지는 없더라도 하드웨어와 서비스의 일체화를 도모해야만 한다. 경제주체들은 특정 제품(기업)에 대한 신뢰를 바탕으로 늘 새로운 제품, 새로운 기능, 새로운 디자인을 요구하는 상황[62]이다. 만약 공급자가 이를 외면하거나 관심을 두지 않는다면 '계속 기업'으로 살아남을 수 없는 수요맞춤형 시장으로 거의 모든 산업환경이 바뀌었거나 바뀌고 있는 과정에 있음을 깊이 인식할 필요가 있다. 일례로 일본의 신일

---

62 이와 관련한 상세는 김진흥(자동차에 대한 환경규제 강화가 철강산업에 미치는 영향과 시사점, 한국은행포항본부, 2015.1.9)를 참조 바란다.

본제철(현 일본제철)은 소재 개발단계부터 최종수요자(기업)의 요구사항을 반영하기 위해 공동으로 T/F를 구성하여 최종제품을 개발함으로써 사전에 적정 수요를 이미 확보한 상태에서 소재를 개발함에 따라 선제적으로 재고에 대한 불안리스크 자체를 불식시키고 있다. 실제 2011년까지 미국에서의 공동특허 출원을 포함한 특허매수건에 대한 주요 출원인 구성을 비교해보더라도 한일간 철강기업의 전략적 차이가 확연하게 나타난다. 일례로 포스코의 경우 포스텍, RIST, 포스코ICT 등 대부분 특허출원인이 포스코 패밀리인데 반해, 신일본제철의 경우에는 토요다자동차, 미쓰비시중공업, 혼다자동차, 시너지컴퓨터그래픽 등 철강수요기업이 비중을 많이 차지하고 있다.[63] 지역의 철강산업이 지속가능한 성장을 담보하려면 어려운 환경에서도 늘 소재를 이용하는 최종재시장과 그 제품을 생산하는 기업들의 목소리에 주목하면서 혁신을 위해 노력해 나가야만 한다.

셋째, 지역경제에서 철강산업의 비중은 절대적이다. 그에 맞추어 경영활동 지원 차원에서라도 지식기반 기업에 대한 지원서비스업계의 육성에도 관심을 기울여야만 한다. 이처럼 철강산업과 서비스산업의 융복합을 진전시켜 선순환이 가능한 성장 메커

---

[63] 이와 관련한 상세한 내용은 "일본 철강업의 세계최고경쟁력 유지 및 강화를 위한 대응책과 시사점(김진홍, 한국은행포항본부, 2015.7.18)"을 참조 바란다.

니즘이 지역에서 작동될 수 있도록 유도해야된다는 말이다. 특히 기업지원 서비스는 기업의 가치사슬 프로세스 전반에 걸쳐 필요로 하는 중간 투입물의 일부를 외부에서 생산/공급하는 유사 생산자 서비스의 기능을 수행한다. 이는 제조업을 포함한 다른 기업의 경영활동을 지원하기 때문에 역내 제조업에 지속가능한 성장동력을 제공할 수 있어 제조업과 서비스업의 동반성장 차원에서도 육성해 나갈 필요가 있다. 특히, 철강산업과 연관한 기업지원 서비스산업의 기업 간 상호연계성이 강화되고 시너지 효과를 창출한다면 포항지역 자체는 물론 다른 지역까지 기업지원서비스업종의 경쟁력을 확보할 수 있다.

마지막으로 포항지역 경제가 지속 가능한 개발 목표를 향하여 차질이 없는 중장기적인 정책 운영을 원활하게 하기 위해서는 무엇보다도 선출직 공무원인 시장이나 지역 국회의원과 무관하게 기조적인 성장전략과 도시의 발전 방향성을 고수할 수 있는 지역 내 정책연구기능의 존재가 무엇보다도 절실하다. 물론 광역지자체 단위로 설치 운영되고 있는 발전연구원 등과 같은 싱크탱크도 운영자금을 지원하는 선출직 시장이나 도지사 등이 의사결정 과정에 관여하기 때문에 그 지역의 발전 방향이 다소라도 틀어질 가능성이 전혀 없다고는 할 수 없다. 하지만 적어도 그와 같은 정책 결정 보드가 수시로 조변석개할 가능성이 없다는 점에서 도시의 중장기 발전에는 그렇지 않은 것보다는 분명 유용하다고 할 것이다. 지역내 대학이나 연구기관 가운데 포항 지역에 대한 종합적인 경제사회정책을 입안할 기관은 없다. 지역내 연구소도 기업이나 다른 기관에서 자금을 지원받는 용역사업이 아니면 운영하기 어려운 약점을 지닌 곳도 적지 않다.

지금까지 이러한 성격에 적합한 조직 자체가 포항에 전혀 없던 것은 아니다. 일례로 한동대에 설치된 환동해경제사회연구소, 포항테크노파크의 정책연구소도 있다. 하지만 그들이 지역에 국한된 객관적인 도시정책 관련 연구를 수행하거나 반대로 예산권을 지닌 포항시 행정과 무관하게 중립적 시각으로 정책을 제언하는 기능에는 다소 손색이 있었던 것도 사실이다. 중장기적으로 도시발전전략을 입안하고 지역 행정기관의 수장이나 정치 지도자들이 바뀌더라도 초지일관 포항지역 경제를 포함한 각부문이 진화할 수 있는 근본적인 정책들을 연구, 입안하여 지역의 미래를 책임질 '씽크탱크'를 지금이라도 만들어야만 한다. 가능하다면 지자체 등으로부터 예산을 지원받더라도 국책연구기관처럼 적어도 연구기능 부분에서는 독립적인 의사결정과 운영이 가능하도록 조례로 제도화된 포항미래발전연구원(가칭) 또는 포항지역경제사회연구소(가칭)와 같은 조직의 설립과 운영이 포

항의 미래를 밝히는 최고의 수단중 하나가 아닐까 생각한다.[64]

　앞으로 포항지역 경제는 지속가능성을 항상 염두에 두면서 지금까지 근현대기를 거치는 동안 온갖 역경을 헤쳐나와 시대적 흐름을 선도해왔던 것처럼 앞으로도 모든 포항지역 내 경제주체들은 또 다른 혜안을 찾아낼 것이라 믿는다.

64　경북일보.포항시, "포항담론 70, 포항 더 새로운 미래로", p41

근현대
포항지역 경제사
연표

근현대 포항지역 경제사 연표

연월일		내용
삼한시대		포항지역 일원에 소읍국인 근기국에 속한 어촌 부락들이 존재
157		신라 아사달왕 4년에 연일현을 설치하다(동사강목 부록 상권 상/고이 편)
757		신라 경덕왕 16년 오천 또는 임정현으로 행정구역이 존재
1012	5월	동여진이 청하현, 영일현, 장기현에 침입하여 강민첨 등이 격퇴함(고려사, 현종 3년 5월)
1425		현 포항지역 1,278호(흥해군 423, 영일현 417, 장기현 203, 청하현 235), 인구수 10,609명(흥해군 4,036, 영일현 3,628, 장기현 1,736, 청하현 1,209)→경상도지리지
1427	9월 16일	경상도 영일현에 지진이 일다(세종실록 권 37)
1518	3월 8일	경상도 흥해군과 청하현에 지진이 있다(중종실록 권 32)
1596	8월 10일	경상도 흥해, 영일현, 경주부에 폭우가 쏟아져 전답이 모두 포락하다(선조실록 권 78)
1731		영조 7년 구휼용 곡식보관을 위한 포항창진 설치(최대 보관능력 10만석)
		문헌상 최초로 조선왕조실록에 '포항(浦項)'이라는 지명 등장. "영조 신해년(7년) 관찰사 조현명이 고을 북쪽 20리에 포항창진(浦項倉鎭)을 개설하고 별장을 설치"(창진은 함경도 지방 백성 구제를 위한 곡식 보관장소)
1750		현 포항지역 10,808호(흥해군 3,235 영일현 3,902, 장기현 1,892, 청하현 1,779) 인구수 ?(흥해군 11,886, 영일현 16,246, 장기현 ?, 청하현 5,286)→해동지도
1759		현 포항지역 10,913호(흥해 3,555, 영일 3,916, 장기 1,890, 청하 1,552), 인구수 43,024(흥해 12,988, 영일 17,312, 장기 6,673, 청하 6,051)→여지도서기 묘식년
1770		청하읍내시장 매월(5, 10일, 매월6회) 장시 개시-청하 덕성리 소재, 장기읍내시장(매월 1, 6일 6회), 흥해읍내시장 매월 2, 7일, 송라시장 매월 3, 8일, 여천시장 매월 4, 9일(포항동 소재), 포항동 포항시장 매월 1, 6일(월 6회) 장시 개시(동국문헌비고 등)
1784		정조 8년 포항창진 폐지되고 포항창으로 격하
1789		현 포항지역 11,374호(흥해 3,520, 영일 4,015, 장기 2,174, 청하 1,665) 인구수 45,901(흥해 12,900, 영일 18,544, 장기 8,138, 청하 6,319)→호구총수

연월일		내용
1800		청하 동문외시장(1, 11, 21일 월 3회) 개시이후 1917년 매월 1, 6일(월6회) 장시개시 연화시장 매월 2, 7일(월6회), 부조시장 매월 5, 10일(중명리), 1909년 조사(10, 20, 30일 3회개시), 1937년 하부조시장(5, 15, 25일개시). 관전시장 10일장(8, 18, 28일) 송라 덕천리, 1917년 송라장과 분설 관동시장으로 개칭(임원경제지)
1832		현 포항지역 11,495호(흥해 3,555, 영일 3,989, 장기 2,239, 청하 1,712) 인구수 46,750(흥해 12,988, 영일 18,558, 장기 8,531, 청하 6,673)-경상도읍지
1853		러시아 함대 팔라다호, 영일만까지 남하하여 동해안을 측량
1870		고종 7년 군사기지 포항진 설치
1871		현 포항지역 11,416호(흥해 3,390, 영일 3,989, 장기 2,292, 청하 1,745) 인구수 46,382(흥해11,357, 영일 18,558, 장기 9,560, 청하 6,907)-영남읍지, 영일에 포군을 설치
1872		포항진지도(浦項鎭地圖) 제작
1874		11월 15일(음) 경찰도 관찰사 건의로 포항진이 폐쇄
1876		조일수호조규(강화도조약) 체결, 부산항 개항
1878	6월	제일국립은행이 부산포지점 개설
1882	8월 30일	조일수호조규속약체결로 일본 공사관원이 조선 각지로 통행 가능해짐
1883		일본 아리타도자기 수입증대로 경영난에 빠진 경기도 이천 사옹원 분원이 민영화
		이즈음 포항 영일지역 일대 민간 백자 등 전통 가마들도 운영을 중단하였을 가능성
1894	7월	고종 31년 7월부터 1896년 2월까지 3차례의 갑오개혁 운동
		갑오농민전쟁(동학당의 난) 발생, 정부군과 보부상 상병이 동학군과 전투. 갑오경장
1895	8월	1896년 2월까지 제3차 갑오개혁(일명 을미개혁)으로 친일내각 구성
		영일군이 동래부 관하로 들어감
1896	8월 4일	23부제 폐지, 13도제 실시로 흥해, 연일, 장기, 청하 4개군이 다시 경상북도 관할로 복귀
1897	4월 2일	독일상사인 세창양행 화륜선 현익호가 제물포항에서 출항 남해안 각항과 포항을 경유
	8월 29일	세창양행 화륜선 창룡호가 제물포항에서 선객.화물을 싣고 남해안 각항과 포항을 경유

연월일		내용
1897	10월 10일	세창양행 화륜선 창룡호가 제물포항에서 선객, 화물을 싣고 남해안 각항과 포항을 경유
	10월 12일	대한제국 선포, 광무개혁 추진
	12월 27일	세창양행 화륜선 현익호가 제물포항에서 선객, 화물을 싣고 남해안 각항과 포항을 경유
1898	1월 27일	세창양행 화륜선 창룡호가 제물포항에서 선객, 화물을 싣고 남해안 각항과 포항을 경유
	3월 3일	세창양행 화륜선 현익호가 제물포항에서 선객, 화물을 싣고 남해안 각항과 포항을 경유
	3월 19일	세창양행 화륜선 창룡호가 제물포항에서 선객, 화물을 싣고 남해안 각항과 포항을 경유
	3월 30일	세창양행 화륜선 창룡호가 제물포항에서 선객, 화물을 싣고 남해안 각항과 포항을 경유
	5월 1일	세창양행 화륜선 현익호가 제물포항에서 선객, 화물을 싣고 남해안 각항과 포항을 경유
	6월 29일	세창양행 화륜선 창룡호가 제물포항에서 선객, 화물을 싣고 남해안 각항과 포항을 경유
	8월 16일	세창양행 화륜선 현익호가 제물포항에서 선객, 화물을 싣고 남해안 각항과 포항을 경유
	8월 27일	세창양행 화륜선 창룡호가 제물포항에서 선객, 화물을 싣고 남해안 각항과 포항을 경유
	10월 4일	세창양행 화륜선 창룡호가 제물포항에서 선객, 화물을 싣고 남해안 각항과 포항을 경유
	11월 5일	세창양행 화륜선 창룡호가 제물포항에서 선객, 화물을 싣고 남해안 각항과 포항을 경유
1899	1월 2일	세창양행 화륜선 현익호가 제물포항에서 선객, 화물을 싣고 남해안 각항과 포항을 경유
	2월 18일	세창양행 화륜선 창룡호가 제물포항에서 선객, 화물을 싣고 남해안 각항과 포항을 경유
	3월 6일	세창양행 화륜선 현익호가 제물포항에서 선객, 화물을 싣고 남해안 각항과 포항을 경유
		한자로 된 『연일군읍지』 『흥해군읍지』 『장기군읍지』 『청하현읍지』가 간행됨

연 월 일		내용
1901		가을경 상거래를 목적으로 최초로 일본인이 포항지역을 방문(당시 연일군 북면 포항동의 어촌 부락은 남빈, 여천, 학산 3개 동에 120~130호 형성. 포항의 거래 물자는 쌀 5~6만 석, 콩 3~4만 석 정도, 쌀 1석은 4, 5원 정도)
1902	6월	울릉도 재류 일본인들이 부산이사청 인가를 얻어 일본인 자치공동체를 결성
		일본 본토에서 '한국의 백동화 위변조범 처벌령' 제정(당시 조선 전환국이 일본에서 수입한 기계로 5전 백동화를 제조), 일본 상인들이 일본에서 밀조한 백동화와 150여 대의 제조기계까지 밀수, 대량제조하여 치부함으로써 조선 내 백동화의 화폐 기능이 거의 상실
1905	5월 27일	러일전쟁의 동해해전으로 포항에서도 폭음과 진동 감지
	5월 28일	경부철도 개통식
	6월 9일	포항우편국 전신인 임시우체소가 영일에 설치됨
	11월 17일	제2차 한일협약(을사늑약) 체결
	12월 14일	통감부에서 영일–경주–영천–경산–대구에 이르는 도로 및 하천 조사 실시 (14~19일중)
	12월	연말경 포항으로 이주한 일본인 통역 1명 포함 총 7명
		제일은행권이 한국 정부 공인 화폐가 됨
		가을경 나카타니 영주목적으로 포항 이주, 포항최초의 일본식 가옥 건축
1906	2월 1일	한국통감부가 설치됨
	3월 1일	1905년 고종의 밀명을 받은 정환직이 아들 정용기를 영천으로 파견, 의병을 모집토록 함. 영천, 영일일대 각 고을의 포수 및 민병들로 산남의진 조직
	3월 11일	사립 광남학교(현 연일초등학교) 개교
	12월 1일	영일임시우체소가 영일우편취급소로 개칭
	12월 7일	대구에 일본인상업회의소가 설립됨(1910년 9월 대구상업회의소로 개명)
		상거래가 거의 엽전으로 거래. 당시 포항의 시장에서 거래되던 주요 공산품은 마포, 토관, 기와, 돗자리, 관물(冠物), 토시, 담뱃대, 놋쇠기구 등(1909~1910년경 일본인 거래품은 나막신), 술, 간장 거래
1907	5월 22일	영천, 경주, 청하, 청송 등지에서 산남의진 재결성
	6월 19일	포항의 일본인회 설립 인가
	7월 20일	고종퇴위, 순종즉위. 다음 해까지 일본군은 반일의용군 1만 4천명과 1,774회 전투
	8월 1일	한국군 군대 해산

연월일		내용
1907	9월 9일	일본 동경수산대학 전신 수산강습소 실습선 카이오호 대보면 인근해상서 좌초 (사망자 4명, 다수 부상자를 현지민이 구조, 9월 12일 일본군 순양함이 부산을 경유 귀환시킨후 목제 기념비가 건립되고 한국 정부에 등대를 조기 건립토록 일본이 강요)
	10월	포항 거주 일본인 연일까지 합쳐 총 36명으로 늘어남
		국채보상운동
		1906~07년경 현 포항시 행정구역 총호수 17,213호 인구수 61,630명(통감부 2차통계연보)
1908	1월1일	법률 제1호 대구지방재판소소속 경주군재판소 검사분국 설치(경주, 영일, 영덕, 울릉군 관할)
	2월 29일	의병 40여명이 흥해군에서 영천군으로 이동하여 포항수비대와 교전
	3월 18일	의병이 포항 가사리에서 경주수비대 척후대, 변장대와 교전
	3월 19일	의병 130여명 인비에서 일본군 경주, 포항수비대를 공격
	3월 26일	통감부령 제25호로 경주군 재판소 검사분국이 대구지방법원 경주지청 검사분국으로 격상하면서 경주군과 영일군을 관할
	5월 1일	연일의 영일우편취급소가 포항으로 철수 이전
	5월 19일	의병 50여명 장기 서남방 약 30리 지점서 포항수비대 13명과 교전, 의병장 등 20명 전사
	6월 11일	동해안 해류조사를 위해 영일만 동쪽 15리 해상에서 일본이 유리병 10개를 최초로 투하
	7월 18일	경북 경주-영일-포항간 경비전화 개통
	12월 11일	한미합작 무역회사인 한미흥업(주)포항지점이 12월 26일자로 설치(황성신문)
	12월 18일	동양척식회사 설립
	12월	한국통감부 제2차 통계연보 발간
		포항 최초 여관요리점 겸업 에도야, 포항 최초 서양식 의사 츠카하라 개업
		조선최고 근대식등대(호미곶등대) 준공(높이 26.4미터 국내 最高)
1909	4월	여관 요정 등 화류계 번성, 포항지역 여종사원 46명
	6월 1일	영일우편취급소가 포항우편전신취급소로 개칭되며 전신사무 개시
	6월	연일군 포항은 예로부터 어업, 소금 등의 재원이 풍부하여 영남에 제일로 호상거부가 많았는데 최근래 상업이 소멸되어 현지 상민들이 한미흥업주식회사 대리점을 개설한 이래 과거의 재원을 회복 중

연 월 일		내용
1909	7월 25일	일본 동본원사 포항포교소 개소
	8월 9일	포항 최초 흥해지방금융조합 설치(1911년 포항지방금융조합 1918년 포항금융조합 개칭)
	10월	(구)한국은행 설립. 제일은행의 중앙은행 업무를 인수, 금화교환가능한 한국은행권 발행
	10월	포항지역에 대한 영사업무 등 관할권 부산이사청에서 대구이사청으로 이관됨
		후루카와(古川茂平)가 포항동에 청주제조업체인 古川酒造工場을 설립
1910	3월 14일	토지조사사업 개시
	6월 10일	사립 천일학교(현 청하초등학교) 개교
	6월 30일	헌병경찰제도 발족
	8월 22일	한국병합에 관한 조약(한일병합조약) 조인
	8월 29일	조선총독부 설치
	9월	칙령 358호로 포항에 대구헌병대 관할 포항헌병분대를, 연일외 10개소에 분견소를 설치
	10월 1일	포항우편전신취급소에서 전화사무 개시
	10월 12일	포항 최초의 전문여관업 하시모토여관 개업
	10월	포항 일본인 인구 432명, 호수 142호 대구–포항간 2등도로 완성
		사립 장명학교(현 장기초등학교) 개교
		조선총독부, 포항 일원 5만 분의 1지도 작성–이 당시 송도는 섬이 아니었음
		일본인 가야노가 구룡포에 최초로 영주목적으로 이주
		사립 광흥학교(현 송라초등학교) 개교
		포항 최초의 신문사 대구조선민보사 포항지국 설립
1911	11월 1일	포항교회 부지내 사립 영흥학교 개교
		조선은행법에 의거 한국은행이 조선은행으로 개칭
		경주, 포항 간 도로개수

연월일		내용
1912		일본인 마쓰오카 가메요시가 청하만에 처음으로 이주
		오치아이(落合捨)가 어묵제조업체인 落合蒲鉢제조공장을 포항동에 설립
		포항우편전신사무취급소에서 일반 전화교환업무 개시(전화개통 29기)
		포항경찰서 서양식 2층건물로 건축
1913	2월	여천화재를 계기로 공식적인 포항소방조 출범
	3월	다니가와하라(谷川原捨松)가 포항동에 농기계제조 谷川原鐵工場을 설립
		나카타니(中谷辰夫)가 포항동에 中谷精米공장을 설립
		구룡포 우편소 설치
		1912년부터 일본 서해안과의 교역개시에 따른 세관감시소 설치
1914	1월	무라카미(村上輿利松)가 포항동에 村上造船工場을 설립
	3월 1일	지방행정 구획개정(부, 군, 면제) 실시, 흥해 장기 청하 연일 4개군이 영일군으로 통합
	4월 1일	포항동 중심 포항면이 탄생(장기군 현내면, 서면은 영일군 장기면, 봉산면으로 변경)
	5월	도리야마(鳥山小熊)가 간장, 된장공장 鳥山釀造工場을 포항동에 설립
	8월 5일	도보 69호로 포항면 구역(득량, 죽도, 학잠, 대도, 상호, 해도, 포항동의 총 7개동) 확정
	10월 7일	형산강 방사제 축조공사 착수
	10월	오오츠카가 대구–포항 1일 1왕복 자동차교통 개시(경북 최초 자동차번호(경북1))
	12월 4일	포항우편국 청사 신축 이전
	12월 8일	영일만내 어업자단체 17명이 발기한 영일어업조합 설립인가 (창립조합원 총820명)
	12월 19일	창주면의 석탄광 채굴권 출원(대구 거주 바바 다테미 외 3명)이 인가됨
		조선총독부에서 포항 지역의 남녀 평균체격 측정실시
		일본인 야마모토 이시, 포항 최초의 전문 산파로 이주
1915	5월	영일 포항 각 요정 설비가 불완전하여 금번 도경무부장 포항방문을 계기로 일체 쇄신
	6월 1일	조선우선회사 포항선이 종래 격일항의 부정기노선에서 일항 전기선을 개시하여 감포, 구룡포 기항이 폐지되고 2척의 기선으로 장생포, 방어진을 거쳐 포항으로 취항

연 월 일		내용
1915	6월 23일	이나다(稻田)여관에서 경북이출곡물개량조합이 지역 곡물상 21명을 초청회동하여 취지를 설명하였던 미곡검사장에 대해 모두 즉시 조합에 가입함에 따라 이날부터 검사가 개시
	9월 3일	영일수리조합인가 지령(4월 6일)에 의거 창립
		연일군청 이전(연일군 생지리에서 포항면 덕산동으로) 청사는 6·25전쟁 당시 소실 (1953년 같은 자리에 재건축, 1995년 이후 북구 청사로 사용)
1916	1월 26일	포항위생조합이 조합 설립인가를 획득
	1월	구마타니(熊谷鹿藏)가 학산동에 熊谷造船工場을 설립
	2월	연일공립보통학교를 4월 1일부로 포항으로 이전함에 따른 교사건축 입찰을 실시
	4월 1일	조선부동산등기령 시행에 따라 대구지방법원 경주지원 포항출장소 업무가 개시
	4월	영일수리조합에서 달전면 기호동, 영리면 중명동, 생지동 대송면 송라동, 포항면 상도동, 포항면 포항 6곳에 전화를 설치할 계획
	8월	영일군 포항 시가로로 중정거리 폭 4간 길이 245간과 呑田선 폭 4간 길이 57간의 그사이 2개선을 개수 경비 약 5천원중 4천원은 도비보조, 욱정 거리 폭 4간 길이 350간은 경비 3,700원으로 개수를 추진
	9월	호우로 대구~포항간 2등도로가 파손, 경주~포항간 도로결손 및 교량 등 파손이 16개소에 달해 대구~포항간 자동차 편도가 10시간이 소요되어 교통불편에 따른 지방민 비난이 고조
1917	2월 28일	일본의 린자이슈 도후쿠지파 포교소 개설
	2월	다년간 문제이던 포항중정시장이 일선 인구 증가로 시가정리를 위해 남빈정 형산강 일부를 매축하고 그곳으로 이전 개시하기로 결정
	4월 9일	포항미두검사소 업무 개시(1920년 경상북도 미두검사소 포항지소로 개칭)
	8월	구룡포항 축항 돌제기부 근처부터 32간 방파제 준공
	10월 1일	면제 시행으로 포항, 학산, 두호 3개동만 포항특별지정면으로 지정 (다른 동 형산면 신설)
		포항역 동해중부선 개통
	10월	포항이 연구결과 포도주 생산을 위한 포도재배 최적지로 확정되어 10월부터 개간 착수
	12월	구룡포의 방파제가 폭풍우로 소실

연월일		내용
1917		경주–포항 자동차(2.5시간) 1일 2회 왕복, 마차(5시간). 포항–울릉도(월 4–5회 기선 운항)
		조선총독부 포항시내 1만분의 1 지도 작성, 포항전기주식회사 설립
1918	2월	영일군 조천면 일월동에 仲野隆一이 미쓰와포항농장양조공장을 설립, 개업(이후 화이트와인, 레드와인, 브랜디 등 생산 일본 백화점에도 판매) 마루미야 상점주인 미쓰와 젠베에가 1914년 유럽전쟁 발발을 계기로 데라우치 총독으로부터 포도주 사업을 권유받고 1917년 10월 동해면과 오천면에 약 60만 평 대지를 구입
	5월 1일	경주에서 조선경편철도공사 포항선이 읍내입구에서 유지50여명을 초대, 기공식을 개최
	5월	포항 수도공사에 착수
	7월 1일	후쿠시마(福島伊平) 등이 자본금 10만원으로 포항동 348에 가마니 제조 영일흥업(주) 창립
	8월 4일	오쿠라(小倉武之助)가 자본금 70만원, 대구에 大興電氣(주) 설립, 포항에 지점을 설치
	9월	포항공립심상소학교 증축을 위한 기공식
	10월 1일	아리가(有賀光豊)가 자본금 1천만원. 경성에 조선식산은행 설립, 포항 등 전국 지점 설치
	10월 21일	대구–포항간 경철 개통을 위해 경주–포항간 경철 시운전을 개시 25일 검사예정
	10월 29일	경주–포항간 경철이 20일 준공되고 21일 검사를 거쳐 영업을 개시
	10월 31일	사설철도 경동선(하양–포항간) 완전 개통 경북제2회물산공진회와 경편철도 대구포항간 완전개통을 계기로 포항 홍보를 위해 조직된 협찬회에서 형산강 후미 땅을 파고 수족관을 설치, 성대한 개관식을 거행
		경북수산제품검사소가 포항항에서 감포항으로 이전
1919	1월 7일	형산강 북하구 도수제 축조공사 착수 시작(2개년 사업으로, 1921년 3월 8일에 준공)
	1월 21일	고종황제 서거
	3월 1일	3.1독립만세 운동 시작
	3월 11일	장날 핵심주동자들 검거된 상태에서 포항 군중이 장터에서 만세 시위운동 전개
	3월 12일	포항교회 신도를 중심으로 수백명이 운집 등불 시가지 행진 이후 영흥학교에 천여명 운집
	3월 22일	청하와 송라면에서 대전교회 신도를 비롯한 동지들이 만세 시위(23명 대표 체포)
	3월 27일	송라면 대전리 두곡 숲에서 만세운동

연 월 일		내용
1919	4월 1일	연일과 동해, 장기, 오천, 대송, 연일, 달전 지역에서 만세운동
	4월 2일	기계, 죽장, 신광, 청하, 송라, 흥해 등 각 면·동에서 일제히 만세운동. 박은식의 「한국독립운동지혈사」에 따르면 그해 영일군의 3·1운동 시위는 청하면 2회를 포함한 9회, 참가 인원은 2900명, 사망자 40명, 부상자 380명, 피검자 320명
	4월 24일	포항에 잠입한 만세운동 주모자 등 수십 명이 24일 거사를 계획했으나 밀고로 단념, 심야에 함경호를 타고 북방 15리 영해 축산항으로 이동하여 영해에서 궐기
	6월 25일	동해중부선 학산역 업무 시작(포항~학산역 간 1.2마일 개통 동해중부선 전 노선 개통)
	8월 12일	사이토 마코토 제3대 총독 취임
	8월 20일	헌병경찰제도 폐지 헌병대내 경찰서 병행설치. 헌병분견소는 경찰관주재소11개로 개칭
	8월 24일	25일까지 이틀간 내린 큰비로 형산강 범람(1장 1척)
		나카타니, 오오가미, 후쿠시마 3명이 삼우자동차부를 설치하고 포항~영덕간 운행 개시
1920	4월	고야나기(小柳榮太郎)가 주식회사 척산사를 자본금 20만원에 설립
	5월 14일	포항본정 타니모토(谷本伊三郎)집 불단 등잔불에서 발화, 27호가 전소 10호 반소
	6월 18일	포항금융조합 업무 시작
	6월 30일	흥해청년회, 영일청년회, 송라청년회가 설립(박문찬 목사가 흥해 예수교 예배당에서 흥해청년회를 창립, 애국계몽운동 전개)
	7월	대송청년회가 설립
	8월 2일	다이코(大興)전기가 포항전기와 합병(인가 10월 23일)
	9월	청하청년회가 설립
	11월	문명기, 한규열이 한문양행을 창립하고 포항~영덕선을 운행
	12월 27일	총독부 산미증식계획 입안, 일본국내에 극심한 쌀 부족 현상 발생에 따른 타개책
		항만 관련 시설변경에 총독부 허가가 필요한 지정항에 포항항, 구룡포항 지정 (령제41호)
1921	1월	일본의 본파 혼간지 포항에 개교
	3월	매년 12월 중순부터 3월말까지 산란기를 맞이한 청어가 영일만으로 회귀하면서 영일만 내외의 어획량이 풍어였으나 금년들어 1월 어획가가 50만원에서 2월에는 15만 5천원으로 2월이후 청어가 두절됨에 따라 어망대, 어장임차료의 지급이 불가해지고 대구 부산으로의 운임, 하역, 소금대금 등 비용의 대금결제가 불가능해지면서 포항경제가 큰 타격

연 월 일		내용
1921	4월 1일	다이코전기 송전개시 포항의 등수는 10촉 환산 1,906등, 수요호수 652호
	8월 27일	형산강 북하구 도수제 2차 축조공사 착수(1922년 3월 15일 준공)
	8월	포항청년회 창립 기념식
	11월 10일	대구은행 포항지점 영업개시(이후 대구은행은 경상합동은행으로 변경)
1922	2월 21일	동아일보 경주지국이 경주읍 시장통에 개설, 경주군 영일군 영덕군을 관할
	4월 4일	니시혼간지 부인회 유치원 개설
	5월 18일	포항경찰서 신축 준공식, 남빈정매축준공 낙성식, 강구 매축낙성식의 연합낙성식이 거행
	5월 28일	포항최초 조선어신문 동아일보 경주지국 포항분소 설치
	5월	두호동 학술강습소 개교
	6월 27일	문명기가 자본금15만원으로 포항동 260에 한문양행자동차(주)를 설립
	7월	조선식산은행 포항지점에서 저축 장려활동을 개시
	9월 1일	형산강 북하구 도수제 3차 축조공사에 착수(1923년 6월 20일 준공)
	10월 24일	경주 영일 포항 해변에 폭우로 인해 다익은 곡식이 모두 유실되었는데 가장 심한 피해는 동양척식회사 전답이었음
	11월 12일	영일군포항면사무소위치를 동면 92번지로 변경하고 이전
		포항항-서일본지역 교역 항로 개통
		전통시장 경상북도 160개중 포항지역에 14개(포항, 여천, 도구, 영일, 부조, 외3동, 흥해, 옥리(玉里), 기계, 입암, 창주, 하성(下城), 청하, 칠전(七田: 단 1922년중 거래없었음))인데 모두 1호 시장이고 공설시장. 이중 조선 남부의 3대 시장이었던 부조시장은 1만두 이상 거래되는 대형 우(牛)시장이, 흥해는 5천두 이상 거래되던 우시장도 운영
		구룡포 축항기성회가 제1기 축항공사 착수(1926년 완성)
		영일어업조합 가입 인원은 일본인 48명, 조선인 724명
1923	1월 13일	조선수산회령 시행(1월 13일 발표)으로 포항에 경상북도 수산회 출범
	3월 1일	경상북도 수산시험장을 포항면 학산동에 설치(2월 16일)하고 업무를 개시
	3월 26일	포항인사들이 금주단연에 관한 강연회를 포항장로교당에서 500여명 참석하에 실시하고 금주단연회를 조직
	4월 1일	포항항이 관세지정항으로 지정되어 개항, 세관감시소가 포항세관출장소로 승격 설치

연 월 일		내용
1923	4월 12일	공전절후의 폭풍우로 대참사(포항경찰서 공식집계: 부상자 중상 16명 경상 17명, 행방불명 일본인 125명 조선인 230명, 선박조난 발동선 19척 어선 76척, 사망자 311명), 동아일보는 사상자가 근 이천에 달한다고 보도
	4월 25일	영일형평사가 출범
	4월	학산친목회가 결성
	6월	연일소년회가 창립총회
		일본의 곤코교 포항소 교회 개교
	7월 22일	경상북도 수산시험장 개장식을 거행하고 소속 영일호(迎日丸)를 관람
	8월	흥안청년회가 결성
	9월 30일	포항신사가 준공
	10월 10일	후쿠시마(福島伊平)가 자본금 6만원으로 포항무진(주)를 포항면 포항동 261에 설립
	11월 17일	포항의 상수도시설 인가(이즈음 수도산 저수조에 사이토 총독의 수덕무강 현판설치 추정)
	12월 21일	조선여자교육협회 순회극단일행이 영일좌에서 영일청년회장 정학선의 인사로 연극을 개막, 천여명의 관객으로 성황, 입장료수입은 215원 의연금수입 74원을 기록
	12월	포항의 수도 기공식 개최
		가을경 소매상인 중심으로 포항상공회 탄생(회원 90여명)
		일본인이 홋카이도 방식을 모방하여 신흠(미가키) 청어(과메기 형태) 생산 개시
1924	3월	칠오청년회, 여남청년회가 결성
	4월 16일	사이토총독일행 자동차로 부산–경북수산시험장–영일군청을 거쳐 경주를 시찰
	6월 4일	포항청년단 창립
	6월	동해산업주식회사 창립(본사 영덕) 포항–영덕, 포항–구룡포 자동차 운행 개시
	7월	대동배동지회가 결성
	10월	일본 텐리교 개교
	11월	연일면 하부조시장이 원래 월 3회 개시였으나 도의 허가로 월 6회로 음력 10월 24일부터 개시. 6일간 축하식으로 별신(굿)을, 7일부터 30일까지는 시민대운동회를 개최
1924	12월 15일	형산강 북하구 응급 준설공사 착수(1925년 1월 20일 준공. 여러 차례에 걸친 형산강 준설공사로 인해 지류인 여을천의 유량이 감소하다가 메워진 것으로 추정)

연월일		내용
1924	12월	경주군 안강과 영일군 기계간 한문양행자동차 안강취급소에서 안강, 기계의 장날에 한해 1일 1회 정기 자동차운행을 개시 (요금 80전)
1925	2월 11일	포항조포원 그랜드홀(대광간)에서 가루타(카드)대회가 개최
	2월 16일	영일군 도구동에 도구우편소를 설치하고 업무를 개시
	3월 22일	다년간 현안이던 포항토목건축조합의 조직이 진전되어 조합규약을 완성하고 기자단을 사치초(幸町) 아라오(荒尾)로 초대하여 성대한 피로연을 개최
	3월 30일	포항면사무소에서 포항수도철관 부설공사에 대한 일반경쟁입찰이 실시. 부산.대구.청주 등지의 청부업자 8명이 응찰하여 개표결과 토굴공사는 최저 1,285원으로 포항토목조합에게 철관운반은 최저 98원으로 포항조합이 낙찰. 공사는 정수고지에서 경찰서앞을 통해 후쿠카와(古川)주장 사거리까지 6인치 철관 250개를 부설, 이어 나가丘 林屋의 잡화점앞에서 고천주장앞을 통해 면사무소앞에서 동빈 후쿠시마(福島)주장(酒場) 남측까지 4인치 철관 143개를 부설, 정차장앞에서 시내를 횡선, 선에 연결하고 동빈을 직관하여 학산동 동단까지 3인치 철관 1,280본을 부설하는 것으로 4월 6일부터 5월 31일까지 완성한다는 계획
	4월 13일	경주 영일 영덕 영천 경산 5개군이 연합하여 군농회를 결성
	5월	구룡포에서 부산으로 전화 개통
		1913년부터 명명되었던 포항의 정명(町名)이 당시 야마시타초(山下町)는 마사촌산 산록에 일부 일본인 5~6호가 거주하던 곳에 불과했으나 그후 포항발전이 북쪽으로 이동함에 따라 산하정은 지금 시의 중심구요지가 되어 천구 다음의 번화가임에도 과거의 미개지인 이미지가 남아있어 정명변경의 요청이 많이 이번에 사치초(幸町)로 개명
	6월 15일	영일만내 기선정리항로를 개통
	6월	해룡청년회가 결성
	7월 12일	포항 大上樓에서 바둑대회를 개최
	7월	포항번영회 창립 철도교 확장과 학산천을 정리
	9월 1일	후쿠시마(福島伊平)가 포항동 80에 자본금 25,000원으로 오후쿠(大福)回漕店(주)를 설립
	10월 10일	영일청년연합회가 창립
	11월 1일	대구-포항간 급행열차 운전을 개통
	12월 29일	영일군 청하면 월포리에 제1종 폭풍경보신호소를 설치
1926	3월 2일	포항 호안 수축공사 착수(4월 30일 준공)
	3월 31일	포항 상수도 시설 공사 완료(수도산 저수조에 사이토 총독이 '수덕무강' 휘호)

연월일		내용
1926	3월	영일군 농회가 창립(1935년 회원 30,438명 보유)
	7월	영일노동야학이 개설
	8월 20일	포항 여자청년회가 여성해방을 목표로 창립
	9월 21일	일본 친왕이 일본제국 제2함대 30여척을 이끌고 포항항에 9시부터 11시까지 상륙
	9월 26일	영일좌에서 포항죽우회가 주최하는 추계 연주회 개최(대구 등지 연주자 참가)
	9월	오천면일원동일군회가 결성
	10월 3일	제2함대에 이어 공인나고야비행학교 주최 영일군청, 경찰, 면분회, 소방조 후원으로 포항항도(남천구해변, 해도동에 임시 도항장 설치)에서 비행대회를 개최 (입장료는 대인 30전 소인 15전(도선료 포함))
	10월 21일	철근콘크리트2층의 공비17,000원으로 욱정 시장 사거리에 신축중인 포항금융조합 사무소의 상량식이 거행
	10월	포항의 일본인 지주들이 동양척식회사에 감정원 연명 항의서를 제출
	11월 28일	일본의 카이오호 조난 당시 세운 목제 기념비의 노후로 인해 사단법인 낙수회가 화강석 건비식建碑式을 개최(1945년경 주민들이 기념비를 쓰러뜨린 후 방치되다가 1971년 12월 향토사학자들에 의해 복원하기로 결정. 2000년 포항시의 도로정비계획에 따라 현재는 대보면 구만2리로 이전됨)
	12월 20일	포항상공회가 예년과 같이 월말까지 각 상점연합대매출 행사를 기획, 매출 1원마다 경품권 1매를 교부하고 경품총액은 1,200원
		포항상공회가 포항번영회로 재탄생
		구룡포 제1기 축항공사 완성
		[물가] 쌀 10킬로그램에 3원 20전, 공무원 초임은 75엔, 가솔린 1리터 18전, 영화관 입장료 30전, 맥주 대병 1개 42전
1927	1월 1일	하병조가 자본금 4,500원으로 자전거 및 부속판매점 포항륜업(합명)을 포항동 781에 설립
	2월 22일	테라사카(寺坂一郞)가 경북광업주식회사를 자본금 12만원에 설립
	2월	도구우편소에서 전신전화 사무도 개시
	3월	포항인공친목회 창립
	5월 1일	1918년 경북수산제품검사소의 감포항 이전이후 포항 중심의 해산업자들이 불편하여 부활을 요망해오던 차에 이번에 포항세관출장소 2호관사를 사무실로 수산검사소가 부활 개설
1927	5월 5일	미야자키(宮崎定八)가 자본금 5만원으로 금융신탁업 포항신탁(주)를 포항동 796에 설립

연 월 일		내용
1927	5월	포항토지주식회사 자본금 5만원으로 창립
	6월 31일	경북도 산업과에서 경주군과 영일군에서 고령토와 규조토가 많이 섞인 2종토를 발견, 조선총독부 중앙시험소와 연료선광연구소 2곳에 시험을 의뢰한 결과 고령토에 순백의 규조토로 품질이 일본에도 없는 우수한 고령토로 판명되어 경주군 양북, 양남 두면과 영일군 장기, 봉산, 동해 등 네면에 발견된 것 가운데 경주 양북면 용동리가 품질이 우수하여 불원간 채굴허가를 신청할 예정
	7월 1일	야마다(山田德一)가 합자회사 山田履物店을 자본금 1,500원에 설립
	7월 22일	영일청년회관에서 50여 명이 신간회 영일지회 설립총회 개최 (1930년 5월 17일 강제해산)
	8월 10일	포항 축항을 위한 기공설계 완성
	9월	동창청년회가 결성
	10월 9일	일본과 포항간 정기항로가 개설. 고베 도곡기선회사가 첫 기항으로 10월 9일 포항항을 출발–미야즈–마이즈루–신마이즈루–쓰루가를 경유 사카이미나토에 도착. 10월 14일 쓰루가를 출발하여 함북 웅기–청진–성진–원산을 경유, 포항 귀항하는 정기항로는 매월 2회 왕복
	10월 11일	각도 수산회에서 각도수산대회를 포항에서 11일–12일 양일간 개최
	10월 12일	히로나카(弘中良一)가 자본금 10만원으로 구룡포전기주식회사를 설립
	10월 17일	포항시민대운동회가 개최
	11월 2일	나카타니다케사부로가 경북어업주식회사를 자본금 15만원으로 포항동26-2 에 창립
	11월 25일	김병두가 합명회사 김병두상회(합명)을 자본금 3천원으로 포항동 478에 설립
	11월	포항항 준설공사 기공
		부산–포항–원산 간 동해안선 부설 확정, 부산 유력자 10여 명이 포항 시찰
1928		조선내 상공회의소법 시행
	1월 15일	작년 여름이래 마작회를 조직, 연습중이고 이미 10여회전을 행하였는데 식산은행 구정에서 첫 마작대회를 개최 식산은행단 9명, 금융조합 5명, 소학교기타 6명 총20명이 참가
	1월 16일	이와미(岩見六光)가 자본금 15만원으로 양포제빙냉장주식회사를 설립
	2월 8일	포항항 도수제 축조공사 착수(1930년 5월 31일 준공)
	2월 10일	포항축제공사 본공사에 착수하여 축항 석재 6천입방평의 채취는 결국 동해면 발산동, 대동배동, 구만동 3개소 해안에서 채취하여 예인선으로 운반하기로 결정

연 월 일		내용
	2월	죽남청년회가 결성
	3월 23일	포항면 두호리에도 시내보다 5~6년 늦게나마 수도시설이 설치될 예정
	4월 1일	오오카미(大上留造)가 잡화상 합명회사 大上商店을 포항동 751에 자본금 5만원에 설립
	4월 3일	문명기, 포항양조(주)를 자본금 5만원에 포항동367에 설립 (1929.1월 연일주조(주)와 합병)
	4월 21일	공유수면 매립공사(학산동 앞) 착수(1930년 5월 31일 준공)
	5월 10일	구룡포경찰관 주재소 청사가 철근콘크리트의 문화적 양식풍 설계로 지난 3월 기공하고 공사관계자들이 모여 상량식을 거행
	5월 18일	흥해공립보통학교와 소학교 신축공사의 연합 낙성식이 거행
	5월	포항 하구 준설비 1만 5천원을 영일어업조합에서 기부하여 월말까지 하루 30평을 파낼 수 있어 발동기선의 출입이 가능하게 될 예정
	6월 2일	곡강청년회가 창립
	7월 12일	하시모토(橋本善吉)가 창주주조주식회사를 자본금 25,000원에 설립
1928	7월 19일	한문양행과 동해산업주식회사가 합병 후 교에이 자동차주식회사로 조직 (본사 대구로 이전)
	7월 24일	마쓰기(松木谷吾)가 자본금 5천원으로 흥해양조조합을 설립
	7월 28일	불경기대책으로 포항에서 야시장을 개최
	7월 31일	이병학이 자본금 225만원으로 대구에 경상합동은행(주)을 설립, 포항에도 지점을 설치
	8월 1일	김두하가 자본금 7만5천원에 운수송창고업의 포항합동운수(주)를 포항동161에 설립
	8월 3일	다나카(田中貢)가 자본금 5만원으로 포항동 12-1에 丸木運送(주)를 설립
		후쿠시마(福島伊平)가 자본금10만원으로 포항동78에 福島商店(주)를 설립
	8월 12일	영일청년동맹이 창립(8월중 포항청년동맹도 창립)
	9월 2일	경주읍을 중심으로 중외일보 경주지국 주최 철도국, 동아일보포항지국 후원으로 일반인을 망라한 포항해수욕단을 조직중인데 경주기생 십수명도 가세하여 인기이며 오전 7시20분 경주역발, 오후 7시 포항역발 일정으로 회비는 1원(점심은 각자부담)
	9월 4일	이종호가 청하주조주식회사를 설립(1929년 1월시점 자본금3,125원)

연 월 일		내용
1928	9월 13일	쿠로타(黑田隅造)가 자본금 2천원으로 연일주조합자회사를 설립
	10월 13일	경주–포항간 동해중부선 기동차 시운전 실시
	11월	포항기독청년면려회에서 지난 음력 9월 29일 한글날 기념으로 포항예배당에서 한글 기념강연회를 개최하려 하였으나 당국이 한글 강연을 금지
		포항청년훈련소 개소(1932년 5월 15일자로 공립 전환)
	12월 6일	마쓰하라(松原猶一)가 자본금1천원으로 두호동138에 松原상점(합자)를 설립
	12월 18일	영일어업조합 사무소와 어획물공동판매소의 신축 낙성식이 거행
	12월 21일	포항청년훈련소 개소식과 제1회 입소식을 마치고 영일좌에서 성대한 피로연을 거행
	12월 25일	다이코전기 흥해로 송전을 개시
	12월	포항 제2기 축항 도수제 연장공사가 착수
		松本의 신문사, 廣瀬의 博善社, 미국제품을 들여온 大下吳服店, 山崎잡화점, 高橋여관 등으로 활기를 띠는 포항 中町은 포항의 大阪 다운 생명력이 넘치는 곳임
		기계(1, 6일), 창주(3, 8일, 구룡포), 덕성(1, 6일), 입암(3, 8일), 광천(3, 8일–송라광천리) 개시 포항동 포항시장이 매 1, 6일(월6회) 개시
		[물개] (1912년=100%) 정미 173%, 조선된장 258%, 조선간장 312%, 계란 279%, 명태 365%
		[인구] 포항 거주 조선인 7810여 명, 일본인 2180여명, 중국인 60여 명
1929	1월 10일	포항 본정앞 사거리 조선인 양복점에서 발화되어 5동 7호를 전소, 이 구역은 1920년에도 대화재가 났던 곳
	1월 20일	무진회사에서 포항 신년 바둑대회를 개최
	3월 2일	포항소사음사 주최로 문학(하이쿠) 백일장 개최
	3월	포항소학교 강당 신추글 위한 기공식
	4월 6일	포항의 내선 합병의 포항상공회가 시모무라 면장알선으로 포항금융조합루상에서 창립총회를 개최하고 회장에 중곡죽삼랑이 당선, 부회장에 대내치랑, 박윤여가 서무부장에 뢰호갑일, 김동덕이 상공부장에 전준공, 김두하가 당선되고 간사는 각정 총대 구장중에서 회장이 지명 위촉할 예정
	4월 20일	모리나가(森永忠蔵)가 자본금5만원으로 포항동845-3에 양조업 迎日곡자제조(주)를 설립

연 월 일		내용
1929	4월 21일	장기어업조합 신축 낙성식이 거행
	4월	영일국자회사 창립
	7월 25일	흥해향교 내 정문공사가 한자로 된 「영일읍지」(목활자본 2책 159장) 발간
	8월 5일	김동덕이 자본금 3만원으로 포항동 345-1에 金東商店(합자)를 설립
	10월 1일	포항우편국에서 간이보험 업무 취급 개시
	10월 13일	13일부터 일주일간 방어진–포항간 어선탐검비행을 실시
	10월	영일어업조합에서 총독부 진해양어장으로부터 잉어 치어 10만미, 가물치 1만미를 형산강 하류에 넣고 보호양식하기 위해 합강류역인 연일면 효자동 앞까지는 종래 허용하던 투망, 통발, 인망 등 어로를 금지토록 도당국에 신청
	11월 10일	영일군내 50여명의 엽사들이 엽우회를 조직하고 들개 소탕 등 수렵대회를 개최
	11월 19일	포항 중심 시가도를 상세하게 표시한 〈경상북도포항시가도〉 발행
1930	2월 26일	학산역에서 소하물 취급 시작
	2월	포항여자기예학원이 교사를 대정정 뒷거리의 한적한곳에 건평 40평의 교사를 연도내 신축 준공한다는 계획
	3월	포항축항공사에 사용할 돌덩이를 영일만 호동포구에서 채굴하던 중 진귀한 화석 몇 개가 발견되어 총독부에 감정 의뢰한 결과 태고제3기층 즉 약 50만년전의 진귀한 화석으로 화석 속에 수정이 결정하여 있어 지질학상 놀라운 일품이라고 함 동해면 발산동의 김두찬이 발산동 남쪽 약 1정 지점의 밭에서 높이 1척, 직경 5촌가량의 약 2천년전 신라시대 약종을 발견, 비밀리에 경주 김영두에게 16원에 팔고 김영두는 80원에 총독부 촉탁 모로오카(諸鹿)에게 매각하였으며, 모로오카는 이를 총독부 박물관에 기증수속중으로 이 약종은 시가1천원되는 신기한 것이라고함
	4월 1일	조선인 문학청년들의 동인지 모임 '시림촌詩林村社'결성(영시 번역 및 비평 활동)
	4월 15일	우스이(薄有蔵)가 자본금 2만원으로 薄商店(합자)를 포항동 281에 설립
	5월 1일	후쿠시마(福島伊平)가 자본금 10만원으로 포항동 68에 丸三漁業(주)를 설립
	5월 17일	포항 신간회 강제해산
	5월 30일	포항도수제축조공사 준공식이 성대하게 거행
	5월 31일	공유수면 매립공사(학산동지 앞) 준공
	5월	구룡포의 시가도인 〈경상북도 구룡포시가도〉 발행
		수산강습소 설치(10월 19일 신축 교사 낙성식)
	7월 1일	형산강 북하구 1차 준설공사 착수(1931년 3월 31일 준공)

연 월 일		내용
1930	7월	기존의 포항간호부회가 유명무실해져 새로이 경동간호부회가 설립
	9월 6일	경기의전 출신으로 대구도립병원에 근무하던 윤기달의사가 경동유지 후원으로 포항 영정에서 개업하고 마루만에서 피로연을 개최
	9월 7일	형산강 천구 준설공사를 개시
	9월 27일	포항역 주최 금강산탐승 오전 7시 45분발 열차 출발, 도중 경주의 단원추가 포항 대정정 小山여관이 1만수천원을 들여 원영업소 자리에 신축준공하고 낙성식을 개최
	9월	닛코(日光)의원이 개업
	10월 8일	쿠로다(黑田光藏)가 자본금 4천원으로 포항동에 黑田상점(합자)를 설립
	10월 13일	영일어업조합이 소유 영일만내 11개소의 청어장에 대한 연간 행사권 경쟁입찰을 실시
	10월 31일	포항소사음사 주최 포항여자기예학원의 추계하이쿠대회 개최 관련 하이쿠3점 접수 마감
	10월	1928년 6월 포항에 온 산파 엔도 렌세이가 경동간호부회 설립
	11월 29일	어업조합연합회 설립(경북 13개 어업조합 연합)
	11월	포항, 영일, 장기, 청하, 흥해, 기계의 각 금융조합 이사진이 열석하여 각종 재해에 대비하기 위해 비황저축조합을 설립하기로 결정
		일본의 불교 종파인 일연종 포교소 개설
	12월 11일	포항공영자동차부가 포항~양포간 자동차 개통인가를 획득
	12월 15일	포항동 공유수면 매립공사 착수(1932년 4월 13일 준공)
	12월 20일	사치초(幸町)의 요정 마루만(丸萬)이 증축 준공되어 피로연을 개최
	12월	포항항의 해운계 활약이 눈부신 발전을 보이는 데 그중 겨울철의 출력 내지 어류의 출하가 현저하여 오래전부터 주목해왔던 朝郵, 島谷大商, 辰馬 등 각 조선내 항로가 모두 참여 일본서 입항한 배는 1일 상선 山東丸, 7일 조우 榮江丸, 10일 상선 小野丸, 15일 조우 春川丸, 20일 상선 山東丸 24일 조우 淸津丸 29일 도곡 小野丸 등으로 각 선박에 곡물을 적재한후 북조선지역을 거쳐 모두 일본으로 출항
		향도(송도)해수욕장 정비(주요 설비는 탈의장 3개, 다이빙대 3개, 욕조 2개, 유희장 6개, 전화 설비 1개)
1931	2월 19일	경상북도 수산회 총대회가 포항에서 2일간 개최

연월일		내용
1931	2월	포항합동운수회사가 창립
		영일군 포항면민들이 세금부담 과중으로 파산자가 늘어나자 면장에 세금경감을 탄원
	3월 21일	나카타니(中谷竹三郞)가 김두하의 포항합동운수(주)를 흡수합병하여 포항항의 출입화물을 담당하는 포항운수주식회사를 자본금 10만원으로 포항동 161에 설립
	4월 1일	포항면이 읍으로 승격하면서 일본식 지명이 부여되어 포항동은 본정, 초음정, 영정, 명치정, 소화정, 남빈정, 동빈정1-2정목, 신흥정, 욱정, 중장으로 학산동 일보는 천구정으로 분할되었으며, 영일군은 1읍 17면. 포항읍 승격기념으로 송도(향도)해수욕장 개장
	4월 2일	포항의 운송 3개업체(마루호, 마루로쿠, 마루다치)가 합병 포항운수로 재출범
	4월 3일	대동배어우상조회와 대동배동지청년회가 주관하는 동해안 최초 어선경기대회 개최
	4월 25일	포항 요리점조합 간담회가 수도산 산정에서 개최
	6월 7일	밀항 노동자 31명이 목적달성하지 못하고 일본에서 다시 귀향조치(중외일보)
	7월 26일	형산강 개수공사장 조선인노동자들 일본인과 일급 차별폐지를 당국에 건의하기로 결의
	8월 15일	형산강 개수공사 착수(1935년 3월 31일 준공)
	8월	구룡포에서 제2기 축항공사 3개년계획으로 총연장 250간의 방파제 기공
	9월 10일	영일군 포항 상수도 저수지 사방공사가 총공비 21,000원으로 진행되어 준공 총공비 21,000원의 포항상수도 저수지 사방공사가 준공
	9월 18일	만주사변 개시
	9월 27일	재향군인분회 연중행사인 추계사격대회가 용흥동 분회사격장에서 개최
	10월 23일	나카타니(中谷竹三郞)이 포항동 161에 경북수산주식회사를 자본금 25만원으로 창립
	10월 24일	포항, 구룡포, 흥해, 울릉도, 감포 청년단연합회 경동연합청년단 창립, 사무소 포항에 설치
	12월 10일	영일만 수산물 풍부로 여타 농촌같은 경제불황 없이 포항지방에 색주가가 급증 (중앙일보)
	12월	포항에 색주가가 격증
		각 어촌 부락 단위로 어민상조회라는 단체 조성
1932	1월	총공비 5천 9만원으로 제2기 구룡포항 수책공사에 착수

연 월 일		내용
1932	2월 1일	형산강 북하구 2차 준설공사 착수(1932년 3월 31일 준공)
	2월	중앙일보 포항지국에서 음력 정월의 독자위안행사로 한달간 포항사진관에서 포항지국 발행 할인권 지참시 독자에게 사진 30%를 할인
		포항중개인조합 창립 총회 개최.
	3월 10일	동아일보 포항지국 사무소에서 포항기자단이 창립
	3월 15일	포항소사음사에서 하이쿠 월간잡지인 飛魚 창간호를 발간
	3월 20일	영일군 대동배에 위치한 어우상조회에서 제2회 영일만어선 경조대회를 개최
		포항여인숙음식점조합 총회가 한성여관에서 개최
	3월 21일	포항수산강습회 제1회 졸업식이 동교에서 거행
	3월	경북 영일수리조합이 체납된 수세를 강제 집행
	4월 6일	포항–상주간 직통전화 개시
	4월 11일	포항에서 조선영화대회가 포항 영리좌에서 중앙일보 포항지국 후원으로 개최되어 '수일과 순애(전편)' 등 수종의 작품을 상영
	4월 13일	1931년 착공되었던 남빈 매립공사가 준공
	4월 23일	경북 정어리유비제조업 수산조합 총대회가 경북수산회 임시사무소에서 개최
	4월 29일	양포리 정치용씨 제재공장에서 발화되어 공장 42평 창고 12평 2동을 전소시키고 공장앞 적재된 송할목 4만재와 제품창고까지 태워 약 4천만원 손해를 발생
	5월 6일	식산은행 포항지점에서 50전 위조은화를 발견, 포항경찰서에 보고
	5월 29일	식산은행포항지점에서 읍내 모씨가 예금하러온 것중 위조은화 50전 1개를 발견하였고, 읍내 운송점에서도 50전 위조은화 1개가 발견되어 포항경찰서에서 수사
	5월	영일군 신광면, 청하면, 기계면 일대 종래 녹비용으로 활엽수를 매년 소만기가 되면 전 면민이 출동하여 베어 비료로 사용하여왔으나 영일삼림조합에서 금년부터 채취를 엄금함에 따라 신광면 1,700여호 농가에서 농사가 불가능하다며 공포에 싸였는데, 이지역은 산간지역이어서 토지가 경해 다량의 퇴비를 넣어야만 하나 향후 생산이 1/3감소를 예상
	7월 7일	일부 지주반대에도 불구 청하수리조합(수혜면적150.4정, 공사비 84,000원), 일월수리조합(수혜면적 130정보, 공사비 12만 6천원) 설치계획으로 설계 착수
	7월 10일	7월 10일부터 8월말까지 포항해수욕장을 찾는 해수욕객의 철도요금을 할인
	7월 17일	영일군 체육협회가 설립되고, 포항지부(7월 20일)도 설치

연월일		내용
1932	7월 24일	포항보통학교 운동장에서 경주군청과 영일군청대항 야구전이 열려 영일에 7:5로 석패
	7월 26일	포항농업창고 건설 공비 3만원으로 입찰 실시
	8월 2일	포항공립소학교 강당에서 조선교육회 주최 하기대학강좌를 개최 경북도 142명을 포함하여 전국에서 총 190여명이 출석
	10월 1일	조선총독부 곡물검사소 부산지소 포항출장소 개소
	10월 4일	마쓰무라(松村常一)가 부산 田中조선소에서 신조 한 청어건착망 大德丸의 진수식 피로연을 요정 천세루에서 개최
	10월 10일	포항시민 대운동회 거행
	10월 21일	포항 청어어장 행사권에 대한 입찰을 실시
	10월	신광면에 청년회가 창립
	11월 17일	와키무라(脇村辰藏)가 자본금 4만원으로 토지건물매매금융대부업인 포항토지건물금융(주)를 포항동241에 설립
	11월 20일	주린서가 자본금 1,500원으로 포항동588에 동백상회(합명)를 설립
	11월	영일군 부동산경매가 그동안 관할 경주법원지청에서 시행되어 경매관계좌외 경락희망자가 교통, 기후 관계로 매우 불편하던차에 이번에 법원 포항출장소 경매를 개시하기로 개선
	12월 27일	경북 흥해부인회(회장 최백현 여사)가 토지 3만 보를 기부, 경작을 장려(회원 50여명이 총출동하여 박하를 식재)
	12월	영일군 창주면 강사리 김기룡(62)이 주세위반 벌금으로 20원을 포항경찰서에 납부, 그중에서 위조 50전 은화가 있음을 발견하고 시내 각지에서 범인을 수색
		조선총독부, 농촌의 자력갱생운동을 시작
		포항의 향도정어리공장 부근에서 포항으로 건너가는 향도교가 가설
1933	1월 1일	철도국에서 1월 1일부터 4월 15일까지 포항역출발 청어(염장포함) 운임을 4천킬로 이상은 보통 임률의 15%할인, 6천킬로 이상은 25%를 할인하는 행사를 실시
	1월 28일	다이코전기가 연일로 송전을 개시
	1월 31일	영일군 곡강면 칠포리의 곡강어업조합이 칠포동사무소에서 그간 사무를 보다 지난해 11월부터 공비2천원으로 조합을 신축중이었으나 이달말에 준공예정
	1월	곡강면의 면내 11동에 농촌진흥회가 조직 경북수산회사 포항지점에서 갑자기 어류상륙비를 시가 30원까지 7전, 50원까지 15전, 50원 이상 20전씩 증수를 공시하고 강제증수하여 일반 어업자와 운송업자가 불만 대책강구

연월일		내용
1933	3월	경북 영일군 대송면 동촌·피동의 부인회 조직(각 30여 명) 8월부터 논 300평 공동경작과 야학교를 운영할 계획
	4월	감곡수리계가 창립
		4월말현재 영일군내 금융기관은 포항읍내에 식산은행 지점, 합동은행 지점, 포항금융조합, 영일금융조합 등 6개가 존재. 8개 총 대부금은 370만 8578원인데 이를 전인구 16만 571명에게 배당할 경우 1인당 24원의 부채로 대부분 조선농어촌 중산계급이상에게 대부된것
	5월 17일	포항 高野山포교소가 榮町에 신축이전을 위한 상량식을 거행
	5월 25일	포항의 오락기관인 '포항회'가 결성되어 개연으로 영일좌에서 연극, 락어, 음악 등을 공연
	5월 27일	일본해군 기념일을 기해 포항재향군인분회 춘계사격대회가 용흥동분회사격장에서 개최(여성사수도 참가, 대회에 참가한 사수는 147명)
	5월	남선자전차대회가 포항에서 개최
		구룡포에 15일 이래 연안의 정어리가 풍어로 1일어획 500상자를 넘어 유'비공장도 활황
	6월 4일	남빈정공설운동장에서 포항체육협회 주최로 시민대운동회가 개최 개수중이던 사카에초의 전 여자학원터에 포항청년회관을 신축하고 개관식을 거행
	6월 5일	해군기관후보생을 태운 연습함 군함 多摩가 포항항에 입항한후 6-7일 이틀간 경주 관람
	6월 29일	경북도 관내 초등교장회의가 대구 안동 포항 3개소에서 개최
	6월	음력 5월 5일 단오절을 맞아 상사대회와 추천대회를 개최
		영일만 일대 삼류 류망과 고등어 등이 풍어로 호성적
	7월 7일	포항-구룡포간 자동차 개통
	7월 14일	포항상공회 발회식 거행
	7월 25일	포항상공회의소 창립총회(조선총독부령) 발기인 17명
	8월 1일	체신국에서 경북 안동중심의 의성, 청송, 진보, 영양, 봉화, 영주, 예안, 예천 등을 포함하는 지역과 포항중심의 흥해, 청하, 강구, 영덕, 영해, 울진에 이르는 해안지방과의 운수, 교통이 급상승함에 따라 안동권과 포항권의 80km전화선을 개설 8월 1일부터 통화 개시
	8월 5일	포항읍사무소 신축공사에 착수

연 월 일		내용
1933	8월	조선중앙일보 포항지국 주최 울릉도 탐승을 위한 탐승선이 성황리에 출범
		어민상조회를 어촌진흥회로 개칭
	9월 3일	30년래의 대폭풍이 동해안일대를 강습 어장, 선박, 가옥들이 다수 유실되고 농작물이 전멸상태이며 포항중심가의 기차선로, 기타도로가 파괴되어 사방의 교통이 두절됨
	10월 14일	청하면사무소를 6,300원 공비로 70여평규모로 신축 낙성식을 개최(200여 명 참석, 5일간 육상경기 및 자전거경기 개최)
	10월 15일	포항시민운동회가 개최
	10월 21일	경북 수산시험선 계림호(계림환)가 준공되어 포항소학교에서 준공식을 거행
	11월 1일	동아일보 포항지국이 사무실을 포항읍 본정으로 이전
	11월 4일	구룡포 하야시켄주식회사 출장소사무실이 건평 5천여평 설계로 상량식을 거행, 이후 완공되면 구룡포의 일선조, 어조와 더불어 3대 건물이 될 것으로 기대
	11월 6일	오전 1시경 포항 본정 평양옥상점에서 발화하여 이웃 김두만농방으로 연소중 겨우 진화하였는데 손해액이 2천여원에 달함
	11월 7일	제6회 주류품평회가 경상북도 주최로 제1차 영일군청 진열관에서 개최되었는데 출품수는 청주 39, 탁주 291, 소주 13, 포도주 3 등 총 562점에 달함
	11월 8일	포항운수조합 주최 전조선자전거경기대회가 남빈정그라운드에서 개최
		영일농업창고의 신축낙성식 거행
	12월 13일	대보는 소어항이나 축항이 실현되면 구룡포, 포항을 능가할 좋은 위치이고 창수면과 동해면사이의 중심지이나 시장이 없어 시장설치를 위해 주민들이 시장기성회를 조직
	12월 15일	영일군 읍사무소 준공
	12월 17일	포항읍사무소를 벽돌 2층으로 1만8천원 공사비로 신축하고 낙성식을 개최
	12월	영일군내 조선인 21,271호 인구 161,063명 일본인 1,063호 4,256명 외국인 34호 134명으로 합계 32,373호 인구 165,442명임 영일청하에 수리기관을 설치 국고보조 28,000원 식산은행 대출 55,000원 합계 83,000원으로 수리공사를 기공 수혜지역은 150정보
		포항읍 인구 14,050명 영일군 인구 162,944명 합계 포항지역인구176,994명
		경상북도 수산시험장의 실습선(계림호)을 미쓰비시조선소에서 제작
1934	1월 2일	조선중앙일보 포항지국의 주최로 제3회 신춘척사대회가 남빈정 해운정에서 개최
	1월 7일	포항항 방파제 재해복구공사 착수(같은 해 준공)

연 월 일		내용
1934	1월 21일	경제 산업 문화가 공유되는 곡강면과 흥해면이 분할되어 있어 면민부담이 가중됨에 따라 양면 합병추진을 위한 합면기성회를 조직
	1월	문학(하이쿠 등) 월간회지「조선닷사이(朝鮮獺祭)」창간
	2월 1일	구룡포−대보간 자동차 개통
	3월 3일	부민병원 준공 낙성식
	3월 14일	영일군 대동배 어촌진흥회가 동내 60여호 영세어민 구제책의 일환으로 정어리유망 5척을 장려하는 한편 정어리유박공장도 직영하기로 결정
	3월 15일	포항시내 300여 전화회선 불량에 따른 전화선 개량공사가 3월 9일부터 17일까지 실시
	4월 1일	죽북면과 죽남면은 죽장면으로, 장기면과 봉산면은 지행면으로 합병(1읍 15면)
		영일군 송라면 광천리 시장개설 10주년 기념식을 음력 3월 3일 거행
	4월	대보양조회사 허가를 취소
		흥해 5개소 야학에 무허가를 구실로 돌연 폐쇄명령하여 해산
	5월 1일	각 도 재무부 폐지되고 세무행정의 독립으로 대구 세무감독국 소관 포항세무서 설치
	5월 26일	포항 행정에 있는 극장 영일좌에서 '동양의 모'와 '이즈의 무희' 영화를 상영중 필름에 인화되어 화재로 관객 300명이 긴급대피하였으나 영일좌가 전소되고 인근 요리점 환만이 반소되는 등 총 손해액 16,000원에 달함
		포항부인회 창립총회
	5월	피폐한 어촌 구제책으로 준비중인 간이연승망어업이 예상외의 호성적을 거두어 소자본 경영 영세어민에 적당한 어업이어서 고등어연승어기가 되자 영일어업조합 관내 200여척 어선이 일제출어하여 매일 평균 1,500마리의 어획을 보고 가격도 마리당 4전 23리를 보임. 일반 조업선은 약 15해리 앞바다에 출어하며, 경북수산시험소 계림호는 20해리에서 25해리 해역에 시험출어하여 2,500~2,600마리의 어획을 보이는 등 결과가 매우 양호
	6월 20일	나카타니(中谷竹三郞)가 자본금 20만원으로 포항동 492에 중곡죽삼랑상점(주)를 설립
	6월	형산강이 축항안으로 흘러 매년 다량의 흙모래가 흘러와 강구가 얕고 좁아 선박출입이 불편하여 형산강을 항밖으로 흐르도록 총공비 170만원으로 개수공사를 3년 전부터 기공하여 6월 중 완공 예정으로, 동빈정과 남빈정을 현재보다 9미터 넓혀 길이 700미터의 암벽을 쌓아 500톤급기선이 자유롭게 출입토록 할 예정
		영일군에서 해안선 320리에 170개소의 어촌이 산재되어 있으나 어촌과 어촌간 연결도로가 없고 계선장이 없어 폭풍우에 대비가 되지 않아 연안도로부설과 27개 어촌에 계선장을 13만 6천원으로 설치하고 간선도로 47선 연장 5백리를 부설하는데 7만원 모두 20만 6천원 예산을 경제갱생 5개년 계획으로 실시할 예정

연 월 일		내용
1934	7월 12일	다테베(建部勝己)가 자본금 2천원으로 포항동 804에 建部商店(합자)를 설립
	7월 23일	경주~포항간 전화선을 증설하여 경주, 안강 및 포항 3개국소를 접속하고 복선식 전신전화회선을 증설하여 통신소통을 원활하게 하기 위한 공사를 착수
	8월 16일	각읍면의 사무통일과 향상을 위해 영덕 영일 경주 영천 4군과 울릉도의 총 130명의 직원들로 18일까지 3일간 포항읍에서 4군1도의 연합읍면사무연구회가 개최
	8월 28일	호우로 영덕, 경주, 포항자동차가 불통되고 제4차 호우로 농작물피해도 막대
	9월 4일	흥해 1만여 주민의 수해위험 회피를 위해 읍민이 기성회를 조직, 북천제방 축조운동을 개시, 대표 송목곡오, 이홍규 등이 경북도청에 진정
	11월 1일	안동~포항간 도로의 포항측 기점인 포항우편국 부근부터의 공사 낙찰 즉시 착공
	11월 21일	지방비보조와 영일어업조합 원조로 9,572원예산 도구~입암간 4,180미터 산업도로공사착공
	11월	대보항 축항에 필요한 석재로 구만동 어부암을 채취하기 시작하자 현지주민들이 해저암은 어류들의 서식처라고 하며 반대운동을 개시
		포항선전을 겸하는 일반 신년 연하엽서를 포항상공회에서 고안, 대구에서 조제하여 포항거주자들의 애읍심으로 사용해달라고 포항상공회가 호소
	12월 1일	영일군 관내 30여 장로교회에서 야소교장로회 선교 50주년 기념식을 포항예배당서 거행
	12월 3일	포항 나카초 요정 태평관 주인이 동관 창기 박화자를 전치 4주에 이르는 구타로 고소당하여 포항경찰서에서 취조
	12월 9일	청하면 이가리를 중심으로 청하만에 어업상업용 축항을 위해 청하면장의 발의로 청하공보교에서 축항기성회 창립준비회를 개최
	12월 11일	연말 보너스 경품 매출행사로 포항 세말 상계가 크게 인기를 끌며 상가경기가 회복
	12월 14일	연일면 생지동 택전동 두곳에서 연일보교 주최로 남녀 야학을 개설
	12월 17일	기선저예인망 수산조합 설립 협의회가 개최
	12월	포항대서인조합 창립총회가 개최
		포항역장이 학산역장을 겸무
		영일만 청어 어장의 품질 및 출하를 통제하기 위해 신흥청어조합 조직
		경북도 당국의 빈민구제 사업으로 시행된 제2기 축항공사 완공
		영일만 조개잡이를 위한 포항피조개조합 조직

연월일		내용
1935	1월 15일	경북도경 출동, 일본공산당 사건에 연루된 청년들 검거(경주 14~15명, 포항 10명 정도)
	2월 23일	포항역통계 2월 23일~3월 18일중 만주출발 유리민(단체 173명, 개인 322명 합계 475명)
	2월	포항경찰서가 구룡포의 요정 영락관 주인 황사옥을 다년간 무허가영업과 창기의 가혹한 착취행위 등을 이유로 3개월 영업정지를 처분
		철도남선여행구락부 포항지부가 포항역에 설치
	3월	포항 본정은 상업이 발달한 곳이나 작년겨울래 그 면목이 일신하여 본정 3정목, 4정목이 포항번영의 중심이 점차 이곳으로 이전하여 이번에 삼사회에서 가로등을 특설하고 가두시설도 개선하여 점차 시내 중심은 中町에서 本町으로 이전될 전망
		문명기의 강구주조 명소주 '신선神仙'의 포항공장 설립
	4월 1일	포항인구 일본인 633호(남 1382명, 여 1192명), 조선인 2588호(남 5414명, 여 5330명), 중화민국인 28호(48명), 합계 3249호, 인구 1만3366명
	5월 7일	불원간 흥해북천제방공사 착공(총공비 5만원)
	5월	경북동해안 명물 청어의 매년 감소로 인한 원인조사결과 청어알을 매년 여기에 채취하여 식용 또는 비료로 사용하기 때문으로 법령으로 청어알 채취를 금지하여 어족자원을 보호
	6월 17일	포항 본파서원사 본당 건축공사가 욱정 구사원터에 약 40여평으로 신축, 상량식을 거행
	7월 15일	포항상공회 주최 상공회원과 종업원 등 대상 상공실습회를 7월15일부터 8월 3일까지 포항금융조합 옥상서 개최(과목: 주산, 부기, 어음환론, 은행론, 상업문서, 조세의 개념, 관세창고론, 운수교통론, 통신일반, 수산제품, 서민금융론, 산업조합론, 상업사례, 시사해설)
	7월 22일	영일만의 읍지 도구~대보간 50리의 지세가 험준하여 도보로만 통행할 수 있어 도로기성회를 조직하고 면민부담 2천원, 도비보조 7천원으로 내년까지 완공을 추진
	8월 15일	조선민보사 주관 구룡포발전좌담회 개최(특집기사로 게재) 구룡포 가구 총 1200호(그중 일본인은 200호)
	8월 21일	양조원 포항 古川茂平의 주창 상량식이 성대하게 거행. 이 주창은 160평의 총 2층 일본식 기와로 40여평의 부속건물도 보유
	8월	청하만 축항을 위한 측량에 착수
	9월 9일	영일 동해면 임곡동 나인옥 여사가 500원을 희사하여 오어사 가하루를 재건, 낙성식 개최
	9월	경북도에서 포항에 비료배급소를 시널하고 1936년부터 배합에 착수할 계획

연월일		내용
1935	10월 9일	포항에서 10월 11일부터 개최되는 경상북도수산진흥공진회를 기념하여 부산일보의 포항특집 기사(조선총독부 시정 25주년 기념특집 '약진 조선의 전망') 2회 연재 수록
	10월 10일	조선민보사 포항지국에서 공진회 기념 포항의 발전상을 담은 '포항지' 발간
	10월 11일	10일간 포항에서 '경상북도수산진흥공진회'가 개최, 일별 입장객 누적인원이 대인 21,497명, 소인 52,384명, 단체 9,802명, 무료입장 22,959명 합계 59,642명이 방문
	10월 12일	동아일보 포항지국 후원 포항 동호정 주최 제2회 전조선남녀궁술대회가 개최
	10월 13일	경북수산공진회 개최를 기회로 선린 만주국 수산업시찰단 일행이 조선수산회의 안내로 포항에 도착 공진회를 시찰후 요정 희락으로 성대한 환영회를 개최
	10월 15일	조선수산회주최 전조선수산단체대회가 포항소학교 강당에서 개최
	10월 17일	영일만내 각지에서 조난당한 생령들을 위로하고 고혼을 조령하기 위해 모갈산 관음사에서 위령 수륙제를 관음사 유지들의 발기로 거행
	10월 18일	포항불교협회 사업으로 공진회를 기회로 조선불교성극순례단을 초빙, 매일신보 포항지국 후원으로 공진회장에서 성극대회를 5일간 성황리에 개최
	10월	경북수산주식회사에서 강구에서 토마토사단을 제조, 생산을 개시
	11월 1일	구룡포~양포간 연안도로 11월 1일 착공 1936년 3-4월경 완공 예정
	11월	경북도 조사결과 경북연안에 산재한 청어정치어장 총수가 394개인데 이중 일본인 소유 190개소, 조선인 소유 128개소, 각 어조소유 78개소로 조선인 소유가 1/3도 되지않지만 그마저도 사실상 수년간의 어흉으로 명의만 가지고 있고 실제 조선인이 소유한곳은 10여개에 불과하여 사실상 청어어장도 조선인의 손을 떠났다고 함
	12월 2일	포항항 축항 착공이전 강구준설공사 착공
	12월 15일	오천면 신축면회의실에서 농민야학을 개설
		조선 제일의 해수욕장인 향도(송도)는 경북도내는 물론 서울(京城) 방면에서의 피서객 상당, 1년간의 입장자수 2만명
		자동차 교통노선 상황, 포항-대구 간 7왕복, 포항-영덕 간 5왕복, 포항-안동 간 2왕복, 포항-평해 간 1왕복, 포항-기계 간 1왕복, 포항-안강 간 4왕복, 포항-대보 간 2왕복, 포항-양포 간 2왕복, 포항-보경사 간 2왕복, 포항-구룡포 간 5왕복
		[인구] 일본인 650호 2500명, 조선인 2600호 1만 1500명, 중화민국인 30호 50명
		구룡포 소속 어선 10여 척 러시아 캄차카반도 오호츠크 해역으로 원양, 성적 호조

연월일		내용
1935		포항–구룡포 간 3등도로(1일 자동차 5회 왕복), 구룡포–대보 간은 등외도로(자동차 1일 2회왕복)
		[물가] 일본 도쿄 기준 신문구독료(마이니치신문, 1개월) 1엔, 가솔린(1리터) 12전, 엽서 1전 5리, 이발요금 40전, 백미(10kg) 30전, 설탕(1kg) 39전, 커피(1잔) 15전, 일용근로자 일당 1.3엔, 목수 1일 공임 2.0엔, 순사 초임 45엔, 국가공무원 초임 75엔, 급여소득자 연봉 712엔(원화와 엔화의 환율 차 없음)
		[기업] 주식, 합자, 기타 17개 회사. 출장소 지점 5개소(총 22개 기업 활동)
		[학교] 영일군 내 공립학교 20개(83학급, 교사 48명, 학생 4805명), 사립학교 1개(2학급, 교사 3명, 학생 150명, 유치원 1개), 사설 학습강습회 및 서당 10개(학생 210명)
1936	1월 29일	흥해지주대표 8명이 933명의 연서를 받은 포항수원지의 흥해이전 반대 진정서를 영일군에 제출하는 한편 수원지이전반대기성회를 조직
	1월 21일	영일어업조합에서 매년 1어촌씩 돌김양식장 설치결정, 입암동에 공사착수
	2월 24일	흥해, 곡강 양 면민의 적극 후원으로 칠포항 축항기성회를 조직하고 곡강어업조합에서 긴급임원회를 열어 경북도회와 영일군 당국에 진정서를 제출
	3월 3일	곡강공보교 교사신축 낙성식 개최
		포항극장이 약 120여평 총 2층 최신식 모던건물로 동해안유일의 미관일 것으로 기대되는 가운데 본정 일화산업 뒷광장에서 상량식을 거행
	4월 3일	쓰지 스테조가 『경북대감』 발행
	4월 28일	실업자가 없는 포항에서도 경북도와 총독부 알선으로 북조선의 노동시장으로 노동이민을 포항역에서 떠남. 〈단신자: 회령비행장건설 大林組행〉 포항읍 12명, 오천면 5명, 달전면 1명, 영일면 20명, 흥해면 2명 합계 40명 〈유가족자: 나진도시계획공사 志岐組행〉 포항 7명, 형산 1명 오천 2명 합계 10호
	4월	안동–포항간 철도 기성회를 포항유지들이 조직
	5월 10일	포항궁도회에서 울산군을 초빙하여 궁도시합대회를 개최
		三一상회 합자회사를 포항동 119–17에 김용주 등이 자본금 3만원으로 설립
	5월 24일	매일신보 포항지국 후원 영일군체육협회포항지부 주최 제2회 시민대운동회가 포항공보운동장에서 개최
	6월 29일	대구–포항간 국도에서 분산하여 천북면 동산리로 통하는 등외도로 약 1리에 걸친 개수공사가 완공되어 면사무소에서 성대하게 도로준공식을 거행
	6월	읍장 유지의 반대에도 불구 포항상수도 확충계획으로 형산강을 수원지로 결정
	7월 4일	김용주가 주단품목기타 상품유통업 포항무역(주)를 자본금 10만원에 포항동 755–2에 설립

연월일		내용
1936	7월 5일	포항우편국에서 포항의 특징을 선전하는 죽림산과 영일만전경, 백사송림의 승지 향도 해수욕장, 우측해안이 돌출된 미가갑의 대자연방파제 등 스탬프를 제작 일반에게 제공 개시
	7월 25일	마산–경주–포항간 전화 개통
	7월	영일좌 전소 이후 2년만에 최신식의 포항극장이 신축되어 개관 동해안선 철도용지 매수가 개시
		동해선 개통으로 포항역 이전 논의가 있었으나 철도국에서 결국 현재 위치라고 알리면서 역 부근 지가는 평당 1–2원이던 답이 5–6원으로 급등
	8월 16일	매일신보 포항지국 후원 영일학우회 주최로 남조선축구대회가 포항공보교정에서 개최
	9월 13일	포항신사의 격납고 건축공사 입찰 실시
	9월 14일	형산강에서 포항수원지 지진제를 거행
	9월 18일	만주사변 5주년 기념일을 맞이하여 포항국방의회, 재향군인분회 주최로 포항극장에서 주야 2회로 군사영화회를 개최
	9월 25일	경북화물자동차업자 합동 포항지점 창립총회
	10월 17일	포항상회에서 약진 포항항을 축하하기위해 포항각단체를 총동원하여 상공제를 거행
	11월 22일	포항.경주.김천.상주.안동의 5읍상공연합회에서 연합회의를 포항읍에서 개최
	12월 15일	문명기가 자본금 10만원으로 포항약주(주)를 포항동 109–8에 설립
	12월 16일	대구부내 杉原합자회사의 포항목재공장 기공식, 지하실공장완공과 더불어 연말개업
	12월	스기하라(杉原)포항 목재공장이 개업
		조선총독부 포항시내 1만분의 1 지도 작성
1937	1월 8일	경북어업조합연합회에서 동해안 일대의 미증유의 청어, 정어리 호경기로 인해 영일어업조합 루상에서 임시총회를 개최하고 사업계획서를 변경하여 정어리기름 제조공장의 대확장을 위해 식은에서 15만원을 차입하기로 결정
	2월 25일	포항에 주식회사 경북합동통조림이 자본금 25만원에 창립, 본점은 포항 감포, 구룡포, 대보, 축산, 강구 4개소에 공장을 설치
	3월 10일	포항재향군인 포항분회가 충혼비 앞에서 전몰용사위령제 거행(1935년 회원수 175명)
	4월 1일	포항에 이출우검역소가 신설되어 사무를 개시
	5월	포항상공회에서 강원경제를 시찰

연 월 일		내용
1937	7월 1일	경북동해안 포항, 구룡포, 양포 해수욕장이 일제 개장하여 공영자동차회사가 30% 자동차대할인을 실시하고 차량도 증편
	7월 7일	중일전쟁 개시
	8월 24일	하마다이와가 포항동 391-1에 자본금 90만원에 영일만어업㈜를 설립
	9월 26일	포항 상수도 확장공사 준공식이 거행
	9월	지나사변으로 지나인 포목상들이 철수하여 경북포항지방의 조선인 포목상들이 호경기
	10월 19일	청어어업조합 정치어장에 대한 입찰을 실시
	10월 26일	다나카(田中貢)가 포항읍 포항동 405에 자본금 15만원으로 田中貢상점㈜를 설립
	10월 30일	다나카(田中貢)가 포항읍 포항동 585-1에 자본금 48만원으로 경북흥산㈜를 설립
	10월	금융이 경색된 상황임에도 포항 화류계 경기는 호경기가 지속되어 요리점 6개소, 빠-2개소, 기타 작부를 둔 음식점이 100여개에 이르는데 하루에 5-60원의 매출도 여사라고함
	11월 5일	포항화류계 번성(조선인 운영 요리점 6개, 빠 2개, 기타 작부있는 음식점 백여개, 동아)
	11월 16일	졸부가 속출하는 포항의 화물차트럭 경기 - 20여개 트럭 차주들 수입 월 6-700만원
	11월 24일	축우 결핵병 예방을 위해 검역 시행항구에 포항항을 추가(총독부)
	12월 7일	포항우역검사소 개설후 제1회 첫 검우 100두(50두는 개성산 50두는 경주산)가 7일 포항에 도착, 역전 임시가수용소에 두었다가 8일 두호동의 검역소로 수용, 검역후 일본출항 대기
	12월 12일	포항 영정(榮町)에 신축공사중이던 영탕(榮湯)이 예정대로 준공, 개업되어 모던식 욕탕은 일반고객의 만족을 받는 한편 약탕은 각종 병에 특효가 있다며 귀중한 평가를 받음
	12월 20일	포항우편국 내에서 위조은화 50전이 발견되어 조사
	12월	대구와 포항간 전신설비가 완비
		포항 향도 하마다조선소 발화 화재가 해수욕장 잔교북측 독립가옥이라 건물 1동만 전소됨

연 월 일		내용
1937		동해면 발산동에서 범종 출토
		포항의 전신 평균발신 4만5천통, 착신 5만5천통, 전화 및 라디오 가입자 260여 명
		영일 포항어채시장이 매일 개시되는 3호시장으로 지정, 포항의 포강 장시가 매일 1, 6일(월6회) 개시, 세계시장(매월 5, 10일, 오천세계리), 신광시장(5, 10일 광천리)
1938	1월 15일	서창규가 자본금 200만원으로 대구에 경북무진(주)를 설립, 포항에도 지점을 설치
	1월 29일	음력설을 앞두고 조선인 상계인 본정 일대가 활기를 띠던중 이날 장날이라 점포마다 초만원의 성황을 이루었으나 자정에 사방에서 원인미상 화재가 일어나 본정 입구 일대를 태우고 포목상 손규상씨 점포 반소 등 남쪽 건너편 총 16개소 점포 전반소 등 총8만원 피해
	1월	정어리가격이 급락하여 정어리기름(온유) 공장에서 인부들이 1일 3명이 공동으로 30~33가마의 정어리를 삶아 기름을 짜는데 노임이 가마당 10전 하던 것이 최근 7전으로 하락하여 종업원의 생활도 위협받는 상황
	2월 1일	형산면이 포항읍으로 편입(1읍 14면)
	2월 9일	포항 유지들이 도립의원설치를 추진하기 위해 기성회 조직 운동
	2월 26일	일본 육군특별지원령 공포
	3월 4일	조선교육령개정, 조선어 수업 필수에서 제외
	3월 24일	포항세무서 신축공사를 준공하고 명치정 신청사내에서 낙성식을 거행
	3월 29일	후쿠시마 상점, 제4회 조선주조협회 대구지회주최 청주품평회에서 "영해迎海" 금배 획득
	3월 30일	미즈카미(水上勿助)가 자본금 3천원. 포항동 261에 전기기구농구 水上機械店(합자)를 설립
	3월	포항에 모재벌이 조선동해안에 인조견공장을 설치할 적합지를 현지조사한 결과 포항이 최적지로 판단되어 여공 2천명을 사용하게 될 대공장을 설치할 계획
	4월 1일	형산면과 대송면 송도동 일부가 포항읍으로 편입
	4월	장기 수연(납) 광산 재굴착 개시
	5월	포항~목포 연계선인 남조선횡단철도 기성회 대표회의가 목포에서 개최
		자본금 100만원으로 포항에 대제염공장이 들어설 것이라는 이야기가 오래되었으나 이번에 고베의 실업가가 내포하여 실지조사에 착수, 조만간 공장설치가 확정적
	7월 28일	경북 각도 읍면에 애국부인회 분회 설치를 결정

연월일		내용
1938	7월 30일	포항읍사무소 회의실에서 조선민보 주최로 유지들이 모여 포항읍발전좌담회를 개최, 동 좌담회는 조선민보에서 10여회에 걸쳐 중계 연재
	7월	포항폐물이용 저축조합 창립
	8월 13일	14일까지 영일 소학교정에서 남조선축구대회 개최(우승은 영덕팀)
	8월 20일	매일신보 포항지국 주최 해수욕납량대회가 개최
	8월 23일	하야다(畠田十郎)가 자본금 2만원으로 학산동 107에 朝鮮赤貝養殖(주)를 설립
	8월 30일	조선민보사 주최 포항읍발전좌담회가 읍사무소에서 개최(회의 결과는 10회에 걸쳐 연재)
	8월	비상시국에 가솔린을 아끼자는 취지로 공영자동차포항영업소에서 송라–보경사간 자동차운전을 정지함에 따라 관계주민들이 운전정지조치를 해제하도록 진정
		추석 앞둔 포항의 상가 매우 한산
	9월 24일	형산면 용흥동 종래의 포항읍 도우장에 최근 소, 돼지의 통조림 대량주문이 들어와 대규모 도살장을 건설하고 남선전기가 마사츠산을 횡단직행하는 송전설비를 완공시켜 한산하던 용흥동 도살장 뒷산이 일시에 제산공장으로 탄생
	9월 27일	형산면과 대송면 송정동의 일부 지역이 포항읍에 편입, 향도동 신설(총 28개동 관할)
	10월 1일	총독부가 9월 28일 공포한 포항읍 행정구역 확장도면에 따르면 10월 1일부터 형산면 전부와 대송면 일부인 향도를 이번 행정구역확장으로 포항읍에 편입시킴에 따라 종래 포항읍면적이 10배로 늘어나고 인구는 3만명으로 대포항 건설이 이루어질 것으로 기대되며, 이번 확장을 계기로 동해중부선 포항–경주간 광궤의 연장 예산을 책정
	10월 3일	부산일보 포항지국이 10여년 있던 자리에서 포항 대정정 전 공영자동차회사터로 이전
	10월 9일	포항 중정 양품잡화도매상 古畑榮太郎商店의 신축 상량식이 거행
	10월 17일	포항 공립소학교 강당에서 포항의 연못가(池坊)의 생화대회를 개최 30여명이 출품
	11월 5일	대구일보 주최, 포항상공회 후원으로 포항종합미술전람회를 개최 출품수 약 200점
	11월 10일	경북도 산업과에서 공업조합령 시행에 따라 도시 각 공업조합을 해산하고 새로운 조합령에 따른 신조합을 조직하기 위해 포항의 철공업조합을 우선 개조하기로 결정

연 월 일		내용
1938		분진 문제 심각한 포항시가의 포장공사에 착수
	11월	서울서 개최된 제7회 전선주류품평회에서 포항 주식회사 福島상점의 양조품 '迎海'가 조선전체 출품 총 336점중 21개를 뽑는 우등상에 선정, 영해는 지난 3월 포항의 제4회 청주품평회에서도 상배 우등상을 수상
	12월 25일	오오가미(大上留造)가 자본금 6만원으로 포항동 76-4에 鮮海運輸(주)를 설립
	12월	포항동에 매월 1.6일 개시하는 장시가 개시
		포항역 앞 도로의 포장공사가 여름부터 착수되어 이달중 완공될 예정
1939	3월 22일	포항공립고등여학교 최초의 제1회 입학시험이 열려 수험자들이 포항, 경주, 안강, 대구, 대송 등에서 100여명에 이름
	4월 10일	포항고등여학교(포항여중 전신) 개교
	4월 11일	아라타(新田義次郞)가 자본금 3만5천원으로 동빈정 2정목 115-2에 丸二水産 (주) 설립
	4월 29일	포항윤업조합주최로 전선자전차대회가 포항그라운드에서 개최
	5월 14일	공업도시 포항 남쪽에 대규모 제사공장건설 착수 고용예상인원도 수천명에 이를 전망
	5월	산업지와 무역항인 포항의 다각적 약진을 위해 형산강 좌우로 늘어날 무한한 부지에 최근 포항 남항에 전지 수천평의 매매가 완료되고 그곳에 대규모 제사공장이 설치될 예정
	6월 3일	포항읍 용흥도시장의 신축낙성식을 겸해 수혼제를 거행
	6월 21일	수년전부터 현안이던 중정 번화가에 있어 교통불편 등의 문제가 제기되던 공설시장이 드디어 안포 도로남측에 이전하게 되고 개시는 종전대로 1, 4, 6, 9일에 하며 이와 동시에 수십년래의 구습이던 남빈, 욱정의 도로상 개시는 폐지
	6월 30일	문명기(文明琦一郞)가 자본금 15만원으로 포항동 622에 文明양조(주)를 설립
	6월	군수경기에 따른 소비통제를 위한 유흥과세로 포항의 요리점, 카페거리가 완전 한산해짐
	8월	포항 어시장이 시내 제1중심지에 자리잡은데다 여름철 부근 하수구의 악취로 위생에도 좋지않아 시민들이 어시장을 이전하도록 갈망
	9월 5일	포항의 부지매입 완료 조면(繰綿)공장도 수백명 고용효과가 있으므로 연내 향도 외에 죽도 등지에 착수를 요망
	9월 12일	경주-포항간 광궤 착공, 1940년 봄까지 성토공사 완공예정(매일신보)
	9월 24일	포항가정방호단 결성식이 포항신사 경내에서 16-50세의 부인여자와 대표 등으로 개최

연 월 일		내용
1939	10월 15일	와키무라(脇村芳助)가 자본금 8만원으로 인쇄문방구류 포항인쇄(주)를 포항동 281에 설립
	11월	매년 수백여호씩 신축 주택이 증가되던 포항에 2~3년간 물가폭등과 재료난으로 주택 증가가 없었던 데다 금년들어 한재로 농촌에서 읍으로 인구가 집중되면서 유독 포항이 타 지방에 비해 대지와 대가료가 급등하여 현재 시내 1등지대 대지는 평당 200원~10원 이하가 없고 대가료는 방1칸에 3~5원이라도 구할 수 없어 부득이 시내 공장 공인부들은 시외 1리이내에 주택을 두고 매일 시내를 왕래하는 형편
		수년전부터 포항무역사를 선두로 부산상회, 동화상회, 이흥조상회 기타 각족 상업의 수십여 상점이 전부 시내 각 요소에 점포를 열고 경제번영에 순응하여 상품도 본가에 손해만 없으면 공급하는 등 포항이 상업으로 신흥도시 부흥을 이루는 활약
	12월	부조~포항간 철도공사 기공식
1940	2월 4일	영일소학교, 포항소학교 졸업 여성들을 중심으로 영일소학교에서 포항여자청년단을 결성
	2월 11일	조선총독부 창씨개명 실시
	2월 11일	삼척~포항간 동해안선 철도 노반공사 착공
	2월 18일	포항엽우회 회원들이 경점수렵대회를 개최
	2월 21일	포항국방부인회 주최 각 단체후원으로 태양극단의 군사극 '빛나는 일장기'가 출정군인가족을 초대하여 성황리에 공연되고 수입일부는 출정군인의 위문품으로 전달
	2월 25일	경북 포항도립병원 부지가 당초 향도(송도) 해안으로 결정되었으나 모든 주민의 반대로 2년 뒤 용흥동 감곡지 부근(포항역 서남방 계곡)으로 최종 결정
	3월 2일	포항상공회 주최로 포항 상인, 공농업자를 소집 가격등통제령 제3조의 규정에 따라 상공, 농업자들이 조합을 결성하고 가격통제에 따른 협정가격의 인가 절차에 참여하기로 결정
	3월 30일	창주면의 창씨개명 신청자는 200여 명
	3월	기계면 대곡지의 기공식이 개최
	5월	포항경찰서에서 접객업자 건강진단을 실시한 결과 일반건강이 양호
		8년전 가설된 향도 해수욕장으로 가는 향도교가 일체 수리가 없는 채로 지금까지 부근 정어리공장 관련 차마의 통행이 빈번하여 많이 파손되어 행인의 불편이 커져 부근 5, 6공장주인의 반성과 읍당국에 수선을 요망
	7~8월초	대구지방법원에서 8월 10일까지 창씨 신청기한을 알리는 전단이 배포되었을 가능성
	12월 11일	포항공설시장 공사를 착수하고 지진제를 거행, 내년 3월말까지 준공할 예정

연월일		내용
1940	12월	장기우편소에서 취급하는 전화의 65%, 전신의 85%를 양포에서 사용하는데도 양포에 우편소가 없고 장기까지 우편소이용을 위한 통행이 불편하여 양포우편소 설치를 요망
		당시 조선내 공업자본의 공칭자본금 17억원중 일본인 소유 94%
		학산역에서 흥해역까지 경동선 연장공사에 착공
1941	2월 13일	오오가미(大上留造)가 자본금 18만원으로 식료잡화 등의 포항상사(주)를 본정 778에 설립
	4월 11일	제2 영일국민학교(현 남부초등학교) 개교
	5월 17일	1923년 포항 학산동에 설치 운영하던 도수산시험장을 포항의 두호리에 부지 5700여평, 연평 140평 2층 연와건조 본관 외 부화실, 생도기숙사, 생도식당을 갖추고 1940년 6월 신축에 들어갔던 경북수산시험장이 두호리에 완공되어 신축 낙성식이 거행
	5월	식산은행 포항지점을 약 7만원 예산으로 신축하기로 결정
	12월 8일	미국의 진주만을 일본이 공습, 세계 제2차대전 개시
1942	2월 7일	부산측후소 포항출장소 개설
	3월	포항소방조를 소방단으로 개칭
	4월 11일	포항상공회의소 설립
	8월 1일	한일은행 포항지점 개점
	10월 1일	창주면 대부분과 동해면 구만동이 합쳐 구룡포읍으로 승격. 또 창주면 공상동, 상정동, 중산동, 중흥동은 동해면으로 편입
	12월 1일	조운에서 남선 육상소운송업자 사명이 중대함에 비추어 경북 포항영업소를 지점으로 승격
	12월 19일	포항소방서 청사 준공
		해무원 인가, 포항항 2급항 지정
1943	2월	포항 항운주식회사 월말경 창립 예정
	4월 16일	포항공립중학교 개교(현 포항중학교)
	6월 26일	이출우검역소에서 포항항을 제외(총독부)
	6월	1항 1사 원칙에 따라 소존업체의 통합방침에 포항도 포항조선주식회사(자본금 백만원)를 설립하고 자산평가도 완료
	9월	영일군 오천면 일월동에 일본군 비행장 건설

연 월 일		내용
1944	4월 1일	제1회 징병검사 개시
	8월 23일	여자정신대근로령 공포
		조선내 기술인력 8,476명중 조선인 1,632명 전체의 20% 차지
1945	3월 9일	영일군 구룡포읍 대보출장소 설치
	6월 10일	포항–부산진 간 동해남부선 철도 영업 시작
	7월 10일	학산역 폐쇄됨
	7월	포항역 역사 준공
	8월 9일	소련 대일참전 선전포고와 동시에 두만강을 건넘
	8월 15일	일본정부 포츠담선언 수락
	8월 21일	소련군 평양부 진주
	8월 25일	미군 인천부 상륙
	9월 2일	일본 정부 항복문서(휴전협정)에 조인
	9월 5일	일본인, 조선은행권 73억 5천 5백만원을 남발(8.14~9.5).
	9월 7일	미 극동군사령부가 조선의 군정 선언(즉시 독립부인)
	9월 8일	오천비행장 내 일본군 무장 해제
	9월 9일	조선총독부, 항복문서에 조인
	9월 11일	미국 한국에 GARIOA 원조제공 약속(1948.8까지 4억달러)
	9월 25일	적산 동결(군정법령 제2호 재산이전금지).
	9월 28일	적산 동결(군정법령 제4호 일본 육해군 재산)
	9월	일본은행권 불법화.
	9월	대구거주 일본인 수기에 본국 귀환자들이 포항에서 밀항선 100여척을 동원 귀국
	10월 1일	한미 환률 50대 1로 결정.
	11월 1일	미군정 제99군정단 예하 제71중대가 경주, 영일, 울릉을 관할
		미군정청 교통국 포항부두국(포항 해운항만청의 전신) 개설
	11월 12일	동양척식회사, 신한공사로 개칭(이후 1948년 3월 22일 해산, 중앙토지행정처로 대치)

연월일		내용
1945	11월	연료난 긴급해소대책으로 삼척, 포항, 화순 등지의 탄광채굴을 적극 증산하고 석탄에 관한 모든 부문은 군정청이 조선석탄배급통제회사에서 통제하도록 하는데 대한 협조를 요망
		일본에서 기아와 추위에 떠는 동포들과 함께 하기위해 경북도 후생과에서 귀환동포수송대책을 기획, 11월말경 우선 3척의 수송선이 포항항에서 시모노세키로 출항
	12월 6일	일인 재산 미군정청에 귀속.
1946	1월 1일	군정청, 쌀 공정가격 제도를 실시(두당 74원).
	1월 6일	포항읍장 관사가 원인미상 발화로 인해 전소되어 손해액 약 4만여원에 달함
	1월	해방 후 일본인들이 설비를 파괴하여 정지되고 있던 영일지역 탄광을 응급조치후 작업개시
	2월 16일	광복 후 제작한 기관차 건국 제1호 시운전.
	2월	포항에 상업육성 교육기관이 없어 해방기념사업으로 이일우 정유상 김광수 등이 중심이 되어 포항 동지상업학교를 설립하기로 하고 3월 개교를 목표로 생도를 모집중
	3월 20일	미화 1달러 대 조선은행권 120원으로 환율을 결정.
	3월	포항경찰서에서 포항시 인민위원회를 습격, 장총, 권총, 수류탄 등 다수 무기를 압수
	5월 12일	민주의청년총동맹 영일군 및 포항시위원회가 포항극장에서 결성식을 거행
	6월 1일	영일인민당 지부결성준비위원회에서 정식으로 40여명이 모여 영일군 인민당결성식을 거행
	6월 5일	포항유지와 체육동호인들이 포항중앙초등학교 강당에서 포항체육회 결성식을 거행
	7월 2일	도경찰국에서 식량영단 미창지소 책임자와 결탁한 20명의 연루범의 피해액이 수천만원을 넘는 포항식량부정사건에 대한 수사결과를 발표
	7월 17일	이북지역 항행 금지.
	8월 2일	민주청년동맹 포항위원회에서 포항에서 발생한 좌우청년의 난투사건과 관련 성명서를 통해 포항청년회를 즉시 해산하고 최고간부를 즉시 책임구금하라고 발표
	8월 21일	광복 이후 미국으로부터 수입 물자 총액은 3천 5백만달러.
	8월 25일	국내의 일인 농토 43만 4,615정보(남한 33만 4,370정보)
	8월 25일	남한 인구 1,936만 9,370명(여 957만 7,563명).
	8월	남선무역중심지 포항항을 지정하라고 영일군민들이 중앙청에 진정

연 월 일		내용
1946	11월 20일	포항읍에서 미곡수매공동판매 제2회 개시 기념식을 거행
	12월 31일	1946년말 물가지수(1936=100) 3,720.
	12월 31일	1946년말 물가, 8·15의 30배.
		포항시의 일본식 지명을 폐지하고 명칭을 변경함. 본정–상원정, 명치정–덕수동, 욱정–여천동, 소화정–대신동, 영정–덕산동, 초음정–대흥동, 신흥정–신흥동, 동빈정1–2정목–동빈1–2가, 남빈정–남빈동, 천구정–항구동, 중정–중앙동
1947	2월 8일	미군정령으로 해군 포항기지사령부 설치
	3월 1일	일반 공무원 급료 1,700~2,200원, 순경 1,800~2,500원, 쌀 5되 510원, 금 1돈(3.75g) 3,200원. 전기료 50% 인상(1kwh 13전에서 21전으로).
	3월 9일	동해안 지정항 문제를 주제로 포항을 중심으로 동해안일대 수산업자를 총망라한 수산업자총회가 개최, 농무국의 미국인 수산과장과 조선인 수산과장 등도 참석
	3월 12일	미달러 대 조선은행권의 환산율을 50대 1로 변경 실시
	3월 13일	포항소방서 회의실에서 포항염업조합 창립총회를 조합원 47명 참석하에 결성하고 소금과 소금부산물 생산을 증강하기로 결의
	3월 19일	미국제 기관차 30대 부산항에 도착.
	3월	미군정이 도내 4개소에 배치되었던 '큰파니'가 이번에 제71 큰파니 단위로 되어 관할구역이 다음과 같이 변경됨. 제1구–달성, 고령, 칠곡, 영천, 경산, 청도, 군위(본부 대구). 제2구–영일, 경주, 영덕, 영양, 청송, 울릉도(본부 포항), 제3구–안동, 영주, 의성, 봉화, 예천(본부 안동), 제4구–김천, 성주, 선산, 상주, 문경(본부 김천)
	4월 1일	포항체육회 발족
	4월	경상북도 통역관 자치회 포항지부가 시내 통역관 11명으로 결성됨
		포항의 일대명물이요 장관인 유흥음식점 영업자가 매일 속출, 매춘부가 거리에 범람하고 고성방가로 일반주민들이 안면을 방해하여 단속을 요망
	5월 23일	미군정청 금융조합연합회에 38선 이북지역과 남한은 면포, 이북은 비료를 물물교환하는 중계무역을 허용키로 하고 포항과 부산에 무역중개지점을 설치(동아)
	5월	정부수립전 민생용 생필품 등의 수입과 특산물 수출여건이 좋지않은 상황에서 포항항에 우방 중국의 개인상인이 다량의 소금(수천포)을 입하
		포항읍 대신동의 적산 杉原제재공장 종업원 21명이 공장운영에 불만, 진정서를 제출 분쟁
		숙명적인 38선을 넘어 북선에서 이주민이 경북도로 적수공권으로 매일 3천여명이 월경해 오고 있는데, 그중 포항항을 통해 매일 20~30명 정도가 이주해 이들 보건구호대책이 필요

연 월 일		내용
1947	6월	대구전매국 관내의 포항, 부산, 마산의 제염업자 대표 9명이 상경하여 생산비 급등에 배상금 인상, 연료비 급등에 따른 제염가격인상 등을 전매국장, 민정장관, 재무부장에 각각 진정하여 귀추가 주목되는데 현재 정부 매입가격은 100근당 500원으로 3개지역에는 2억 5천만의 생산시설과 연산 20만섬의 생산능력이 있으나 작년도 전숙염 수납실적은 불과 1만 2,500섬에 불과하다고 함
	7월 20일	토지개혁 문제로 농촌의 소작 분쟁 격증.
	7월 26일	철도 수송의 강화를 위하여 미국제 기관차 10대 추가
	7월 26일	포항독직사건관련 피의자 취조결과 통역관 1명과 관계상인 1명이 구금되었으나 포항세무서 등 행정관청은 이 사건과 무관하다고 검찰관이 발표
	7월	포항항에 이미 북선에서 유산암모니아 비료 25,000섬이 들어왔는데 이중 8천섬은 타도로 배당하고, 17,000섬은 도내 소요량으로 남겨두었기에 농민희망자는 군을 통해 배급을 신청하라고 하며 비료가격은 섬당 2500~2000원 정도임
	8월 3일	포항체육회 주최로 5일까지 남조선축구대회를 포항동지중학교구장서 개최 (신청금 500원)
	8월 11일	포항학생연맹결성식이 포항재류학생 다수 참석하에 거행
	8월	운수부 해사국에서 울릉도–포항간 정기항로를 월 3회 항행하기로 결정, 항로 취항선박은 미국에서 온 LST형 선박이나 이를 조선선박명으로 명명한 후 9월 중순부터 취항할 예정
		자연방제림인 포항 향도송림의 해방후 도벌 남벌과 벌채 지경 등으로 포항항 출입선박에 막대한 영향이 있어 관리기관인 포항읍과 감독기관의 대처를 요망
	9월 1일	적산임대료 5배 인상.
	9월 6일	쌀 5되 520원, 금 1돈(3.75g) 5,550원.
	9월 28일	수출입 허가제 실시.
	9월	포항운동장 개설공사에 착수 9월 현재 경북도내 개업의사수는 총 231명 소재지별 개업의는 대구 148명, 김천 15명, 안동 8명, 상주 6명, 포항 13명, 경주 6명임 경주포항등지에 미국이동영화열차가 방문하여 역부근에서 일반에 공개상영을 예정
	10월 24일	조선해안경비대 총사령부에서 포항근해 폭풍으로 어선 30여척이 조난중이라고 보고
	11월	도상무과에서 38선 이북과 상공업에 필요한 물자교환을 위해 포항에 연안교역업자협회(가칭)를 창설하고 금년안에 창립총회를 거쳐 이북에서 비료, 시멘트, 유산, 펄프, 비누등을 가져올 경우 경북도의 상공업진흥이 될 것을 기대
	12월 2일	광복 이후 수입된 식량이 253만여 석으로 집계.
	12월 15일	조선은행권 발행고 300억원 돌파.

연월일		내용
1947	12월 17일	비상군정명령 제1호로 곡가 인상 발표.
	12월 20일	36년 역사를 지닌 영일국민학교에 화재가 발생하여 천여명의 아동교사가 전소
	12월 21일	포항시장에서 발화되어 인근 42호를 전소, 발화는 근처 지물상 연돌로 추정
	12월 31일	연간 미원조 1억 3,000만달러(차관 2,500만달러).
	12월 31일	연간 무역 실적, 수출 10억 6,824만 1,515원, 수입
	12월	도 생산위원회에서 일본인이 버린 경북도 유일 조선시설인 포항조선소가 자금난으로 황폐화된 상태여서 복구계획을 세워 중앙청에 우선 2백만원예산을 신청하여 벽판, 기타 부속시설을 우선 복구시킬 예정으로 수산업계 발전을 기대
1948	1월 16일	조선식산은행이 산업은행으로 새로 발족
	1월 31일	조선은행권 발행고, 316억 2,170만 6,843원.
	2월 6일	1947년도 미국에서의 보급 물자 수입액은 1억 3천만달러.
	2월 7일	포항부두노동자 400여명 쌀증배요구 데모, 6,500여명으로 증가되고 학생 2천명도 참가
	3월 5일	미처분 적산 가옥 8만건.
	3월 12일	원인불명 다이너마이트폭발로 포항–울산 전신전화선중 모하리 근처 5회선중 4회선이 절단
	3월 13일	지난 2월 9일 발표 개정된 포항읍 이발료가 130원이 되어 일반이 물의를 일으키자 당국에서 3월 13일부터 95원으로 개정을 결정하여 업자에게 통첩함
	3월 22일	조선은행권 발행고 295억원으로 감축.
	3월 22일	1차 농지개혁(남조선과도정부 법령 제173호)
	3월	해안선 무선이 부산, 인천, 목포, 강릉 4개소뿐이어서 해안무선의 중요성에 비추어 신년도 사업계획으로 군산과 포항에도 해안무선국을 설치하여 대외무역진흥을 도모할 계획
	4월 8일	토지행정처, 일인 소유 농토 분양 시작.
	4월 8일	구조선은행권을 신조선은행권과 교환 회수.
	5월 14일	북한, 대남한 송전을 중단.
	5월 17일	포항시장의 제과점에서 출화되어 인근 가옥 30여호를 전소, 손해액 1,300만원
	5월 24일	비상시전력위원회, 60W이상 전구 사용 금지령 공포.
	5월 28일	미국에서 밀가루 6천여톤 입하.

연월일		내용
1948	5월	포항 영일군내 각계가 수개월전 신생활운동실천본부를 탄생시켰음에도 51개의 실천요강을 망각하고 요정을 출입하고 업무집행을 소홀히 하는 몰인식분자가 많다고 식자들이 비난
	6월 2일	미하원 세출위, 한국구제비 1억 7백만달러 가결.
	6월 16일	헌법기초위원회, 통제경제와 자유경제 병행을 결의.
	6월 19일	쌀 5되 950원, 달걀 1개 24원, 설탕 1근 190원.
	6월	해산물산위탁무역으로 포항의 거상인 대동공사가 500만원 자본의 주식회사로 신규 발족
	7월 1일	환율 암시세 1달러에 1,200원.
	7월 1일	석탄부족으로 1947년 겨울부터 반년간 운행중지된 대구–포항 열차편 복구로 교통완화
	7월 3일	조선은행권 발행고 304억 6,508만원
	7월 3일	조선은행 시세 통보에 의한 도매물가는 쌀 1석 19,400원
	8월 1일	우편료 100%인상, 봉서 4원 엽서 2원.
	8월 3일	쌀값 1두(斗)에 1,500원대로 앙등.
	8월 10일	미터제의 실시로 종래의 도량형기 사용이 금지.
	8월 30일	학산동 뒷산부근 수처에 군중 수십명이 봉화를 올리고 조선인민공화국만세, 조선최고인민회의 대의원선거 지지하자는 구호를 외쳤고, 동 시간대에 항구동 등 수처에서 노동자 청년 남녀학생 수십명이 같은 구호와 영일군인민대표 이재우 등 지지 삐라를 배포하며 데모
	9월 3일	대통령, 트루먼 미국 대통령에게 서한으로 경제원조 요청
	9월 22일	〈반민족행위처벌법〉 공포
	10월 14일	동지상업중학교에서 재단인가 축하를 위해 교정에서 축하체육대회를 개최
	10월	거리를 헤메는 불쌍한 고아를 모아 길러주기 위해 포항양육원이 창립
		구룡포읍내 중학교가 1개도 없어 구룡포 어업조합 이사진과 수산업자들이 성금을 모아 구룡포중학재단법인의 설립 인가를 받고 남녀공학제로 가교사를 설치, 수산업자의 어획고중 10%를 공제하여 1949년 봄부터 운영할 계획

연 월 일		내용
1948	11월	포항읍 식량배급이 원활하지 않은 상황에서 배급이 3달이나 밀리고 배급되는 쌀에 백미보다 보리가 많아 도정해야 먹을 수 있기에 도정업자에게 전기사정으로 며칠이나 맡겨야하나 나중에 찾으면 절대적인 양이 모자라는 부정도정업자에 원성이 자자
		포항염전은 예로부터 유명하여 왜정시대 보통학교 교과서에도 실린바 있으나 해방 후 갑자기 소금기근으로 해도동 일대가 전부 염전으로 변해 소금증산에는 개가를 올렸으나 반대로 소금제조에 필요한 연료공급을 위해 군 일대 산림이 백산으로 변화하여 대책이 요망
	12월 10일	〈한미경제원조협정〉 조인
	12월	영일만에 폭풍우로 어선망 피해가 막대
		영일만 총생산고 204,004,570kg, 생산액 6억 7천여만원, 공장(통조림, 제재공장)도 폐문
1949	1월 11일	(동아) 포항 수도요금이 1개월 40원에서 약 7배반인 300원으로 인상
	1월 12일	미국 대한민국 부흥계획 실시위한 주한 미 경제협조처 설치 각서 대한민국 정부에 전달
	1월 30일	포항주둔 제6연대 오천파견대원 일부가 인근 불순분자와 반란, 100여명과 합류 도주
	2월 6일	상공부 공업국, 미 경제협조처에 제1차 경제원조물자 요청
	2월 17일	미 경제협조처 물자 제1선, 밀가루 5천톤 싣고 인천에 입항
	2월 25일	오천 군부대 반란사건관련 2.2일부터 통행금지(오후10시~익5시) 단축(오후7시~익6시)조치가 사건 일단락되면서 2.16일부터 원상복구(동아일보)
	2월	포항에 무허가여관이 난립, 풍기를 어지럽힘
	3월 5일	동지상업중학교 교정에서 교사신축 진토제를 거행
	3월	포항 축항당국 조사결과 해일로 수개소의 제방이 파괴되고 사토로 입구가 막혀 작업선 출입이 곤란하여 고기잡이 포항이 비상사태로 현 굴출기구만으로는 24시간 가동해도 6개월이 소요되어 수산업자들이 당국에 대책을 요망
	5월 8일	포항성인웅변대회를 포항극장에서 전국성인교육웅변대회 군대표 선발대회로 개최
	5월 9일	영일군보건협회주최 포항읍 제1회 우량건강아심사를 포항읍사무소 회의실에서 실시하고 영일군청 군수실에서 우량아심사결과 발표와 표창식을 거행
	5월 22일	포항기독교청년회결성식이 포항예배당에서 거행

연월일		내용
1949	5월	월말경 포항지역 기선저예망이 35건, 청어 정치망이 대소 합계 600여건이 휴업중인 상황
		소가격 시가의 계속상승에도 당국의 소고기가격 기준가가 동결되어 포항의 식육업자들이 비명을 지르는데 수소(牝牛)는 139,200원 암소(牝牛)는 63,360원으로 매수, 현 사정가격으로 소고기를 판매한 결과 숫소는 125,372원, 암소는 65,342원으로 총 손가 10,846원임에 따라 급등하는 소값을 억제할지 식육가격 기준가를 개정할지 소비시민들 관심이 집중
		해방 후 무지한 여객과 노숙자들이 대합실에 모여 도처가 파손된 포항역을 부산철도국과 절충, 400여만 예산으로 대수선공사를 6월 중순부터 착수, 역전 불결한 노점도 철거 방침
	6월 1일	한청 포항읍동구단부 부녀부주최 영남일보 동해지국 후원으로 단오추천대회를 학산해군사령부옆 광장에서 개최하여 수천명이 모임
	6월 5일	포항중앙초등학교 광장에서 한청 영일군 단부주최로 반소반공성토대회를 개최
	6월 24일	미 하원 외교위원회, 1억 5천만 달러의 대한경제원조안을 통과시킴
	6월 27일	육군보병 제5연대가 포항의 공비소통 전과를 발표. 5월 12~6.25일까지 사살 69명, 카빈실탄 236발, 죽창 6본, 아지트파괴 47개소 반동 폭도 53명 체포, 백미 6섬, 총걸이 3개, 모포 13개, 솥4개, 아편 약간 도끼 식기 의류품 다수를 압수
	6월 29일	제3사단장 최대령이 포항지구 대한청년단 간부의 내부알력으로 파생된 문제로 긴급체포하였다는 담화를 발표
	6월	포항부녀회 사설계가 범람하여 적발 고발을 추진
	7월 3일	대구경주간 직통열차 발차를 5시 30분으로 변경, 7월 3일부터 토요일과 일요일마다 경주포항간 임시여객열차를 증편. 이에 대구부민은 오전 5시 30분차로 출발 포항서 5시간 해수욕후 밤8시45분에 대구로 통행금지시간내 일일왕복 가능해짐. 경주포항임시객차(제2559호)는 경주발 9시 포항착 10시25분, 포항발 15시40분 경주17시11분착으로 토일만 운행
	8월 4일	무장폭도 4~5명이 내습, 순경과 교전끝에 도주, 한청원 2명을 납치 포항변전소가 반소
	8월 14일	포항읍이 포항부로 승격
	8월 15일	포항부를 포항시로 개칭(지방자치법 법률 제32호) 영일군은 1읍 13면 1출장소(대보) 관할
	8월 16일	반도들이 경주~포항 사이의 철도를 절단하여 포항발 경주행 화물열차가 전복
	8월 19일	포항공립국민학교가 45년 전 목조로 교사를 신축한 관계로 풍우로 교사 각개소가 파손되어 아동수용에 위험하여 학부형 일동이 교사신축을 위해 포항공립초등학교 개축기성회를 조직하고 향후 4개년간 계획으로 신축 추진을 결정

연월일		내용
1949	9월	경북도 당국이 시로 승격한 포항시의 분과규정으로 총무, 재무, 산업, 사회 4과를 설치
	10월 17일	대한부인회 포항지부 결성식이 포항극장에서 천여명 참석하에 성대하게 거행
	10월 20일	동해전투지구에서 폭도진압에 공훈을 세우고 전사한 7주의 영령에 대한 합동위령식이 포항중앙국민학교 교정에서 단체학생시민 등 2만여명 참석하에 엄숙히 시행
	10월	포항체육회 창립 총회
		포항이 시로 승격되었으나 대중계몽문제와 도시체면상 도서관설치가 화급하다는 여론
		영일군 후생회 직영으로 공익전당포를 발족시키기 위해 수개월전부터 준비해오다 대흥동 전 영일군후생회에 사무실과 창고등을 두고 개업
	11월	법령으로 금지중인데도 적산가옥 등 매매가 공공연하게 이루어지는데 악질 브로커가 적산주택매매를 알선하며 중앙동 모여관(적산물)의 경우 내부비품과 가옥을 따로 이중으로 매매하는 등 포항관재출장소 당국의 단속이 요망
	12월 7일	포항극장에서 국민회 영일군민대회가 200여명 참석하에 개최
	12월 8일	국민회 포항시민대회가 소방서 3층 국민회 사무실에서 개최, 보도연맹결성에 협력 요청
	12월 10일	군관민의 유기적 연락으로 비상시 민간이 군관과 협력하여 총력전으로 국토방위에 만전을 기할 목적으로 포항시국민봉공대 결성식이 포항극장에서 거행
	12월 31일	영일군과 포항시 교육위원회가 설립
	12월	왜정시대때 있던 우체국이 광복후 폐쇄된 학산동 방면 주민들이 불편한데다 포항해안기지사령부, 경북어업조합연합회, 영일어업조합, 포항중학교 등 기관이 많아 조만간 학산우체국을 복구할 예정
		포항의 상화는 20개로 연간 수입 총액은 1억 원
		인구총조사 영일군 총인구수 225,943명
1950	1월 3일	미 경제협조처, 한국원조액을 1억 2,500만 달러로 삭감 결정
	1월 26일	한국·미국 정부, 〈한미상호방위협정〉〈한미군사고문단설치협정〉 체결
	2월 9일	미 하원과 상원에서 6천만 달러의 〈한국 경제원조안〉 통과
	2월 10일	영일경찰서에서 포항상공회의소 회두 등 수명을 지난 1949년 9월경 포항에서 백미 160가마니를 오끼나와로 밀수출하는 대신 1천만원 물자를 밀수입한 혐의로 긴급 체포 취조
	2월 12일	12~13일 양일간 경주, 포항일대에 농지개혁을 위한 농지위원회가 구성, 강습회를 개최

연월일		내용
1950	2월 14일	트루먼 미국대통령, 대한경제원조법안에 서명
	2월 25일	경북연안일대 해상방위대가 영일군청 회의실에서 엄숙한 결성식을 거행
	3월 3일	영남지구토벌사령관 통첩에 따라 오후 8시부터 여하한 선박을 막론하고 별도 통첩이 있을때까지 부산~포항 간 항해를 일체 금지. 위반시 적선으로 간주 발포를 경고
	3월 10일	농지개혁법 공표
	3월	대한노동 동해지구 해상연맹이 발족
	4월 2일	국립중앙기상청이 포항측후소 신축공사 관련 측후소관계기관연석회를 포항측후소서 개최
	4월 10일	주간 포항신문의 창간호가 발간(발행인 허태환, 주필겸편집국장 류병호)
	4월 15일	포항해군기지사령부를 포항경비사령부로 승격, 헌병대의 선박경호사무도 경비부로 이관
	5월 2일	미국인 경제고문, 현재 환율 1달러 대 1,859원 발표
	6월 25일	북한의 남침으로 6·25전쟁 개시
	6월 29일	미 상원 세출위원회, 1억 달러 대한경제원조 승인
	7월 2일	미 경제협조처, 대한원조물자 수송 재개
	7월 11일	일본 수상, 6·25전쟁이 일본경제에 좋은 영향을 줄 것이라고 기자회견
	7월 18일	한반도 최초의 유엔군 상륙작전(작전명 블루하트오퍼레이션)인 포항상륙작전 무혈 상륙 성공
	9월	형산강 방어전투, 포항반격전투 등 전쟁중 미주리함 함포발사 등으로 포항시내 초토화
	12월	국제연합 한국재건단(UNKRA) 설립
	12월 23일	함흥철수작전으로 한영빈 박사가 함흥에서 포항으로 이전하여 덕수동에 기독의원(현 세명기독병원 전신)을 개업
		동해북부선 운행 중지, 동해중부선 공사 중지
1951	1~2월	미 해병1사단과 한국군 해병대의 '포항게릴라헌트'작전. 북한군 10사단 공비를 소탕
	3월 9일	부산~포항간 일반전화가 완전복구되어 개통

연 월 일		내용
1951	3월 28일	사회부가 유엔부흥계획안에 따른 전재주택 농림 도시를 합쳐 30만호 건축을 계획한 것의 제1차 계획으로 30억원 예산을 편성한후, 초보공사로 우선 포항항에 입하되어 있는 유엔의 구호자재를 이용하여 포항과 안강지구에 600호를 건축한다는 방침을 주택위원회에서 합의 결정
	8월 27일	사회부, 포항시의 전재지구 국민주택 재건에 필요한 공탁금 예치제 폐지
	10월 7일	경북 포항, 유엔한국민사처 요청으로 포항 건설 계획 준비
		포항시 인구 8,914 가구 50,131명
1952	4월 11일	경북포항지구에 건축중에 있던 춘기국민후생주택 계획에 따른 주택 250호가 완공
	4월	전쟁으로 파괴된 포항우체국 재건을 체신국에 진정, 포항시민들이 1천만원 성금도 기부
	5월 5일	포항시 의회, 영일군 의회 개원
	8월 1일	한국해병대 포항기지에 주둔(이후 1958년 4월 해병대 포항사령부)
	10월 20일	한·미 합동경제위원회, 한국경제부흥 및 원조계획 실행을 위한 운영기관 설치 합의
	12월 14일	한미경제협정 조인
1953	1월 18일	포항항서 풍랑으로 선박 3척이 조난. 단양호(150톤)가 4,285가마의 정부 보리를 싣고 입항하다가 파선, 대신호는 통보리 2,857가마, 춘일호는 보리 2,857가마를 각각 싣고 입항하다 파손되어 총 정부보리 1만섬이 침몰
	1월 28일	국회 본회의, 포항 근해 식량 적재선 침몰사건 조사에 관한 건 가결
	2월 23일	한미경제위원회, 외자도입 유류가 환율을 60대 1로 환원 실시 결정
	4월 30일	시내 송도해수욕장 입구 송도이발관앞 노상에 폭발물이 폭발하여 3명 위독 중상 6명 경상 3명 총 13명의 부상자가 발생, 아이가 부근 밭에서 주어온 박격포탄이라고 하나 폭발현장은 직경 10센치 깊이 5센치흔적으로 지뢰일것이라고 추정
	5월 2일	미군통역관 이종만이 포항역 광장에 미해병 전투비행단 전몰용사 충령비 건립(1937년경 존재했던 일본 군 충혼비를 재활용한 것으로 추정. 1969년 4월 22일 송도동으로 이전)
	6월 5일	선린의료원(선린병원) 개원
1954	3월 4일	포항상공회의소 설립허가(상공회의소법 시행령)
	3월 12일	3월말까지 포항시내 전화시설 복구공사 완료예정(동아일보)
	3월	포항경찰서 신축을 위한 기공식

연 월 일		내용
1954		6·25이후 파괴된 포항 전신전화시설을 300만환 예산으로 최신교환대 3대, 6백회선 지하케이블선과 동공사 필요 일체물자가 대구전신전화국에, 공사비도 부산체신청에 도착하여 3월말까지 복구공사를 완료할 계획
	4월 8일	포항수산초급대학 개교
	5월 31일	정부, 유엔한국재건단과 경제원조협정 체결
	7월 9일	죽도시장 개장허가
	7월 10일	미 상원 및 하원, 〈1954년 농산물 교역 발전 및 원조법〉 입법
	7월 21일	1955년도 대 미군경제원조 8억 달러 요청액 결정
	7월 28일	기획처, 소요 외자 29억 달러의 경제부흥 5개년계획 수립
	8월 2일	재무부 당국 조치로 한국산업은행 포항지점이 폐쇄되고 업무인계를 받아 발족하게된 한국저축은행 포항지점이 각계 유지들과 성대한 개업식을 개최
	8월	저축은행 포항지점 개업식
	9월 25일	경제사절, 워싱턴에서 환율 및 대충계정 환율 180대 1로 합의
	11월 17일	한국에 대한 군사 및 경제원조에 관한 한미 간의 합의사록 서명 발효
		〈한미경제협정〉 조인, 공정환율 180대 1, 유엔군 소요환화는 달러화 직매
	11월 18일	미 제1해병사령관이 포항 3785부대를 방문
	12월 17일	7억 달러 원조금사용계획 완성, 군사에 4억 2천만 달러·경제에 2억 8천만 달러
		포항시 인구 1951년 대비 4,182명(약8.3%)이 감소한 45,949명(8,313가구)
1955	2월 1일	경제부흥계획 일환책으로 기술자 해외파견 결정
	3월 8일	경북 현지 해녀가 급증하여 금년부터는 최대 2천여명에 이르는 제주도 출가입어 해녀가 불필요 또는 극소수로 족할 것이라는 보도(동아)
	4월 29일	동해안 항해에 적신호, 5년간 방치된 포항측후소 기사
	7월	도립포항병원의 전면복구공사가 9월말예정으로 원상복구와 함께 부설 결핵요양병동(40명 수용가능)도 신설될 예정
	8월 15일	합동경제위원회, 대미 환율 500대 1로 인상
	9월 21일	미국, 1956년도 경제원조 총액 2억 7,700만 달러 통고
	12월 17일	합동경제위원회 재정분과위원회, 대충자금 138억 환 방출 최종 합의
1955		포항시 인구 52,473명 영일군 174,354명 포항지역 총인구수 226,827명

연월일		내용
1956	1월 1일	우드 주한 미 경제조정관, 경제원조 2천 5백만 달러 증액 통고
	6월 20일	한·미, 2,500만 달러의 1956년도 미 국제협조처 제2차 추가경제원조에 관한 협정 조인
	7월 8일	흥해면과 곡강면을 통합하여 의창면으로 개칭
	8월 2일	포항해수욕장에서 남량 초보촬영대회 개최(동아)
	8월 20일	해병, 해병포항기지부대 해체·해병훈련기지 편성
	9월 5일	합동경제위원회, 7개년 부흥계획 및 1957년도 미 국제협조처 물동계획 수립
	9월 18일	합동경제위원회 기획분과위원회, 관영사업비 83억 환 방출 결정
	9월	포항지방 폭우로 일체의 교통이 두절
	12월 19일	합동경제위원회, 대충자금 20억 3천만 환 방출에 합의
		PL480(Public Law 480)에 의한 미국 잉여농산물 원조 도입
1957	1월 6일	합동경제위원회, 115억 8천만 환 대충자금 방출 합의
	1월 16일	합동경제위원회, 대충자금 15억 6천만 환 방출 결정
	2월 3일	정부, 경제부흥 5개년 계획안 수립(1957~1961년), 투자규모 23억 7천만 달러
	2월 20일	포항–진해 군용 장거리 전화 개통
	2월 6일	한미합동경제위원회, 주택 1만 4천 호 건설에 합의
	3월 27일	영일군에서 중앙초등학교 강당에 관내 각면 중견 농민 등이 참석한 가운데 농업증산대회를 개최, 금년내 각종 농산물 증산목표를 평균 25% 증산하기 위해 각면 동리 단위로 '농업증산실천대'를 조직
	4월	영일군 기계 수리조합 저수지 확장공사가 약 7억원 예산으로 현재 280정보 저수지에 500정보를 더 확장할 계획으로 불원간 착공
	6월 14일	해병, 포항 영일만에서 한미합동 제1차 연대 상륙훈련
	10월 2일	미국, 대한 경제원조액을 2억 1,500만 달러로 결정
	10월 29일	달전면이 폐지되어 의창면, 연일면으로 분할 편입
	11월 2일	부흥부장관, 미국에 경제원조 2,500만 달러 추가 요청
1958	4월	해병대 포항사령부 주둔
	5월 7일	제3차 한미합동 연대급 상륙작전훈련 포항 영일만에서 실시

연 월 일		내용
1958	5월 22일	포항경찰서에서 대규모 위조지폐범 일당 정모(30, 월성 강동면 안계리) 형제와 권모(월성 단구리) 등 3명을 검거, 주범을 지명수배하는 한편 500환권 위조지폐 749매와 동 위조지폐 기구, 약 등 일체를 압수
	8월 27일	합동경제위원회, 1959년도 미 국제협조처 원조비료 구매비율 민수 30% 관수 70%로 결정
	9월 2일	합동경제위원회 재정분과위원회, 입도선매 방지자금 30억 환 방출에 합의
	10월 1일	합동경제위원회, 1959년도 기술원조자금에 의한 233명의 기술자 해외파견계획 수립
	10월 23일	미국 당국, 한국 7개년 경제발전 계획에 동의
	12월 31일	연간 경제원조 수입액 24억 6천만 달러
1959	1월 22일	합동경제위원회, 미 잉여농산물 283만 석 도입 합의
	4월 8일	합동경제위원회, 중소기업기관사업에 45억환 방출승인. 제4차소비재도입 2천만 달러 결정
	4월 22일	합동경제위원회 본회의, 1959년도 투자계획을 3천 8백만 달러로 확정
	4월 28일	한미 합동기동상륙훈련이 영일만에서 실시
	5월 9일	정부, 경제개발 3개년계획 발표
	7월 23일	포항앞바다의 방파제연장공사 자재를 실은 포항축항사무소 소속 철선이 견인선에 끌려오던중 칠포리 앞바다 해상에서 기뢰로 폭파되어 3명 사망 등 11명의 사상자를 내고 침몰
	8월 10일	합동경제위원회, 기술자 309명 해외 파견 등 1960년도 한미 간 기술원조계획 조인
	8월 15일	광복절을 맞이하여 구룡포읍내 전몰장병유족들이 전사금과 연금을 모아 읍내 용주리 공원에 총공사비 129만6천환으로 아담한 충혼각을 세우고 낙성식을 거행
	8월 28일	합동경제위원회, 1960년도 소비재 도입계획을 1억 7천 5백만 달러로 합의
	9월 15일	덕수동의 수도산 관음사 법당에 켜둔 촛불로 발화되어 건물 2동이 전소, 손해약 1천만환
	10월 14일	한·미 합동경제위원회, 1960년도 대한경제원조액을 650만 달러로 책정
	10월 19일	포항경찰서 주최 중고등학교대상 방첩웅변대회가 시민극장에서 거행
	11월 5일	합동경제위원회, 수출진흥기금 20억 환 방출안을 승인
	11월 11일	이상일씨 총2천여만환들여 현대식단층(건평240평, 800명수용) 상설영화관 포항극장 개관

연 월 일		내용
1959	11월 25일	300여종류의 화학공업재료로 사용되는 원료를 생산하는 국내 초유의 대규모 포항 벤트나트 공장 기공식이 거행. 영일 동해면 석동과 임곡동 일대에 매장된 1억2천만톤 추정 광석(백토양)을 가공할 공장은 순개인자본(서울 후─상사)으로 대송면 동촌 등 7천여평에 공사비 1억환으로 우선 제1공장을 착공
	12월 1일	포항시에서 1960년 사업계획으로 공비 5천만환을 들여 공회당을 신축하고 해수욕장 시설 확장하며 시비로 도로포장, 제3수원지공사, 상수도 계량 시설등을 시행할 계획을 발표
	12월	태풍 사라호의 영향으로 플랑크톤 등의 이동이 바뀌면서 지난 10수년간 흉어가 이어지던 영일만 일대에 광복이후 30년래 대풍어로 갈치 정치망, 대구, 새우, 가재미 저예망 등의 풍어를 맞이하여 총파산 위기에 빠져있던 수산업계가 기사회생
	12월	왜정때 1500톤급 철선, 해방 후 1951년 1월 해공소속 5천톤급 안성호 침몰, 1955년 12월 독도경비선 고려호(85톤)과 우리나라 유일한 150톤급 기중기선을 침몰시켰던 장기 돌출부 끝 바닷물 속 1킬로지점의 교석초(암초) 위에 이달 안으로 등표가 세워질 예정으로 우리 기술진이 2년 6개월만에 완공하는 것으로 총공비 1억 5천7백만환. 길이 5미터의 틀 속에 무게 1,059톤 기초위에 해상높이 14.70미터에 직경 5.20미터의 원형 철근망이 세워짐 교석초(다릿돌)이라는 이름은 먼 옛날 강원도로 간 남편을 만나려 바위를 물속에 던져 다리로 삼았다는 전설에서 유래
		포항시 인구 6·25전쟁 당시 인구수준 회복 8,739가구 50,843명
1960	3월	연일, 오천, 도구, 마산동에 네델란드제 스피커 등을 설치하여 라디오앰프촌을 시험 가동
	5월 3일	동지고등학교 학생 300여명이 국회즉시해산을 외치며 1시간동안 데모시가행진
	10월 8일	해병대, 포항 영일만에서 원자전 상황하 사단 규모의 상륙훈련 '단풍 작전' 실시
	10월 25일	한미경제회담서 환율 1,000대 1을 1961.1.1.부터 적용하기로 합의
	12월 27일	한일경제협의회 구성
		포항시 가구수 10,790세대, 인구수 59,555명, 영일군 가구수 34,469세대, 인구수 194,041명 포항지역 총세대 45,259, 총인구 253,596명
		2000년 기준 1959년 이전 건축 주택 6,597(남구 2,504, 북구 4,093)
1961	2월 3일	민의원, 대일 정책결의안 채택, 선국교, 후경제, 평화선 수호 등
	2월 8일	〈한미경제원조협정〉 조인, 기존 3개 협정 단일화
	2월 20일	주한 미 대사관, 경제협력에 주권보장 재확인 외교각서 전달
	3월 24일	포항─대구간 기동열차가 개통되어 개통식이 포항역에서 거행, 대구.경주시민이 전년보다 송도해수욕장을 많이 찾는 경제효과를 기대
	5월 16일	군사혁명위원회 설치

연월일		내용
1961	5월 31일	국가재건최고회의, 기본 경제정책 발표
	6월 22일	KBS포항방송국 개국
	7월 22일	종합경제재건 5개년계획(1962~1966) 발표
		포항시 인구 60,046명(10,817세대)
1962	1월 5일	국가재건최고회의, 제1차 경제개발 5개년계획 발표
	3월 7일	정부 당국과 킬렌 미 경제조정관실 처장, 1962년도 대충자금 2,752억 환 방출 합의 서명
	3월 29일	영일군에서 특수고령토 시굴을 위한 기공식이 거행
	4월 11일	미 경제협조처, 1962년도 〈미공법 480호〉 제2차 도입계획 승인
	5월 2일	경제기획원, 미국과 1962년도 대충자금 40억 환의 주택자금 사업계획서 합의
	5월 17일	경제기획원·한미실업인단 간에 종합제철공장 건설 가계약 조인
	6월 12일	포항항 개항장으로 지정 공포
	7월 5일	포항개항장추진위원회에서 지난 6월 12일 개항장지정기념을 위해 포항시민대회를 이날부터 7일간 개최하면서 노래자랑, 농악, 씨름대회, 불꽃놀이 등 다채로운행사를 개최
	8월 10일	제3차 한미 경제회담, 미 경제협조처 차관 첫 사례로 1,400만 달러 확정
	8월 17일	교통부, 미 경제협조처 차관 1,400만 달러 획득, 객차 115량, 화차 8백 량 도입계약 조인
	8월 18일	경제기획원 제1차 기술진흥 5개년계획 수립
	9월 19일	정부, 1963년도 미공법 480호 잉여농산물 원조 8,774만 8천 달러 미 경제협조처에 요청
	10월 29일	한미간 디젤기관차 30대 도입 위한 8백만 달러의 미 경제협조처 차관협정 체결
	11월 7일	경제기획원, 5,432만 달러의 1963년도 제1차 한미 잉여농산물협정 체결
1963	3월 29일	경제기획원, 경제개발 5개년계획에 의한 외자도입 원리금 상환액 6,340만 달러로 추계
1964	7월 2일	한미 당국, 경제안정 5개 시책 및 추경예산 규모 750억 원 합의
	10월 21일	경제기획원, 1965년도 미국의 대한원조자금 1,500만 달러 조기사용에 합의
	10월	포항우편국 회선 증설공사에 착수
	11월 17일	경제기획원, 연탄 값 1원 인상 결정

연 월 일		내용
1964	12월 16일	한미 당국, 자금 1,500만 달러 방출 및 7,300만 달러 잉여농산물 도입 등 경제교섭 타결
	12월 18일	포항해군병원 개원식
		신세기레코드에서 포항포도주를 알리기 위한 '포항은 내고향(반야월 작사, 손목인 작곡 손인호 노래)'를 발표
1965	1월 5일	정부, 제2차 경제개발 5개년계획안 수립
	2월 1일	포항 북부시장이 개설
	2월 19일	한국경제인협회, 한일 국교 정상화를 촉구하는 대정부 건의 발표
	3월 12일	미 경제조정관실 처장과 〈디젤 기관차 65대 도입 위한 1,100만 달러 차관협정〉 서명
	4월 3일	전국 90여 경제단체, 공동명의로 한일 국교 조기타결 촉구 성명
	6월 14일	경제기획원, 제3·4 비료공장 건설 위한 미 경제협조처 차관 4,800만 달러 승인
	6월 22일	한일국교정상화 협정
	12월 8일	삼일그룹 모체인 삼일운수사가 중앙동에 설립
	12월	포항시 인구 65,525명(12,046세대)
1966	2월 2일	정부, 포항제철 건설 국제차관단 구성에서 주도적 역할을 미국 코퍼스사에 위임
	7월 8일	경제기획원, 제2차 경제개발 5개년계획안(1967–1971년)과 과학기술진흥 5개년계획 발표
	11월 9일	정부, 미국과 중소기업자금 1,200만 달러의 미 경제협조처 차관협정 체결
	11월 30일	포항삼륜포도주공사 '포항포도주'가 위생법 위반(포름알데히드 검출)으로 전량 회수 처분
	12월 31일	경제기획원, 연간국민총생산 9,138억 원·성장률 13.4%·국민소득 114달러 30센트 등 발표
1967	3월 1일	포항항 1종 지정항만
	6월 30일	정부, 종합제철공장 입지로 포항 확정
	7월 10일	경제기획원, 11억 4천만 달러 장기차관 조달계획 마련
	7월 21일	포항공업단지 지정
	7월 22일	포항공설운동장에서 종합제철공장 설립확정 시민 환영대회 개최
	7월 31일	포항상공회의소 상원동 신회관 준공식

연 월 일		내용
1967	10월 3일	포항제철, 포항시 교외 영일군에서 종합제철 공업단지 기공식
	11월	종합제철사업추진위원회 회의
		주식회사 포항버스(대아그룹 전신) 출범으로 시내버스 운행
1968	1월 22일	미 경제협조처, 1967년도 한국경제원조 규모 1억 1,400만 달러 발표
	1월 27일	미 경제협조처, 1968년도 미국 대한물품계획원조 3천만 달러 정부에 통고
	2월 24일	경제기획원, 미 대외원조기관과 1천만 달러의 제3차 원자재 차관협정 체결
	3월 20일	정부, 대한중석과 합작투자로 종합제철공장을 포항에 설립 공표
	3월 20일	포항종합제철주식회사 창립총회
	3월 29일	경제기획원, 석유화학공업 기초공장 건설 위한 2,500만 달러의 자본재 도입 확정
	4월 1일	포항종합제철주식회사 설립
	4월 16일	부총리, 제2차 대한경제협의체회의 11개 회원국에 6억 6,700만 달러의 차관 요청
	5월 1일	경제기획원 포항종합제철공장 건설사업추진위원회 설치
	5월 30일	포항제철공장 부지 매수 완료
	5월	포항신항의 내항공사 착공
	9월 6일	종합제철국제차관단, 포항종합제철 건설 소요 외자 1억 527만 2천만 달러 확정 통고
		형산교(450미터 너비 20미터) 완공
1969	5월 17일	경제기획원, 세계은행이 한국의 농업개발차관 4천 5백만 달러 승인 발표
	5월 24일	경제기획원, 세계식량계획으로부터 1천 9백만 달러 양곡원조 공여 통고 공표
	6월 3일	경제기획원, 종합제철 건설 전담반 설치
	6월 5일	경제기획원, 미국 정부와 1천만 달러의 제4차 원자재차관협정 체결
	7월 20일	대한항공, 서울 – 포항선 취항
	7월	포항종합제철 지곡단지내 외빈전용숙소 ‘영일대’ 개관
	8월 26일	제3차 한·일 정기각료회의, 포항제철 건설 협력·무역역조 시정 협의
	9월 18일	경제각의, 1969년부터 4년간 총 224억 원을 투입하는 생산시설 국산화방안을 확정

연 월 일		내용
1969	10월 1일	경제기획원, 3차 5개년계획 기간 동안 총 30억 달러의 외자 도입 계획
	10월 7일	포항종합 제철선 6.5㎞ 개통
	10월	죽도시장번영회 개설
		포항철강공단 건설에 따른 신항만 건설(~1985년)
		2000년 기준 주택건축 4,288(남구 2,069, 북구 2,219) 1960~1969년중
1970	2월 13일	정부, 포항 등(속초·수색·목포·사천·진해) 지방 비행장 설치 결정
	3월 13일	한국은행, 1960년대 경제성장률 연평균 8.6% 발표
	3월 18일	경제장관회의, 비철금속 제련사업법안과 주요물자 및 정부수요 물자대금 지급 방안 의결
	3월	대한항공 김포(서울)~포항 항공노선 첫 개설
	4월 1일	박정희 대통령 포항종합제철 제1기 설비착공식 참석, 포항철강산단 제1단지 조성사업
	4월 20일	경제장관회의, 일제시 발행된 화폐 등 보상을 골자로 〈대일민간청구권법안〉 의결
	4월 22일	포항 부근 상공서 금룡작전 수행 중 미군기 공중폭발로 승무원 3명 순직
	5월 11일	경제장관회의, 〈수산업협동조합 개정안〉 의결
	5월 26일	정부, 미국의 대한 지원원조 공여에 관한 최종 협정에 조인·무상원조 25년만에 종지부
	10월 12일	죽도시장 상인대표와 주민들이 포항버스(주)에 죽도시장입구에 정류소 신설을 요망
	12월	포항시인구 79,451명(15,860세대)
1971	1월 4일	경제기획원, 1970년말 현재 외자도입액이 30억 29만 4천 달러라고 발표
	1월 7일	경제기획원, 아시아개발은행 2,500만 달러 차관협정에 조인
	1월 29일	〈미공법〉480호에 의한 2,930만 달러 상당의 미국 쌀 20만톤 도입 차관협정 체결
	2월 9일	정부, 제3차 경제개발 5개년계획(1972~1976년) 발표
	3월 24일	중앙정보부, 포항 지역서 무장간첩 5명 검거 발표
	5월 30일	포항MBC 개국
	5월 13일	포항축로(현 포스코케미칼) 설립

연 월 일		내용
1971	8월 16일	한국경제, 미 정부 달러화 금태환 중지·대외원조 10% 삭감·10% 수입부가세 조치로 혼란
	9월 5일	경제기획원, 설탕 값 5~6% 인상 승인
	11월 25일	신일본제철, 중국과의 경제관계 향상 위해 포항제철 원조는 기술지원수준으로 제한 발표
	12월 10일	경제기획원, 광복 후 현재까지의 외자도입 총액 65억 5,740만 달러 발표
	11월 2일	죽도시장 개설 허가
		채소밭이던 8토지(현 개풍약국–오거리, 개풍약국–영포회센터)구획 정리사업 개시
1972	4월 4일	포항삼륜포도주 배상소 대법원서 원고패소 확정
	5월 4일	포항종합제철, 인도·호주 4개 상사서 연간 93만톤 규모 철광석 도입 장기수입계약 체결
	5월 31일	경제기획원, 세계은행이 부산항과 포항제철 확장 지원 확약 발표
	7월 4일	포항제철 중후판공장 준공
	10월 3일	포항종합제철 열연공장 준공, 강재 등 58만톤 생산
	10월 8일	경제기획원, 1959년 차관도입 시작 이래 외자에 이자지급액 2억 6,380만 달러로 집계
	10월 20일	경제기획원, 미공법 480호에 의한 2,570만 달러의 잉여농산물차관도입협정을 체결
	10월 25일	포항제철, 영국 선급협회 ABD급 제조법 승인 획득
	11월 8일	상공부, 대구 광주 대전 목포 여수 포항 등지에 공업단지 조성사업 계속 확대 계획 발표
	12월 24일	포항종합제철, 연산 15만 톤 규모의 주물선공장 착공식
	12월	포항고속버스터미널 개장
1973	2월 7일	상공부, 포항 앞바다 제6광구 1차 석유시추탐사작업 90% 완료. 탐유가능성 희박 발표
	2월 23일	주한 미경제협조처장, 미국의 대한통상수지 적자 역전됐다며 대미수출 자제 언명
	2월 26일	경제기획원, 전량 수출 조건의 외국인투자업체에 국내 판매 불허 결정
	3월 21일	정부, 주택건설 위한 미 경제협조처 보증차관 1천만 달러 도입협정 체결
	3월	포항신항 1단계 완공후 처음으로 원료선이 입항

연 월 일		내용
1973	4월 1일	장흥, 괴동, 송내, 동촌동에 포항철강 제1단지 조성
	4월 12일	경제기획원장관, 주한 미 대사와 9,480만 달러 상당의 미 잉여농산물 도입 차관협정 조인
	5월 5일	경제기획원, 철강 기계 전자 조선 등 590개 부문을 집중 개발하는 전략산업개발계획 마련
	5월 29일	부총리, 미 경제협조처로부터 새마을사업추진자금 5천만 달러 차관도입 합의 발표
	6월 8일	포항종합제철, 제선공장 준공식 및 용광로 입광식
	7월 1일	의창면이 읍으로 승격(영일군 2읍 10면 3출장소), 영일군 대송면 5개동과 오천면 2개동 포항시에 편입, 송정, 송내, 동촌, 괴동, 인덕 6개동을 통합하여 제철동 신설
	7월 3일	포항종합제철 제1고로 준공(조강 연산 103만톤)
	9월 13일	포항종합제철 가동으로 폐수, 폐유 유입 송도해수욕장 폐장 불가피(동아)
	9월	포항공항 정기노선 폐지
	12월 11일	쌀 석유류 등 주요 생필품. 원목 철근 등 원자재 및 독과점 63개 품목 가격 사전승인제
	12월 17일	경제장관회의, 〈상호신용금고법시행령 개정안〉 의결
		포항제철 외주파트너사 협회 발족
1974	1월 13일	포항상공회의소 월간지 "포항상의" 창간호 발간
	3월 30일	경제기획원, 1973년말 현재 총인구 3,317만 7천명, 총 가구수 634만 8,339 가구로 발표
	4월 9일	포항철강공단 단지 3개기업이 청림지구(17.7만평) 조성(1977.10월까지)
	4월 24일	경제기획원, 서민아파트 건설용 제2차 미 경제협조처 보증차관 2천만 달러 도입협정 서명
	10월 1일	포항종합제철 주물선공장 준공
	10월 12일	경제기획원, 1975년도 차관원리금 상환액 5억 9,900만 달러로 추계
	12월 4일	한국은행 포항주재사무소 개설
1975	3월 19일	경제기획원, 제2종합제철 건설계획 백지화
	7월 3일	포항제철, 호주에 상표 등록
	7월 15일	포항제철, 한국종합제철 흡수합병 등기

연월일		내용
1975	6월 11일	정부 제4차 5개년계획 발표
	9월 16일	장관회의, 수출용원재료에 대한 관세환급 특례법 개정안 의결
	9월 29일	경제장관회의, 종합금융회사의 업무범위규정 등 담은 〈종합금융회사법안〉 의결
	10월 15일	재무부, 포항종합제철·종합화학 등 6개 정부출자주식 매각 방침 수립
	12월 24일	삼일운수사가 삼일운수㈜로 법인 전환
		포항시 인구 134,404명(28,712세대)
1976	1월 16일	포항·영일 일대 석유광업권 국가서 집행하고 민간인광구 설정 불허 결정
	1월 19일	포항일원 석유탐사 본격화 30개소 추가 시추
	3월 29일	정부, 포항제철 등 중화학공업계열회사의 민영화방안 발표
	3월 31일	포항제철, 2기 구내 수송 수배전 가스중유 시험검정 증기설비 준공
	5월 1일	정부, 가격표시 정찰제 시행
	5월 1일	포항제철소 제2 고로 설비준공(조강연산 260만톤)
	5월 31일	포항종합제철 제2기 확장공사 준공(1973.12월 착공, 내외자 2,638억원 투입)
	8월 1일	포항종합제철, 1979년 4월말까지 생산규모를 늘리기 위한 제3기 확장공사 착공
	11월 10일	포항제철, 형산강 유로 변경공사 착공
	12월 7일	경제기획원, 제4차 경제개발 5개년계획 최종안 발표
1977	1월 14일	포항제철, 연 280만톤 처리 가능한 단일규모 세계 최대의 분괴공장 착공
	1월 15일	상공부장관, 포항 석유탐사는 진전없다고 언명
	2월 28일	포항제철, 연산 48만 5천톤의 냉간압연공장 준공
	3월 5일	건설부, 창원·여천·포항·온산 등 4대 공업단지의 개발지역을 확대 재조정
	4월 24일	포항제철, 쇳물 쏟아져 1억 6천만 원의 피해사건 발생
	6월 3일	포항성모병원 개원
	8월 16일	포항 제2철강산업단지 조성 실시계획 승인
1978	10월 14일	경제기획원, 5개 철강류 제품 8.2% 인상 허용
	10월 25일	장흥, 호동에 제2단지(120.9만평) 조성(1992.2.1까지)

연 월 일		내용
1978	10월 30일	상공부, 제2제철의 건설 실수요자를 포항종합제철로 확정
	11월 11일	경제기획원, 자전거·스타킹·석판·주철관·합금철 출고가격을 9.4%~15% 인상 허용
	11월 16일	포항제철 제1제강 공장, 출강 1천만 톤 돌파
	11월 20일	경제기획원, 시멘트·철근 등 4개 품목 공장도 가격 12.0~14.4% 인상
	12월 8일	포항제철소 제3기 설비준공(조강연산 550만톤)
	12월 21일	경제기획원, 1979년도 기업의 임금인상 적정률을 20%선으로 설정
	12월	포항제철 제3고로 준공(조강연산 550만톤)
		영진건설에서 남구지역 상대동 시외버스터미널일원 11토지구획정리 착수 (총30만평 규모)
1979	2월 3일	경제기획원, 1959년이후 1972년말 현재 도입차관 총액 128억 1,100만 달러 집계
	1월 31일	동해고속도로 개통, 포항 – 삼척 192.1㎞ 구간
	4월 29일	포항제철, 제2제강공장 출동 100만 톤 돌파
	5월 28일	정부, 198년초 착공 예정 포항제철 제2공장 건설후보지로 충남 아산만 일대 선정에 합의
		선린대학교 전신 포항간호전문대학 개교
		2000년 기준 포항시 주택건축 11,905 (남구 6,966, 북구 4,936)(1970~1979년)
1980	3월 26일	대간첩대책본부가 포항근해에서 무장간첩선 1척 격침을 발표
	4월 5일	한국개발원, 한국재벌 70년대 금융특혜 등으로 국민경제성장률보다 3배 높은 팽창 분석
	5월 27일	포항철강공업관리공단 법인설립 인가
	7월 1일	포항제철 제2열연공장 준공
	10월 4일	전국경제인연합회, 한국 기업 타인자본 중 금융기관 차입금 45.7% 차지 집계
	10월 15일	경주–포항간 고속도로 준공
	11월 10일	포항앞바다 유조선 충돌로 기름 7만톤 유출되어 어장, 양식장에 큰 피해
	11월 20일	포항 해도동 동해종합시장 개설
	12월 1일	연일면, 오천면이 각각 읍으로 승격(영일군 4읍 8면 3출장소)

연월일		내용
1980	12월	포항시 인구 201,355명(45,971세대)
1981	2월 8일	포항제철소 제4기 설비의 종합준공(조강연산 850만톤)
	2월 18일	포항종합제철 제4기 설비공사 준공
	4월 15일	포항 동쪽 65km해상에서 진도 4.5의 강진 발생
	5월	양덕동 85filed대 5만 8천평 저습지를 쓰레기매립장으로 활용
	6월 8일	경제기획원, 백화점 등의 연중 바겐세일을 철저히 규제하는 〈할인판매운용규칙〉 마련
	7월 18일	포항 해도동 대해시장 개설
	8월 5일	포항 양학시장 개설
	8월 20일	포항 해도동 새해도시장 개설
	8월 21일	경제기획원, 제5차 경제사회발전 5개년계획(1982~1986년) 발표
	11월 20일	경제기획원, 국내 관광회사의 관광여행요금 자율화
	12월 31일	포항역에서 포항-경주간 새마을호 연결 기동차 운행 개통식
1982		북구 장성양덕 토지구획정리지구(53만평규모) 지구개발사업
	4월 1일	거양개발(현 포스코건설)을 설립
	8월 23일	전국경제인연합회, 5.말 현재 주요기업의 사채가 평균 6억 6,226만 원으로 집계 발표
	11월	㈜대원상호신용금고가 법인등기 됨
	12월 16일	포항 송도시장 개설
1983	2월 15일	연일읍 대잠동, 효자동, 지곡동, 이동과 동해면 일월동이 포항시로 편입. 의창읍은 흥해읍으로 개칭. 죽장면 일부가 영덕군 달산면으로 편입
	5월 12일	경제기획원, 24개 정부투자기관의 경영개선 촉진 위해 정부투자기관 관리개선방안 확정
	5월 25일	포항제철소 제4기의 2차설비준공(조강연산 910만톤)
	5월 26일	보성상호신용금고가 개업함
1984	1월 9일	삼일운수㈜가 ㈜삼일로 상호변경
	3월 24일	포항부근서 팀 스피릿84훈련 중 미 해병대 헬리콥터 추락으로 탑승자 29명 전원 사망

연 월 일		내용
1984	12월 12일	포항상공회의소 상도동 신회관 준공
	12월 17일	한국은행 포항주재사무소가 지점으로 승격
	12월 20일	지금의 포항시외버스터미널 준공
		2000년 기준 포항시 주택건축 14,429(남구 6,969 북구 7,460)(1980~1984년중)
1985	3월 5일	포항제철의 광양제철소 1기 설비공사 착공
	3월 6일	포항공과대학 설립인가
	5월 22일	제14회 전국소년체전 포항과 경주에서 개최
	6월 30일	포항상의에서 포항상의오십년사를 발행
	12월 5일	광양제철소 제1기 설비착공
	12월 17일	포항제철, 미 유에스스틸과 합작회사 설립 합의 발표
	12월	구룡포항 2종 지정항만, 포항시 인구 261,256명(65,730세대)
		철강공단 생산액 7,944억원, 수출액 2억 6천만 달러
1986	4월 1일	구룡포읍 구만동, 강사동, 대보동, 동해면 대동배동이 대보면으로 분리 승격. 기계면의 용기동, 오덕동, 성법동, 탑정동, 대곡동, 관천동, 율산동이 기북면으로 분리 승격
	4월 4일	주식회사 대아고속해운 출범으로 포항~울릉 대아고속훼리 운영
	7월	대한항공 13년만에 김포노선 재취항
	9월 16일	정부, 제6차 경제사회발전 5개년계획 발표
	12월 3일	포항공과대학교 개교
1987	1월 1일	대송면 호동과 제내동 송동, 옥명동 각 일부가 포항시로 편입
	2월 6일	경제기획원, 〈독점규제 및 공정거래에 관한 법률 시행령 개정안〉 마련
	3월 3일	포항산업과학연구원 창립
	3월 17일	총자산 4천억 원 이상 재벌그룹에 그룹내 기업별 상호출자금지.출자총액 한도제적용 발표
	4월 2일	공정거래법 개정에 따른 계열사 간 상호출자금지 기업 33대 그룹 511개사 지정
	5월 7일	광양제철소 제1기 설비준공(조강연산 1180만톤)

연월일		내용
1987	5월 11일	경제기획원, 25개 정부투자기관과 포항제철 등 6개 정부출자기관 단계적 민영화방안 발표
	8월 11일	포항시내버스 전면파업
	9월 4일	정부, 연내 예정이던 포항제철의 기업공개를 1988년 상반기로 연기
	9월 12일	포항의 자생적 백화점 신라쇼핑 개점
	9월 17일	재무부, 포항제철·한국전력·통신공사를 1988년에 민영화, 일반주식소유 3% 이내로 제한
	9월 23일	한국능률협회, 1986년 매출액 1위 삼성물산 순익 1위 포항제철 발표
1988	1월 9일	재무부, 국민주 보급위해 1차로 3월중 정부보유 포항제철 주식 863억 원어치 매각 결정
	2월 15일	포항도금강판(현 포스코강판)을 동국제강과 공동으로 설립
	2월 25일	정부, 국민주매각 포항제철 주식물량 당초 총발행주식20.4%에서 36.4%로 확대 결정
	3월 2일	재무부, 포항제철 주식 매각계획안 확정
	4월 1일	포항제철 국민주청약 개시
	5월	대구백화점이 포항 신라쇼핑 인수(이후 대백쇼핑으로 출범)
	6월 10일	포항제철 기업공개 국민주 1호로 포항제철주식 증권거래소에 상장
	6월 15일	영남비취타운2차Apt 사용승인 225세대
	7월 12일	광양제철소 제2기 설비준공(조강연산 1450만톤)
	10월 31일	낙원Apt 사용승인 135세대
	11월 2일	정원맨션Apt 사용승인 135세대
	11월	포항제철 국내최초의 전용축구장 건설공사 착공
		포항 최초 대형 백화점 대백쇼핑 개점
1989	1월 19일	포항제철, 연산 122만 5천톤 규모의 광양 제1기 냉연공장 준공
	2월 1일	재무부장관, 지방경제활성화와 경쟁 촉진 위한 금융기관 30개 신설 발표
	2월 16일	정부, 석탄산업합리화조치에 따라 경제성 없는 103개 탄광 폐광 신청
	3월 11일	환경청, 포항제철·현대 등 공해배출업소 571개 업체 적발하고 행정처분

연월일		내용
1989	3월 20일	팀 스피릿 훈련 중 포항 근처서 미군헬기가 추락하여 미 해병 19명 사망 15명 부상
	4월 7일	포철과 미 USX사의 미국 내 합작철강회사인 UP사, 연간 136만 톤 규모의 냉연공장 준공
	5월 10일	동해시 – 울릉도 – 포항시 잇는 해상관광로 개설
	7월 4일	영남타운Apt 사용승인 180세대
	7월 15일	포항공대, 740억 원 들여 방사광가속기 건설 착공정
	9월 5일	동력자원부, 포항 동쪽 200㎞ 지점의 6광구에서 240억㎥의 천연가스층 확인 발표
	9월 12일	포항제철, 경영 다각화 위해 부가가치통신망사업 정보통신산업 진출 발표
	10월 31일	협성비취타운2차Apt 사용승인 153세대
	11월	청우대림 1차Apt 168세대
	12월 9일	용흥현대1차Apt. 사용승인 575세대
		2000년기준 포항시 주택건축 20,400(남구 10,683 북구 9,717)1985~1989년중
1990	1월 8일	일동Apt 사용승인 210세대
	1월 12일	행복Apt 사용승인 159세대
	3월 18일	도구별장맨션Apt 사용승인 195세대
	4월 12일	대각, 제내동에 제2단지(79만평)를 조성, 철강공단 총 336.5만평 형성(1994.12 월말까지)
	4월 14일	명성강변맨션Apt 사용승인 168세대
	4월 24일	영남대자연맨션1차Apt 사용승인 178세대
	8월 28일	경북일보 창간
	9월 17일	포항제철 산하 초등교 교사 180명 청결과 환경의 중요성을 위한 '바른가정교육'을 발간
	9월 23일	경북매일신문 창간호 발행
	9월 24일	영남대자연맨션2차Apt 사용승인 204세대
	11월 10일	국내 최초 축구전용구장 포항스틸야드 준공

연 월 일		내용
1990	12월 1일	포항지역 도시가스 공급 개시(우방타운–포항철강공단 노선)
	12월 4일	광양제철소 제3기 설비준공(조강연산 1,750만톤)
	12월 9일	포항제철 등 16개 대기업의 연대를 위한 대기업노동조합회의 공식 출범
	12월 14일	포항대 부설 경제사회연구소 용역 – 포항 컨테이너신항만 건설 필요성 제기
	12월 24일	용흥우방타운 사용승인 2,652세대
	12월	청우대림2차Apt 294세대
		포항시인구 318,595명(84,402세대)
		청우대림 2차Apt 294세대
		포스코 포항공장 조강생산량 10,167천톤, 포항철강공단 생산액 1조 7,280억원
1991	3월 7일	환여동 해안도로 완공
	4월 1일	포항공대 방사광가속기 착공
	4월 11일	포항청년회의소 지역내 4년제 대학유치 서명운동 개시
	5월 2일	오천제일맨션4차Apt 사용승인 169세대
	11월 21일	포항–울릉노선 쾌속선인가
	11월 12일	정부, 제7차 경제사회발전 5개년계획 확정발표
	12월 1일	지행면이 장기면으로 개칭
	12월 2일	미광천원타운1차Apt 사용승인 222세대
		제일맨션5차Apt 사용승인 273세대
	12월 18일	영남비취타운3차Apt 사용승인 265세대
		포항시 우회도로 공사 착공
1992	1월 7일	제7차 경제사회발전5개년계획 중 수도권집중현상 억제용 〈지역균형발전법〉 제정추진결정
	1월 25일	정부, 경제력집중 억제 위해 재벌의 출자총액규제 강화하고 위반하면 주식매각 명령 결정
	1월	제2형산교 건설을 위한 부지매입과 설계 착수
	2월 26일	동해새로미Apt 사용승인 178세대

연월일		내용
1992	3월 16일	명성강변맨션2차Apt 사용승인 150세대
	3월 17일	한·미정부, 주한미군 운영 포항 – 의정부 송유관의 소유운영권을 한국에 이양 합의
	4월 15일	증권거래소, 1991년말 국민주 한국전력과 포항제철주주 제외 주식인구 143만 명 집계
	5월 26일	협성해바라기Apt 사용승인 187세대
	6월	상도동에 포항하수처리장 설치공사 착공
	7월 1일	포항시내 택시요금병산제 적용
	7월 29일	경제기획원, 재생원료 의무 사용 규정한 〈자원재활용촉진법〉 내년부터 시행
	8월 7일	승리Apt 사용승인 392세대
	10월 2일	포항제철소 50년에 걸친 제철소건설 종합준공(조강연산 2,080만톤)
		포항제철 종합 준공·조강 연산 2,080만 톤
	10월 5일	미광하야로비타운Apt 사용승인 192세대
		서울–포항 새마을호 개통
1993	3월 11일	제일신천지타운Apt 사용승인 340세대
	4월 10일	철림진달래1차Apt 사용승인 272세대
	4월 29일	포항제철, 조강 연산 2,001만톤 기록해 세계 제2위 회사로 국제철강협회 공인
	7월 2일	정부, 신경제5개년계획 확정 시행
	8월 12일	대통령, 〈금융실명거래 및 비밀보장에 관한 대통령긴급재정경제명령〉 발동
	8월 12일	신형석리3차Apt 사용승인 200세대
	8월	제2형산교 건설공사 착공
	12월 9일	포항제철 ISO 9002인증 취득
	12월 31일	포항시 인구 322,163명, 영일군인구 181,513명 포항지역 총인구 503,676명
1994	2월 3일	포항지역발전협의회 포항시와 영일군 통합 건의서 관계기관에 제출
	2월 28일	전국경제인연합회, 포항제철을 제2이동통신 주도사업자로 최종 선정
	5월 20일	영일군의회, 포항시 영일군 통합반대 의결

연 월 일		내용
1994	5월 30일	청하면의 핵폐기물처리장 건설에 포항시민 49.6%가 반대의사
		포항시-영일군의 통합 등 33개 통합시 발족확정
	9월 13일	포항공과대학, 방사광가속기 시험가동 성공
	9월 14일	포항-의정부간 미군 송유관매설공사 주민 반발
	10월 14일	포항제철 뉴욕증권거래소에 상장
		포항제철, 주식 3억 달러어치를 국내 기업 최초로 뉴욕증시에 상장
	10월 27일	한국전력, 주식 3억 달러어치를 포항제철에 이어 두 번째로 뉴욕증시 상장
	10월	대동우방타운Apt 698세대
	12월 7일	포항공과대학 포항가속기연구소 세계 5번째 포항방사광가속기 준공
	12월 16일	국회 본회의, 〈세계무역기구 가입 비준동의안〉 〈세계무역기구 이행특별법안〉 의결
	12월 23일	포항제철, 자동차 수명을 2배 이상 연장 가능한 유기피복 강판 세계 3번째 개발
	12월	한동대학교 개교
		2000년 기준 주택건축 39,376(남구 16,191 북구 23,185) 1990~1994년중
1995	1월 1일	전국 33개 도농복합형태 시 설치 등에 관한 법률(1994.8.3공포)로 통합 포항시 출범(2구, 4읍, 10면, 25동, 1출장소)
	1월 11일	포항시 조례 제10호로 구청(남구 북구)설치
	2월 7일	건설교통부, 광주 - 강릉·제주 - 예천정기항공로와 울릉 - 포항·김해 - 충주헬기노선 신설발표
	2월 21일	포항 장기 수성리 감골, 금곡리 할매바위, 장기 뒷산 말바위의 일제쇠말뚝 본격제거 착수
	2월 26일	재정경제원, 3월 3일 한국이 33년만에 세계은행 차관 졸업 발표
	2월 28일	용산삼주타운Apt 사용승인 281세대
	3월 24일	재정경제원, 국내 지하경제규모 58조·국민총생산의 22% 발표
	3월 29일	외무부, 경제협력개발기구 사무국에 한국의 회원가입 신청서 정식 제출
	3월	양덕동 대구지법 포항지원과 대구지검 포항지청 청사 건립 공사 착공
	4월 10일	효자그린1단지Apt 사용승인 1,288세대

연월일		내용
	5월 3일	재정경제원, 7.1.부터 외국인 주식 매입한도 확대 시행 발표
	5월 12일	삼양전원타운Apt 사용승인 250세대
	5월 25일	옥성리 고분 2차발굴 조사 착수
	5월 26일	포항문화예술회관 개관
	5월	우방신세계타운1차Apt 사용승인 367세대
	6월 7일	형산강강변타운 Apt 사용승인 732세대
	7월 25일	포항제철소 건설현장, 타워크레인이 넘어져 인부 5명 사망·3명 부상
	7월 31일	외무부, 경제협력개발기구(OECD) 가입조건 협의를 위한 자료를 OECD 사무국에 제출
	9월 1일	사실상 포스코 본사인 포항제철서울사무소 사옥(포스코센터, 동관31층, 서관21층) 개관
	9월 5일	보건복지부, 콜레라 발병 포항지역에 중앙역학조사반 긴급 파견 발표
1995	9월 21일	국립수산진흥원 경남남해안·경주·포항 적조확산으로 어패류 100억원대 집단 폐사 추정집계
		포항제철, 제철교육재단에서 제철학원 완전독립 발표
	10월 8일	포항앞바다 진도4 정도 지진 10초간 발생
	10월 17일	경제개발협력기구 사무국 대표단, 경제개발협력기구 가입조건 규범초안을 한국에 제시
	10월 27일	포항제철 런던증권거래소 상장
	11월 14일	재정경제원, 1996년부터 2000년까지 외국인투자 금지 75개 업종 개방 발표
	11월 17일	오어지에서 고려고종3년(1216년) 제작 추정 국보급 범종 발견
	11월 28일	포항제철소 신제선공장 준공
	11월 28일	포항제철, 세계 두 번째로 코렉스식 제철법 쇳물 생산 시작
	12월	도농통합으로 포항시 인구 1994년 327,504명(94,436세대)에서 1995년 인구 510,867명(150,762세대)로 팽창
		포스코 포항공장 조강생산량 10,900천톤, 포항철강공단 생산액 4조 30억원
		포항관문 유강터널 공사 착공
1996	1월	㈜대원상호신용금고가 ㈜대아상호신용금고로 상호변경

연월일		내용
1996	2월 25일	재정경제원, 주식시장개방 확대 및 해외증권투자 자유화 계획 발표
	3월 8일	대구 동아백화점 포항점 기공식
	3월 23일	경제협력개발기구, 한국의 법무서비스·에너지·언론·식량산업 추가개방 요구
	3월 30일	연일삼도한솔타운1차Apt 사용승인 405세대
	5월 20일	효자그린2단지 Apt 사용승인 234세대
	5월 22일	경제협력개발기구, 한국 등 신규 회원국 가입 허가 의사를 공식발표
	5월 22일	우방신세계타운2차Apt 사용승인 479세대
	6월 17일	재정경제원, 1998년까지 외국인 증권·은행 설립 전면개방 등 금융시장 개방일정 잠정확정
	6월 24일	재정경제원, 15개 투자금융회사를 종합금융회사로 전환 인가
	7월 6일	한국, 경제협력개발기구 회원국으로 가입 확정
	7월 31일	천마타운1차Apt 사용승인 541세대
	8월 14일	포항제철, 한보철강에 일관제철 공정 전 부문 기술 이전
	9월 10일	〈배타적경제수역(EEZ)법〉 발효
	9월 23일	용흥현대타워2차 사용승인 484세대
	10월 1일	경제협력개발기구(OECD), 전체 이사회에서 한국가입 만장일치 승인
	10월 15일	포항제철 광양제철소, 제5고로 용광로 착공
	12월	포항 영일신항만 개발 착수
		포항–건천 국도 20호선 건설공사 착공
1997	1월 9일	삼도한솔타운2차Apt 사용승인 150세대
	3월 14일	포항제철 사회이사제도의 도입
	6월 27일	동해안 규모4 지진 건물흔들 한밤 대피 소동
	7월 18일	포항제철, 대금 3백억 원 미결제로 기아자동차 강판 공급 중단
	7월 29일	포항제철·동국제강, 제일은행에 2조 원 한보철강 인수 의향서 제출
	8월 7일	해양수산부, 배타적 경제수역 시행령 공포
	9월 23일	재정경제원, 경제협력개발기구의 적대적 인수합병·외국인토지취득 허용 등 요구 발표

연월일		내용
1997	10월 11일	오천청호Apt 사용승인 392세대
	11월 1일	한·미 해병대, 포항 인근에서 대규모 연합상륙훈련 실시
	11월 21일	경제부총리, 국제통화기금에 2백억 달러의 구제금융지원 공식요청 발표
	11월 24일	재정경제원, 외화부족 12개 종합금융사에 1997년말까지 개선명령 시달 발표
	12월 2일	재정경제원, 9개 부실 종합금융회사에 1997년말까지 업무정지명령
	12월 3일	경제부총리·국제통화기금총재, 한국에 550억 달러 긴급 지원 발표
		국제통화기금, 대통령후보 자금지원협상 합의이행각서 서명요구 및 합의이행 약속
	12월 23일	재정경제원, 국내 채권시장 개방
	12월 24일	비상경제대책위원회, 정리해고제 조기시행·이자제한법폐지·적대적 기업인수합병 허용 결정
	12월	포항공항 여객터미널 신축공사 착공
		형산큰다리 공사 착공
		포스코 계열사 창원특수강이 삼미특수강 인수, 이후 포스코특수강으로 사명 변경
1998	1월 14일	북부해수욕장에서 과메기축제 개최
	1월 23일	환호동 환호해맞이공원 조성공사 착수(공사비 1,540억원 예산)
	1월 30일	재정경제원, 경영 부실 이유로 한화종합금융 등 10개 종합금융사에 영업폐쇄 결정
	1월 31일	포항제철, 17개 계열사 중 4개사 통폐합·매각 구조조정방안 대통령직인수위에 보고
	2월 5일	재정경제원, 1997년12월말 기준 총대외지불부담기준 외채를 총 1,544억 달러로 집계
	2월	구룡포 임항부지에 오징어공동작업장 설치공사 착공
	3월 19일	효자그린 2단지 사용승인 2,130세대
	3월	㈜대아상호신용금고에서 출자하여 대원상호신용금고㈜를 설립
	4월	대구―포항 고속도로 착공(새만금포항고속도로)
	6월 6일	신일본제철, 포항제철에 주식의 1~2% 정도 수준의 출자 계획 발표

연월일		내용
1998	6월 9일	포항하수처리장 완공
	6월 26일	송도에 국내 첫 승강식교량 착공(동빈동–송도)
	8월 10일	보성상호신용금고가 삼일상호신용금고로 상호변경
	10월 1일	600밀리미터 집중폭우로 포항 물바다, 시내곳곳침수 단전 10만명 암흑속 공포
	10월 2일	재정경제부, 세계은행으로부터 2차 구조조정 차관 20억 달러 도입 합의
	10월 9일	재정경제부, 1999년부터 해외부동산 양도세신고 의무화 결정
	10월 19일	재정경제부, 1998년 국제금융 차입금·외평채의 이자지급 외화 14억 7천억 원으로 집계
	12월 9일	재정경제부, 국제통화기금 차입금 28억 달러 연내 상환 결정
		외국인 투자유치 촉진법 제정
1999	1월 4일	재정부, 98년 11월말 총대외부채 1,524억 5천만 달러·순외채 199억 5천만 달러 집계
	1월 19일	재정경제부, 피치 – IBCA가 한국가신용등급 투자부적격에서 투자적격으로 상향조정 발표
		재정경제부, 세계무역기구 금융서비스협정 최종 수락
	2월 3일	재정경제부, 국제통화기금과 정책협의를 분기에서 반기로 전환
	2월 24일	대림한숲타운2차Apt 사용승인 265세대
	2월 27일	유강우방타운Apt 사용승인 202세대
	3월 15일	대한항공 여객기, 포항공항 착륙 중 활주로 이탈해 방호벽 충돌 승객 21명 부상
	3월 27일	대림한숲타운 1차 Apt 사용승인 960세대
	3월 31일	광양제철소 제5고로 준공(조강 2,800만톤 생산체제)
	4월 1일	송도 승강교 공사착공 10개월만에 사후관리곤란 등을 이유로 설계변경 추진
	4월 1일	재경부, 환전상설치자유화·기업 1년미만 단기자금유입허용 등 1단계외환거래 자유화 조치
	4월 11일	재정경제부, 2월말 현재 한국의 총 대외지불부담 1,454억 3천만 달러로 집계
	5월 16일	재정경제부·통계청, '97년 금융위기' 사태로 중산층·고소득층 6%가 하향 이동 추산

연월일		내용
1999	5월 18일	건설교통부, 포항여객기사고 관련 대한항공에 서울 – 포항 운항편수 절반감축 등 징계
	6월 18일	그린(삼성) Apt 사용승인 748세대
		대림한숲타운3차 Apt 사용승인 239세대
	7월	신흥동 사거리에서 용흥동 우회도로를 연결하는 서산터널 착공 6년만에 개통
	9월 16일	재정경제부, 국제통화기금 긴급자금 134억 달러 모두 상환
	10월 27일	국내 최초 '전국지능로봇경진대회' 포항공대 주관으로 개최
	11월 4일	재정경제부, 한국의 순채권국 전환 공표
	12월 7일	포항공대 성영철 교수팀, 에이즈바이러스 백신 생산하는 DNA 백신 개발 성공 발표
	12월 15일	새천년기념 해맞이광장조성공사 상생의 손 준공
	12월 28일	포항이동대우Apt 사용승인 400세대
	12월 20일	SK텔레콤, 포항제철로부터 신세기통신 경영권 인수
		2000년 기준 주택건축 31,012(남구 16,513 북구 14,499) 1995~1999년중
2000	1월	포항시 재단법인 포항테크노파크 설립 및 지원조례 제정
	4월 14일	미 국무부, 2년간 신규계약 중단·통제품목 수출면허 중단 등 대북 경제제재 발표
	5월 4일	이동현대홈타운Apt 사용승인 1,306세대
	7월 13일	유강청구Apt 사용승인 394세대
	9월 13일	북한 김용순 노동당 대남비서가 포항제철과 경주불국사를 방문
	9월 22일	재정경제부, 2차 금융구조조정 위해 공적자금 40조 원 신규 조성 발표
	10월 14일	포항제철 민영화
	10월 24일	포항CBS개국
	11월 30일	경상북도 포항시 홍해읍 앞바다에서 길이 4m의 대형 오징어 포획
	12월 8일	롯데백화점 포항점이 동아백화점 포항점을 인수 재개점
	12월 22일	형산큰다리 공사 준공식
	12월 29일	재정경제부, 2001년부터 담뱃값 평균 12% 인상 결정

연월일		내용
2000	12월	포항시 인구 517,250명(163,532세대), 2000년 기준 주택수 130,631 (남구 63,449, 북구 67,182)
		포스코 포항공장 조강생산량 12,355천톤, 포항철강공단 생산액 6조 5,180억원
2001	1월 29일	오천주은리버타운Apt 사용승인 219세대
	2월	포항 농산물도매시장 완공
	3월 2일	대보면 호미곶 풍력발전기 완공
	4월 11일	용흥공원(탑산) 부지에 학도의용군 전승기념관 건립공사 착공
	5월 17일	포항테크노파크 조성공사 착공
	6월 21일	구룡포 해뜨는마을 Apt 사용승인 477세대
	6월 25일	산호늘푸른마을Apt 사용승인 120세대
	7월 2일	포항제철 포스피아시스템의 가동
	7월 9일	연일우성한빛타운Apt 사용승인 119세대
	7월	포항항 여객선터미널 신축공사 착공
	10월 17일	이동우방파크빌 Apt 사용승인 499세대
	11월 19일	포항공대, 국내 최대 규모의 생명공학연구센터 연구동 착공식
	12월 13일	포항최초 대형할인점 신세계이마트 포항점 영업개시
	12월 18일	준양참마을Apt 사용승인 562세대
	12월 26일	포항시 신청사건립계획 최종확정
2002	3월 1일	삼일상호신용금고가 삼일상호저축은행으로 상호변경
	3월 15일	포항제철이 현재의 주식회사 POSCO로 사명 변경
	5월 30일	호동 쓰레기매립장내에 매립가스(LFG) 발전소 완공 준공식
	6월 5일	포항공항 신축 여객터미널 개관
	7월	포항관문 유강터널 4개월 공기단축으로 조기 개통
2003	5월 2일	포항테크노파크 본부동과 벤처동 완공 준공식
	6월 12일	이동그린빌명품Apt 사용승인 632세대

연월일		내용
2003	7월 16일	한국토지공사가 포항 제4철강단지 부지조성공사에 착수
	11월 7일	포스코차이나 발족
		통일호 부산–포항 폐지, 부전–포항 무궁화호 개통
2004	3월 30일	경북도민일보 창간
	4월 8일	국립수산과학원, 경북 포항 구룡포 앞 바다에서 70여 .만에 향고래 8마리 발견 발표
	5월 5일	포항 덕동민속전시관 준공 개관
	6월 4일	포항시 신청사 건설 기공식
	6월 12일	제1회 포항 국제불빛축제 개최
	8월 17일	포스코 파이넥스상용화설비 착공식(150만톤 규모)
	9월 8일	동북아자치단체연합(NEAR) 상설사무국 경상북도 설치 확정(포항에 유치됨)
	9월 17일	죽도시장 회상가 아케이트 준공식
	9월 27일	경북 포항시 대보항 3마일 앞 해상에서 4.9m 밍크고래 발견
	10월 15일	포스코저팬 발족
	11월 12일	대잠아넬리아Apt 사용승인 334세대
	12월 7일	새만금포항고속도로 개통(대구–포항고속도로)
	12월 29일	건천읍 북건천 나들목과 포항 대송면 제내리 철강공단간 국도 20호선(왕복 4차선) 개통
	12월 30일	신형산교와 포스코환경타워 경관 야간조명공사 완공 점등식
2005	2월	대백쇼핑 경영악화로 17년만에 자체 영업중단 발표
	3월 18일	대잠그린파크명품Apt 사용승인 548세대
	4월 19일	포항시 한동대에 환동해경제문화연구소 개소
		(재)포항지능로봇연구소 설립 발기인 총회
	5월 17일	경북문화재연구원이 구룡포읍 삼정리519일대에서 기원전7세기(청동기) 추정 주거지터 60곳, 토광묘.목곽묘 등 78기, 토기류 400여점, 석기류 300여점 등을 발굴
	7월 18일	경상매일신문 창간

연월일		내용
2005	8월 25일	포스코인디아 발족
	11월 22일	포스코 동경증권거래소 상장
	12월	포항시 인구 509148(176,676세대)
		환호해맞이그린빌Apt 2,023세대
		포스코 포항공장 조강생산량 12,357천톤, 포항철강공단 생산액 14조 3,330억원 수출액 26억 2,800만달러, 포항지역 예금은행 총수신 74,732억원(은행 36,414 비은행 38,417), 총여신 52,692억원(은행 34,504 비은행 18,188)
2006	6월 13일	광양제철소 6CGL준공(자동차강판 650만톤체제)
	6월 16일	경상매일(현 대경일보) 창간
	7월 11일	대잠트리니엔Apt 사용승인 237세대
	7월 13일	포항지역건설노동조합, 포스코 본사 점거 시위
	8월 18일	불법폭력시위 규탄 및 포항경제살리기 범시민 궐기대회가 포항종합운동장서 개최
	9월 20일	포항지역건설노조, 사측과 협상안 마련하고 파업 철회
	9월 21일	포항철강산단 제4단지 개발 준공인가
	9월 27일	대우네오빌3차Apt 사용승인 199세대
	10월 20일	해병대, 경상북도 포항시 인근 해상에서 상륙 및 내륙침투 훈련 실시
	11월 15일	베트남 분타우성에 포스코베트남 발족(70만톤 규모)
	12월 4일	포항시립미술관 건립공사 착공
	12월 7일	도금공장 포스코멕시코 발족(90만톤 규모)
	12월 26일	포항시 신청사 신축 이전 업무개시
	12월 27일	태왕아너스오션Apt 사용승인 465세대
2007	3월 30일	부영사랑으로 1차 Apt 사용승인 616세대
	3월	영일만 제3일반산업단지 조성(2018.7월까지)
	4월	환호해맞이그린빌 2단지Apt 727세대
	6월 6일	행정자치부, 포항 호미곶을 최우수 정보화마을로 선정
	7월	중앙상가 실개천거리 조성

연 월 일		내용
2007	8월	포항공대내 포스코국제관(호텔, 컨벤션 등 완비) 개관
	10월 30일	유강코아루2단지 Apt 사용승인 435세대
		유강코아루1단지 Apt 사용승인 303세대
	10월	포항효자웰빙타운SK뷰 Apt 사용승인 1,181세대
	12월 26일	포스코가 전기도금제조회사 MEGS의 지분을 매수, 포스코말레이시아 발족 (18만톤 규모).
		송도해수욕장 백사장 유실로 폐장, 제1회 칠포째즈페스티벌 개최, 대구-포항 무궁화호 신설, 동해남부선 포항역 흥해읍으로 이전 확정
2008	2월 19일	영일만 제2일반산업단지 조성공사 착공식
	3월 20일	포항-삼척간 동해중부선 철도공사 기공식
	5월 6일	포항금속소재산업진흥원 기공식
	6월	양덕풍림아이원Apt 1, 723세대
	7월 11일	북부해수욕장 바다시청 준공
	10월	동빈내항복원사업(포항운하) 착공
		통근열차 동대구-포항 노선 폐지
		영일만 제4일반산업단지 조성사업(2020년까지)
2009	2월 17일	강변유강코아루4단지노블 Apt 사용승인 158세대
	8월 3일	대우네오빌프리미엄Apt 사용승인 205세대
	8월	포항영일신항만 1단계(컨테이너 4선석) 완공 개항
	9월 25일	포항금속소재산업진흥원 준공
	12월	포항 동빈내항 복원공사 1단계 완공
		인도 마하라슈트라주에 냉간 도금공장인 포스코마하라슈트라를 발족 (180만톤 규모)
2010	1월 1일	대보면이 호미곶면으로 개칭
	1월	영일만 제1일반산업단지 공사 착공
	3월 3일	포항야구장 건설 착공
	3월 29일	대잠센트럴하이츠Apt 사용승인 550세대

연월일		내용
2010	3월	포스코 성진지오텍 인수 포스코 플랜텍으로 사명 변경
		e편한세상 2차 Apt 581세대
	8월 27일	포항시장이 4개국 7개도시시장이 제16회 환동해거점도시 시장회의에 참석 (엔시시)
	8월 30일	대우인터내셔날(현 포스코인터내셔널)을 매수하여 자회사화
	11월 1일	KTX신경주역 개통
	11월 30일	연일에코코아루Apt 사용승인 476세대
	12월	두산위브더제니스 1,713세대
		포항시 인구 518,908(196,411세대)
		구룡포 근대역사문화거리 조성
		포스코 포항공장 조강생산량 14,366천톤, 포항철강공단 생산액 16조 6,380억원 수출액 45억 5,900만달러, 포항지역 예금은행 총수신 103,013억원 (은행 48,242 비은행 54,771), 총여신 84,921억원(은행 59,855 비은행 25,066)
2011	3월	우현풍림아이원Apt 512세대
	11월	장성 삼도뷰엔빌W Apt 502세대
2012	8월 7일	포항야구장 준공 외부공개
	9월 25일	흥해 남송리에 아시아최초 비화산지대 지열발전소 건립 공사 착공
	9월	효자풍림이원Apt 583세대
		동국제강 포항제1후판공장 폐쇄
2013	6월	포항 영일대해수욕장 해상누각 준공
	8월	양덕 e편한세상Apt 637세대
	10월 4일	포항KTX 역사 건설공사 착공
	12월 23일	인도네시아 크라카타우포스코제철소 준공 (슬라브 등 300만톤 체제 ⇨ 목표 600만톤 체제)
		철강공단 생산액 16조 360억원, 수출액 39억 9,800만달러
2014	1월	포항 동빈내항 환경복원사업(포항운하) 준공
	10월 16일	미국철강업계한국산 유정용강관 반덤핑제소

연월일		내용
2014	12월	포스코특수강 세아제강에 1조 1천억원에 매각
2015	4월 2일	KTX동해선(KTX포항역) 영업개시
	6월 30일	영일만 제1일반산업단지 준공인가
	7월 29일	포은중앙도서관 준공
	7월	미국철강업계 한국산 냉연강판 반덤핑제소
	8월 11일	미국철강업계 한국산 열연강판 반덤핑제소
	9월 4일	포항 블루밸리국가산업단지 조성 기공식
	9월 6일	포항 화력발전소 건립촉구 시민 10만명서명운동에 33만명이 동참
	9월 30일	포스코플랜텍 채권단과 워크아웃 MOU
	9월	동국제강 포항2후판공장 가동정지
	10월 12일	포스코석탄화력발전소반대 청정포항수호시민대책회의가 반대 촉구 기자회견
	12월 14일	포스코 동경증권거래소의 상장 폐지
	12월	포항시 인구 524,634(210,690세대)
		포스코 포항공장 조강생산량 16,375천톤, 포항철강공단 생산액 13조 7,680억원 32억 5,700만달러, 포항지역 예금은행 총수신 137,127억원(은행 61,532 비은행 75,595), 총여신 127,006억원(은행 84,483 비은행 43,523)
2016	4월 2일	미국 광물업계 한국산 철강 합금 반덤핑제소
	4월 12일	미국 철강업계 한국산 철강 후판 반덤핑제소
	6월 30일	2009년이후 포항–울산 고속도로 전구간 완전개통
	7월 18일	삼일상호저축은행이 머스트삼일저축은행으로 상호변경
	9월 29일	포항 차세대선형XFEL 가속기 세계에서 3번째로 준공
2017	5월 24일	테라비아타 in 지곡(도시형) Apt 사용승인 172세대
	8월 11일	정림다채움Apt 사용승인 382세대
	9월 5일	오천웰메이드홈Apt 사용승인 191세대
	11월 15일	포항지진 발생 규모 5.4 한국은행 포항본부 3,323억원 피해규모 추계
2018	2월 7일	에어포항 포항–서울(김포), 포항–제주 정식 신규취항
	2월	포항코아루블루인시티 Apt 사용승인 688세대

연월일		내용
2018	8월 14일	포스코외주파트너사협회가 포스코포항제철소협력사협회(57개사)로 명칭 변경
	9월 21일	포항자이Apt. 사용승인 1,567세대
	12월 1일	에어포항 포항~서울(김포) 운항중단
	12월 7일	신문덕코아루Apt 사용승인 745세대
	12월 10일	에어포항 포항~제주 운항중단
	12월	초곡삼구트리니엔시티Apt 1,609세대
2019	3월 7일	오천서희스타힐스 Apt. 사용승인 628세대
	5월 15일	용흥중학교 자리에 경상북도청 동부청사 개청
	5월	에어포항 운항증명 효력 상실 판정
	7월 25일	포항 차세대배터리 규제자유특구 지정
	8월 12일	포항 영일만 일대 관광특구로 지정
	12월 27일	포항지진특별법 국회 본회의 통과
2020	1월	장성푸르지오Apt 1,500세대
	2월 21일	포항에서 첫 코로나19 확진자 발생
	6월 20일	포항 중앙상가에 영일만친구 야시장 개장
	7월 1일	포항역~영일만항 11.3km단선 인입철도 완공 첫 상업운행 개시
	7월 31일	진에어 포항~김포, 포항~제주 노선 운항
	9월 15일	포항~러시아~일본 오가는 카페리호가 영일만신항에서 취항
	9월 21일	1년간 포항지진특별법에 의한 피해접수 개시
	11월 10일	영일만항 국제여객부두 준공
	12월 1일	포항 배터리특구 16개월만에 5,500억원 투자유치
	12월 18일	영일만 전망 포항해상케이블카 착공식
	12월	포항시 인구 508,791명(225,693세대)
		포스코 포항공장 조강생산량 16,228천톤, 포항철강공단 생산액 11조 6,690억원 수출액 24억 3,600만달러, 포항지역 예금은행 총수신 177,247억원(은행 75,029 비은행 102,219) 총여신 161,844억원(은행 98,668 비은행 63,176)

참고자료 및 문헌

[단행본]

경북일보.포항시, 「포항담론 70, 포항 더 새로운 미래로」, 2019

김진홍, 「일제의 특별한 식민지 포항-포항지 주해와 그 주변의 이야기들」, 글항아리,
2020.8

이상준, 「장기고을에 가면 조선왕조 500년이 있다」, 경북매일신문, 2020.6

이영훈, 「한국경제사 I, II」, 일조각, 2019

포항상공회의소, 「오십년사」, 1985.6.30

포항상공회의소, 「포항상공회의소 70년사」, 2003.10.

포항시, 「포항의 역사와 전통」, 1990.2

포항시, 「포항시사」, 2012

임원경제연구소, 「임원경제지 예규지 2」, 풍석문화재단, 2019

[보고서 등 자료]

김진홍, "포항 철강클러스터의 구조적문제점 진단", 한국은행포항본부, 2012.7

김진홍.김진호, "포항시의 산업인력 고령화 실태와 부문별 대응방향", 한국은행
포항본부, 2013.11

김진홍, "자동차에 대한 환경규제 강화가 철강산업에 미치는 영향과 시사점",
한국은행포항본부, 2015.1.9

김진홍, "KTX포항노선개통이 지역경제에 미치는 영향과 대응방안",
한국은행포항본부, 2015.1.23.

김진홍, "국내외 고속철도 역세권 개발 성공사례와 시사점", 한국은행 포항본부, 2015.1.30.

김진홍, "2000년대 이후 지역 철강산업의 구조변화 분석과 시사점", 한국은행포항본부, 2015.2.13

김진홍, "포항지역 물류산업의 구조변화와 향후 정책과제, 한국은행포항본부", 2015.4.3

김진홍, "포항지역 건설업의 현황과 육성발전을 위한 개선 과제", 한국은행포항본부, 2015.4.17

김진홍, "포항지역 전통시장의 쇠퇴배경과 활성화방안", 한국은행포항본부, 2015.6.30.

김진홍, "일본 철강업의 세계최고경쟁력 유지 및 강화를 위한 대응책과 시사점", 한국은행포항본부, 2015.7.18

김진홍, "최근 지역 철강산업의 대내외 환경변화 점검과 시사점", 한국은행포항본부, 2015.7.31

김진홍·박상우, "미국의 한국산 강관 반덤핑 판정과 지역의 대응방향", 한국은행포항본부, 2015.11.6

김진홍, "향후 포항경제의 지속가능한 경제성장의 기본방향", 한국은행포항본부, 2015.12.31

박상우, "최근 지역철강업계의 구조조정 추진현황과 시사점", 한국은행포항본부, 2016.1.15.

김진홍, "포항의 가속기클러스터사업 추진 현황과 향후 과제", 한국은행포항본부, 2017.2

김진홍·도영웅, "포항지진의 경제적 영향 추계 및 정책적 시사점", 한국은행포항본부, 2018.4

김진홍, 「근대 이후 포항의 도시발전사: 인구 변화의 충격 유인을 중심으로」, 융합문명, Vol 3 Summer 2019.

[일본어판 자료]

庄野正則, "大邱府よりの引揚げ", 苦労体験手記海外引揚者が話続ける苦労, 2010.2

達捨蔵, 「慶北大鑑」, 1936

田中正之助.加納安正, 「浦項誌」, 朝鮮民報社, 1935

朝鮮民報社, 「慶北産業誌」, 1920

加納安正, 「金泉全誌」, 1932

韓國統監府, 第一次統計年報, 1907

朝鮮總督府, 統計年報, 각년판

[통계 및 연표 관련]

통계청, 국가통계포털

경상북도청, 도통계 DB

한국사데이터베이스, 연표 및 국내외 주요 신문기사 등

포항학총서 5

근현대 포항지역 경제사 ⓒ김진홍

발행일	2023년 2월 28일 초판 1쇄
발행처	포스텍 융합문명연구원
지은이	김진홍

펴낸곳	도서출판 나루
펴낸이	박종민
디자인	홍선우
등록번호	제504-2015-000014호
전화	054-255-3677
팩스	054-255-3678
주소	포항시 북구 우창동로 80
페이스북	www.facebook.com/narubooks

ISBN	979-11-978559-9-3 04090
	979-11-974538-6-1 04090 (set)

본 저서는 포스텍 융합문명연구원의 지원을 받아 연구되었음.
This book published here was supported by the POSTECH Research Institute for Convergence
Civilization (RICC).